한국교육운동의
역사와 전망

한국교육운동의
역사와 전망

초판 1쇄 인쇄 2022년 11월 18일
초판 1쇄 발행 2022년 11월 30일

지은이 하성환
펴낸이 김승희
펴낸곳 도서출판 살림터

기획 정광일
편집 송승호, 조현주
북디자인 꼬리별

인쇄·제본 (주)신화프린팅
종이 (주)명동지류

주소 서울시 양천구 목동동로 293 2215-1호
전화 02-3141-6553
팩스 02-3141-6555
출판등록 2008년 3월 18일 제313-1990-12호
이메일 gwang80@hanmail.net
블로그 http://blog.naver.com/dkffk1020

ISBN 979-11-5930-240-4 03370

한국
교육
운동의
역사와
전망

하성환 지음

머리말

우리 교육은 지난 100년 동안 암흑기였다. 35년 동안 이른바 '천황의 충직한 신민臣民'을 길러내는 식민지 '노예교육'을 강요당했다. 해방 후엔 이승만-박정희-전두환-노태우로 이어지는 독재 정권 42년 동안, 권력에 순치된 '신민臣民교육'을 다시 강요당했다. 극심한 입시경쟁교육 아래 반 공 전사와 산업 전사를 길러내는 교육이었다.

87년 6월 항쟁 이후, 90년대와 2000년대엔 신자유주의라는 쓰나미 에 휩쓸려 인간의 존엄이 극도로 약화된 거친 환경으로 내몰렸다. 교육 또한 거대한 자본의 요구에 적합한 '기능형 인간'을 길러내는 데 또다시 20~30년 세월을 허비했다. 그렇게 지난 100년은 우리 교육의 암흑기였 다. 교육의 본질인 '자주성'을 상실한 시기였다. 그것은 고스란히 민주주 의 최대의 적敵인 '약한 자아'를 지닌 '신민臣民교육'이었다.

대한민국은 민주공화국이다. 공적 가치를 중시하고 공동체 문제를 자 신의 문제로 내면화하며 살아가는 사회다. 그러나 우리 현실은 더불어 살아가는 사회라기보다 극단적 개인주의가 만연한 사회다. 민주국가이면 서도 민주시민의 핵심 역량인 인간 존중과 비판적 사고가 취약하다. 공 화국 시민이면서도 공화국 시민의 핵심 가치인 협력과 연대하는 삶이 매우 미약하다.

거꾸로 한국 사회는 왜곡된 '공정'의 논리에 포획돼 존엄성을 말살당한 채, 극심한 경쟁과 각자도생의 사회로 변질하였다. 인간의 존엄성이 거세당하고 그 빈 자리를 탐욕스러운 자본에 충직한 기능형 인간이 자리 잡아 갔다. 법의 지배라는 이름 아래, 자본의 이해관계를 충실히 대변하는 '시험형 인간'을 양산해 온 탓이다. 한 마디로 물질이 인간의 영혼을 압도한 사회로 고착되었다. 사람을 하늘처럼 받드는 사회가 아니라 쓰고 버리는 부품처럼 취급당하는 비정한 사회로 전락했다. 식민지 독재와 군사독재에 이어 자본독재에 신음하는 사회다.

해마다 산재사고 사망자가 2천 명이 넘는다. 90년대 통계청 통계가 시작된 지 20년도 훌쩍 지났지만 지금도 그런 야만성은 근절되지 않는다. OECD 국가 가운데 청소년 행복 지수 역시 십수 년째 꼴찌다. 청소년 사망 원인 1위가 자살인 위험 사회다. 어린 시절부터 입시교육으로 내몰리고 아이들이 우울감으로 고통받는 현실이 한국 사회 현주소다. 거대한 사교육 시장이 괴물처럼 형성돼 공교육을 능멸하고 비웃는 기막힌 현실이다.

단언컨대 물질이 인간의 영혼을 질식시키고 자본의 탐욕 앞에 인간의 존엄과 자아가 한없이 무너져 내린 모습이다. 신자유주의가 극성을 부리던 노무현 참여정부 시절, 대통령 스스로 고백했듯이 권력이 이미 시장으로 넘어간 탓이다. 학력=권력=금력이 또 하나의 지배 이데올로기가 되어 우리의 의식을 사로잡고 있다. 대학서열화에 이어 고교서열화마저 공고하기 그지없다. 그 결과 사회 양극화 현상은 전 세계를 통틀어 수위를 달리는 지경이다. 어쩌다 우리 사회가 이 지경이 되었을까? 그것은 '성찰

없는 교육'을 관행처럼 답습한 탓이다.

우리나라 교육기본법 제2조는 교육의 목적을 명시하고 있다. '자주성'을 간직한 민주시민을 길러내는 데 교육의 목적이 있음을 명문화하고 있다. 그러나 오늘날 학교 교육은 민주시민교육과 너무나 동떨어져 있다. 이유는 간단하다. 교육 또한 거대한 자본에 포획돼 제 갈 길을 잃은 탓이다. 인간의 아름다운 영혼을 돌보는 교육활동은 온데간데없고 온통 입시교육으로 규격화돼 있다. 학교가 행복발전소가 되지 못하는 이유다.

전 세계 어디에도 없는 교육방송이 존재하고 EBS 교재가 주교재로 대접받는 황당한 현실이다. 민주주의는 '강한 자아'를 간직한 시민들에 의해 유지되고 발전한다. 권력에 순치되고 불의에 굴종하며 억압적 권위에 맹종하는 사회는 '약한 자아'를 지닌 사회다. 자아가 약한 시민들로 구성된 사회는 민주주의를 지켜나갈 수 없다. 그 점은 파시즘의 역사가 가르쳐 주는 교훈이다.

이 책은 우리 교육이 어디서부터 망가지기 시작했는지, 그 역사 속 원인을 밝혀준다. 해방 공간 「반민특위」의 좌절만큼이나 「국대안 반대 투쟁」의 좌절은 이후 한국 교육을 극심하게 굴절시켜 왔다. 철저하게 '반공' 이념을 내면화시킨 한국 교육은 교사와 학생의 '자주성'을 근본에서 말살해 온 교육의 암흑기였다. 그런 억압된 교육 현실을 딛고 교사 스스로 '자주성'을 지켜내기 위해 투쟁한 역사가 교육 운동의 역사였다.

학교는 교육모순 속에서도 이를 극복하고 교사와 학생의 인간다운 성장을 돕는 공동체다. 오늘날 이러한 교육을 꽃 피우기 위한 교육개혁운동이 혁신학교 운동이다. 혁신학교는 오늘날 공교육개혁의 모델로 자리 잡아 가고 있다. 2010년을 전후해 당선된 진보 교육감들이 추구해온 혁신학교 운동은 2019년 〈민주학교〉로 발전했다. 〈민주학교〉는 2018년 교육부가 발표한 「민주시민교육 활성화 종합계획」의 결과물이다. 그러나 2020년 민주시민교육 관련 예산이 삭감되고 배제되는 현실에서 교육부는 무력하기 그지없었다. 2022 대선에서 아슬아슬하게 집권한 현 정부는 교육부를 '첨단 산업 인재를 공급하는 경제부서' 정도로 인식한다. 한마디로 한국 교육은 위기의 극점을 향해 치달으며 총체적 대전환기에 직면해 있다.

교육을 살리는가의 문제는 이 땅의 아이들을 살리는가의 문제다. 나아가 교사 스스로 교직에서 보람을 찾아가고 자아를 성취해 갈 수 있는가의 문제이기도 하다. 어떤 교육이 참된 교육이고 어떤 교사가 진정한 스승인지 우리는 이미 경험을 통해 알고 있다. 성래운 선생님과 이오덕 선생님을 통해 우리 교사가 걸어가야 할 길은 명확하다. 그 길은 병든 교육을 되살리는 길이자 우리 교사들 스스로 교육자로 바로 서는 길이기도 하다. 교사, 학생 모두 '자주성'을 되찾는 것에서 교육의 본질을 회복한다고 확신한다. 교육 운동은 그것을 위해 존재하고 '자주성'을 회복할 때 학교는 핀란드처럼 행복발전소로 변화하리라 믿기 때문이다.

이 책에 실린 글은 『진보평론』, 『한겨레 온』에 발표한 글을 읽기 쉽게 다시 고쳐 쓰고 다듬은 글이다. 모쪼록 2022 교육개혁을 통해 「미래 한국 교육 100년」의 청사진이 멋지게 펼쳐지는 데 일조하길 기대한다. 고난 속에서도 변함없이 교육 운동의 한 길에 함께한 전교조 구로고, 영등포여고, 용산고, 관악고, 세현고, 여의도고, 상암고 분회 조합원 선생님들께 고마움을 전하고 싶다. 이름도 명예도 남김없이 교육 운동에 열정을 바친 민들레 선생님들이다.

특히 감사원-공수처-검찰의 정치 논리에 따라 2021년 기소된 진보교육감과 혁신교육을 지키기 위한 100개 교육시민단체 연대기구 「서울교육 지키기 공대위」에 흔쾌히 동참한 「전교조 상암고 분회」에 찬사를 보내고 싶다.

어려운 출판 환경 속에서도 흔쾌히 출간을 결정해 주신 살림터출판사 정광일 대표님과, 편집을 위해 애쓴 여러분께 마음 깊이 고마움을 전한다. 끝으로 천국에서도 한없이 격려해 주신 아버지 하철수 님과 어머니 조옥희 님께 사랑을 담아 이 책을 바친다.

2022년 9월
하성환

차례

1.

한국교육,
언제부터 망가지기
시작했을까

「국대안」 사건은 한국 교육문제의 뿌리이자 시작

1. 「국대안」 사건에 대한 몇 가지 시각

1946년 7월 13일 미군정청 문교부[1]는 경성제국대학의 후신인 경성대학을 중심으로 종합대학 설립을 주도했다. 서울 시내 경성대학과 8개 관공립 전문학교 및 1개 사립 전문학교를 일괄 통합해 「국대안」을 발표했다. 「국대안」은 「국립 서울대학교 설립안」의 줄임말이다. 한국 사회 최초로 종합대학교 설립을 지향한 정책으로, 미군정당국이 발표한 고등교육 개혁안이다.

중심 내용은 경성대학[2]을 경성 법학전문학교, 경성 경제전문학교, 수원 농림전문학교, 경성 의학전문학교, 경성 사범학교, 경성 여자사범학교, 경성 공업전문학교, 경성 광산전문학교, 경성 치과의학전문학교(사립)와 통합하는 것이다. 그리하여 9개 단과대학, 1개 대학원으로 통합해 이사회 중심으로 대학을 운영한다는 취지다.

국립 종합대학교인 「국대안」을 최초로 구상한 한국인은 천원天園 오천석 박사다.[3] 당시 미군정청 문교부 차장이었던 오천석은 해방 공간 남쪽 교육계를 실질적으로 주도했던 핵심인물이다. 오천석은 미군이 한반도 남쪽에 진주한 9월 8일 이전부터 발 빠르게 움직였다.

해방이 되자 오천석은 황해도 백천에서 곧장 상경해 8월 16일 교육계

오천석 박사

그는 해방 직후 미군정기 시절 미군
정 통치자들의 통역과 〈한국교육위
원회〉 중간 연락을 담당했다. 그는
반공의 제일선에서 미군 극동사령
부 정보부에도 참여했다. 당시 미 극
동사령부에는 박형규 목사, 문익환
목사, 정경모, 오천석, 장리욱 교수
등 영어를 구사할 줄 알았던 인물들
이 다수 참여하였다.

인사들 회합인 '북아현동 모임'과 8월 하순 '천연동 모임'을 주도했다. 또한 미군이 서울에 진주하는 날 영자신문 'The Korea Times' 첫 호를 발간했다. 영자신문은 자신들의 모임과 미군정이 연결되는 계기를 만들었다.[4]

그리고 미군이 진주한 직후 1945년 9월 11일 오천석은 하지 사령관 정치 고문 이묘묵 박사의 소개로 미군정 교육담당인 락카드E. L. Lockard 대위를 만나 함께 일을 시작한다.[5] 그리고 9월 14일[6] 조선총독부 학무국을 접수[7]하러 갔다. 이후 미군정청 교육자문기구인 '한국교육위원회'와 '조선교육심의회'를 주도적으로 만들었다. '한국교육위원회'는 1945년 9월부터 10월까지 존속했고, '조선교육심의회'는 1945년 11월부터 1946년 2월까지 존속했다.

둘 다 미군정청 자문기구지만 해방 공간 실질적으로 의사결정을 집행했던 준행정기구였다. '한국교육위원회'는 각급 학교 학교장, 학무국 학무국장 등을 임명했고 '조선교육심의회'는 교육과정 전반을 결정했다. 오천석은 두 기구를 통해 미군정 당국과 통역을 전담하면서 해방 공간 교육주도세력의 핵심적인 위치에 섰던 인물이다.[8]

오천석: 해방공간 '국대안'을 주도한 실질적 인물

오천석이 국립 종합대학교인 「국대안」을 구상하여 미군정 교육정책으로 강행한 이유를 살펴보자. 오천석은 해방 직후 조선 교육의 당면 과제로 초중등 각급 학교가 하루빨리 교문을 여는 것과 장기적인 계획하에

'조선교육심의회'를 구성하는 일이라고 생각했다.[9] 그러한 일이 마무리되는 1946년 4월 들어 오천석은 네 가지 관점에서 고등교육개혁의 필요성을 피력한다.

첫째로, 의학도를 양성하는 고등교육기관이 경성대학 의학부와 경성 의학전문학교로 2원화 돼 효율성이 떨어지고 재정 낭비를 초래한다고 보았다. 또한 일제 강점기 각종 고등교육기관이 그때그때 식민통치기관의 필요에 따라 생겨난 만큼, 비체계적이고 불합리한 측면이 많다고 판단했다. 그리하여 난립한 고등교육기관에 대해 2중, 3중으로 중복 지원되는 재정 낭비를 줄이고 제한된 교육시설과 기구를 통폐합해 효율적으로 활용하고자 했다.

그 첫 번째 대상이 1946년 4월 27일 경성대학 의학부와 경성 의학전문학교의 통합을 시범적으로 시도한 점이다. 오천석은 양쪽 학교 관계자를 불러 놓고 의견을 물었으나 경성대학 의학부와 경성 의학전문학교의 통합은 학교 구성원 모두 반대하면서 무산되었다. 경성대학 의학부의 경우, 경성 의학전문학교 학생들과 통합한다는 것이 자신들의 격을 떨어뜨리는 일로 받아들였다. 반면, 경성 의학전문학교 교수와 학생들은 장구한 역사와 전통을 지닌 학교를 없애는 것에 반발했다.[10]

둘째로 해방 직후 극심한 고급 기술 인력의 부족 및 우수 교수진 등 부족한 인적 자원 문제를 해결하는 일이었다. 일제강점기 고등교육기관이 일본인들에게 거의 독점되다시피 운영된 측면을 고려할 때 해방 직후 폭발적인 교육열을 충족시킬 수 있는 유능한 인재가 턱없이 부족했다. 이를 해결하기 위해선 흩어진 고등교육기관을 통합해 국립 종합대학교를 설립함으로써 제한된 유능한 교수진을 다양한 학생들에게 균등하게 기회를 제공하는 것이다.

「국대안」 발표 당시, 미군정청 문교부장 유억겸은 기자회견을 통하여 경성대학과 관립 전문학교 간 시설과 도서관 보유 장서의 현격한 차이를 예로 들었다. 관립 전문학교에서는 보유 장서가 5만 권도 채 안 되는데 경성대학은 60~70만 권의 장서를 보유하고서 고작 몇 백 명의 경성대학 학생들만 혜택을 입고 있다며 「국대안」의 필요성을 역설했다.[11]

셋째로, 일제강점기부터 존속해 왔던 고등교육기관 내 배타적 파벌의식, 즉 먼로주의를 타파하는 일이다.[12] 대학 내 비합리성과 비민주성을 조장하는 배타적인 문화로 연고주의, 패권주의를 문제시했다. 특히 일제강점기 시절, 조선 국내 유일의 대학인 경성제국대학의 배타적 우월의식과 권위의식을 해체시키려는 노력의 일환으로 「국대안」을 고등교육개혁의 관점에서 바라보았다. 그리하여 경성제국대학과 관공립 전문학교가 장악한 교육헤게모니를 해체해 해방 후 사립 전문학교 중심으로 권력 이동을 추구했다.

마지막으로, 오천석은 종합대학교 구상에서 해방된 조선에도 조선을 대표할 만한 '최고학부'를 세우고 싶어 했다. 일본의 도쿄대학, 독일의 베를린 대학, 프랑스의 파리대학, 중국의 베이징 대학처럼 우리나라를 대표할 국립종합대학교를 설립하는 것이 당연하다고 생각했다.[13]

'국대안' 사건: 한국 교육을 왜곡시킨 근원이 된 사건

이러한 오천석의 「국대안」 발상은 그동안 「국대안」 사건을 바라보는 전통적인 시각을 대변해 왔다. 1946년 9월 우리나라 최초의 종합대학교인 국립 서울대학교의 창설을 자랑스럽게 바라보는 견해가 바로 그것이다. 해방 직후 우리나라 고등교육계가 직면한 시급한 문제를 「국대안」을 통해 해결하면서 부족한 인적 자원과 시설을 최대한 그리고 가장 효율적으로 사용함으로써 향후 국가발전의 토대를 구축했다는 긍정적 시각이다.

실제로 「국대안」을 찬성하며 「국대안」 반대운동을 탄압하는 데 앞장섰던 초대 서울대학교 사범대학 학장이자 3대 서울대학교 총장에 취임한 장리욱 교수의 회고를 살펴보자. 장리욱은 자신의 회고록에서 초대 서울대학교 총장에 임명된 미 육군대위이자 종군 목사 해리 앤스테드H. B. Ansted를 긍정적으로 술회했다. 「국대안」 파동으로 맹휴 등 혼란과 어려움 속에서도 총장으로 재직한 9개월 동안 서울대가 명실공히 종합대학교로서 면모를 갖추게 하고자 온갖 노력을 기울였다고 높게 평가했다.

장리욱의 회고록에 따르면 1946년 9월 「국대안」 1차 파동 당시 좌익 학생들이 등록 장소에서 온갖 위협과 방해를 했다. 그러자 당시 미군정청 문교부장 피텐져 대령이 군복을 입고 큰 권총을 허리춤에 찬 채 등록 현장에 나타났다. 그리고 저돌적인 무력시위로 좌익의 방해공작을 차단했다고 일견 긍정적으로 술회했다.[14] 장리욱 스스로 우익교수와 학생들의 허약한 대응에 대해 저항의식이라곤 전혀 찾아볼 수 없다고 탄식한다. 그러면서 우익학생들의 척수 속에는 피텐져 대령의 비아냥처럼 진흙이 들어 있을까 팥죽이 들어 있을까를 읊조리며 한탄과 함께 질책한다.[15]

'국대안' 사건에 대한 전통적 시각: 반공주의 시각

특히 1946년 「국대안」 1차 파동 때와 다르게 좌우 이념 대결이 첨예하게 펼쳐지던 「국대안」 2차 파동을 전후한 1947년 2~9월에 불순한(?) 좌익 세력에 맞서 싸우며 「국대안」을 관철시킨 노력을 '업적' 내지 '공로'로 평가하는 시각이다. 이러한 전통적인 시각은 반공 이데올로기에 기초한 것으로, 그동안 「국대안」 사건과 「국대안 반대운동」을 객관적으로 파악하거나 역사 사실적으로 접근하는 태도를 방해해 왔다.

나아가 해방 직후 '한국교육위원회' 조직과 '조선교육심의회' 활동을 비롯해 「국대안」 중심인물인 오천석의 교육활동 일체를 한국현대교육사에서 '빛나는 업적' 내지 '청사에 빛날 민주교육행정의 구현자'로 극찬했던 견해와 상통한다.[16] 또한 '87년 온 생애를 민주주의 성숙을 위해 새로운 씨앗을 뿌린' 인물로 평가하는[17] 등 매우 일면적이고 고정된 시각에 머물렀던 것과 같은 맥락이다.

「국대안」을 바라보는 전통적인 시각은 1980년대 한국 사회에 풍미한 제3세계 종속이론의 영향과 1984년 정치적 유화국면을 전후해 수정주의 시각이 대두하면서 통렬히 비판을 받는다. 80년대 수정주의 시각[18]은 「국대안」 사건에 대한 기존 연구 경향인 반공주의 관점이 안고 있는 편협함을 지양하고 전통적인 시각이 내포하고 있는 이론적 가벼움을 극복해 내면서 지배적인 담론이 되어 왔다.

'국대안' 사건에 대한 수정주의 시각:
'국대안 반대운동'에 대한 역사적 재평가

「국대안」에 대한 수정주의 시각은 갈등론 내지 종속이론 또는 신식민지 문화제국주의 이론에 입각해서 미군정의 성격 내지 미군정기 교육정책의 특성, 그리고 교육주도세력의 성격에 주목했다. 특히 대소 반공기지로서 한반도의 역할 내지 「국대안」을 주도했던 오천석 등 교육주도세력의 교육엘리트적 특성을 분석함으로써 좀 더 학문적 객관성을 견지하고자 했다. 대체로 1970년대까지 발표된 학위논문들은 미군정기 교육을 긍정적으로 바라본 반면, 1980년대 논문들은 미군정기 교육을 좀 더 객관적이고 근원적으로 조망하고 비판적인 시각으로 분석했다.[19]

수정주의 시각은 「국대안 반대운동」의 논거에 비중을 두고 수행된 연구 성과물들이다. 다시 말하면 전통적인 시각에서 「국대안」 반대운동＝좌익의 저항＝'빨갱이' 논리라는 반공주의 시각을 벗어나서 「국대안」 반대운동의 논거에 의미를 부여하면서 진행된 연구결과물이다. 특히 미군정의 대한반도 정책이 지니는 정치사회적 의미와 미군정기 교육정책의 특징, 그리고 교육주도세력의 사회역사적 출신 성향을 분석하면서 「국대안 반대운동」의 주요 논거를 비중 있게 분석했다.[20] 80년대 수정주의 시각에 기초해 「국대안」 사건을 이론적으로 잘 정리하고 체계적으로 분석한 학자는 이길상 교수(한국학중앙연구원)이다. 1996년 2월 9~11일 도쿄에서 열린 제9차 한일 합동학술회의에서 발표된 이길상 교수의 「미군정하에서의 진보적 민주주의 교육운동」이 대표적인 논문이다.

'국대안' 사건은 분단고등교육체제를 낳고 민족 최고 지성의 분열을 초래한 사건

「국대안」 사건을 바라보는 세 번째 시각은 「국대안」을 '김일성 종합대학교 설립안'(「종대안」)과 연계시켜 분석함으로써 민족 사회 지식인 내부의 분열로 보는 시각이다. 바로 대학의 분단, 곧 분단고등교육체제의 형성이라는 관점이다. 해방 직후 가장 먼저 조직된 조선학술원[21]이 내건 '학술계의 대동단결' 정신이 「국대안」 사건을 거치면서 민족 최고 지성의 분열로 훼손되었다는 관점이다.

「국대안」 반대 투쟁에 앞장섰던 서울대 교수들 가운데 학문적 역량과 탁월한 업적을 남긴 학자들이 대거 김일성 종합대학 교수로 초빙된 사실을 그 논거로 제시한다. 비슷한 시기에 설립된 「국대안」과 「종대안」을 통해, 남과 북에 각각 '최고학부'(서울대) 와 '최고의 전당'(김일성대)으로 분열된 지식인 사회를 초래했다는 뼈아픈 성찰적 비판이다.[22] 특히 남쪽 사회의 경우 이승기(화공학), 도상록(양자물리학), 한인석(물리학) 교수 등 과학기술계 고급인재들 가운데 절반이 북을 선택함으로써 민족 지성이 남과 북으로 양분된 현상은 「국대안」 사건이 초래한 큰 비극이 아닐 수 없다.

분단고등교육체제의 형성과 민족 지성의 분열이라는 시각에서 「국대안」과 「종대안」을 분석한 「국대안」 사건 연구의 권위자 김기석 교수에 따르면 북으로 초빙되거나 월북한 교수들 가운데 공통점이 발견된다고 분석했다. 첫째 북을 선택한 그들은 각 학문 분야에서 뛰어난 업적을 남긴 사람들이고 둘째 국내외 제국대학 출신들로서 독특한 학연으로 맺어졌으며 진보적인 정당 가입과 함께 「국대안 반대운동」의 중심 역할을 수행한 인물들이라는 점이다.[23]

「국대안」 사건을 바라보는 몇 가지 관점에도 불구하고 「국대안」 추진 과정에서 미군정과 오천석은 확고한 정책 파트너였다. 「국대안」 반대운동이 부산대 「국대안」 등과 맞물리면서 전국적으로 400여개 학교가 맹휴에 돌입하는 등 「국대안」 반대운동이 전국 중등학교로까지 확산되면서 반대투쟁은 치열해졌다.

그러자 오천석의 회고에서 나오듯이 사회 질서 유지의 책임을 안고 있던 미군정 당국은 한 때 「국대안」을 다소 양보하는 수준에서 사태를 수습하려고 했다.[24] 그러나 미군정 당국이 전면에 나서지 않고 수동적인 위치에 있었음에도 「국대안」을 밀어붙인 것은 「국대안」을 통해 얻을 수 있는 정치적 이득 때문이었다. '이사회 설치' 조항이나 '교수재임용' 조항은 대학 통제를 강화할 수 있는 확실한 방안이었다. 더구나 「국대안」 관철 과정에서 사표를 자신의 호주머니에 지니고 다녔을 정도로 선두에서 교육개혁을 자처한 오천석은 미군정 당국의 정치적 부담을 상당 부분 덜어주었음에 틀림없다.[25]

2. 미군정기 교육정책 기조와 교육주도세력의 특징

미군정기 교육정책은 전후 국제정치질서 속에서 형성된 미국의 대한반도 외교정책의 흐름을 통해 이해할 필요가 있다. 전후 미국의 대한반도 외교정책은 한반도를 대소 반공기지로 안착시킴으로써 미국이 주도하는 자본주의 세계 경제 질서 속에 편입시키는 데 있었음에 주목해야 한다. 이것은 미국의 국익을 위해 양보할 수 없는 것으로 2차 대전 말기 소련군의 참전과 남하 속도를 의식해 시급히 38도선이 그어진 배경도 그런 연유로 이해할 수 있다.

실제로 미국은 좌익 세력인 '전평'(조선노동조합 전국평의회의 약칭)의 1946년 9월 총파업과 10월 인민항쟁 등 남조선 내 노동운동, 사회운동을 적극적으로 탄압했다. 또한 김구, 이승만 등 우익세력의 반탁운동과 미국 군사력의 한계에 조응하여 적어도 한반도 남쪽에서 반공국가를 세우려는 목적으로 분단고정화 정책을 수행했다.[26] 따라서 한반도는 전후 미소의 패권이 충돌하는 최전선이자 미소 강대국의 힘의 균형이 유지되는 최전선이기도 했다.

이런 현상은 1946년 미소 냉전질서가 확연히 표면화하면서 한반도 내 정치지형을 일순간 재편시킨 것에서도 확인할 수 있다. 즉 미소 냉전과 이념구도가 명확해지는 계기인 신탁통치 파동은 해방 직후 형성된 민족세력(독립운동세력) 대 반민족세력(친일세력)의 대결구도의 틀을 강제로 탈각시켜 좌우 이념 대결로 빠르게 재편, 고착시켰다. 구 식민지에서 해방된 제3세계 신생국가의 종속적 특성이 한반도에서도 예외 없이 적용된 탓이다.

따라서 미군정기 정책 기조는 한반도를 초강대국 미국이 구상하는 동아시아 대소 반공기지로 안착시키고 미국이 주도하는 세계체제에 수직적으로 편입시키는 분단국가를 건설하는 것이다. 교육정책 기조 역시 냉전체제 아래 미국이 주도하는 국제사회 경제 질서에 한국 국민을 자연스럽게 편입시키고 분단을 당연한 것으로 받아들이게 하는 분단 교육정책을 유지했다.[27] 전후 미군정은 한국인들의 교육기회 확대와 교육의 질적 수준을 높이려는 조치는 거의 없이 미국이 직면한 이념전쟁 ideological battle에 교육을 이념 도구로 활용하고자 했을 뿐이다.[28]

미군정기 교육정책: 분단교육정책

실제로 미국은 인종적·문화적 우월주의를 기초로 학교교육이나 언론 등 이념을 전파하는 사회적 장치들을 동원했다. 그리하여 미국의 패권적 침략 정책을 합리화하고 약소민족의 반발을 무마하는 전략을 구사했다.[29] 따라서 해방 직후 통일된 독립 정부 수립에 대한 조선인들의 열망이나 식민지 잔재 청산의 역사적 과제는 미군정의 관심사항이 전혀 아니었다.[30] 그런 연유로 미군정기 교육정책은 일제 교육 잔재를 청산하고 자주적인 통일 정부 건설에 필요한 민족민주교육의 성격과는 대단히 거리가 멀었다. 식민지 교육 청산과 자주적인 민족민주교육 정립이라는 시대적 대의보다 현상유지를 우선시했던 미군정은 국가이익을 관철시키는 이념적 도구로서 교육을 규정한 채 분단교육의 모순을 심화시켰다.[31]

미국식 민주주의 교육이라는 외피를 쓰고 진행된 미군정기 교육정책의 특징은 아동중심교육으로 표방된 듀이J. Dewey의 진보주의 교육정책이다. 듀이의 진보주의 교육은 보수적이고 전통적인 교육을 혁신하는 것이다. 전통적 교육의 목적은 지식의 전달에 있었고, 교재는 서적이었으며, 교육방법은 주입식이었다. 듀이의 진보주의 교육은 그러한 전통적 교육에 대한 반발이자 혁신을 추구했다.[32]

오천석의 '새교육' 운동: 미국식 자유민주주의 교육의 한국화 작업

당시 미군정기 교육정책집행의 핵심 인물 오천석은 콜롬비아 대학 시절 듀이의 제자이자 동료 킬 패트릭W. Kilpatrick의 지도를 받았다. 미군정 당국은 1946년 9월 12일 '새교육연구회'를 학무국 산하에 설치하고 미국교육의 영향을 적극 수용하는 분위기를 형성해 갔다.[33] 오천석의 '새교육' 운동은 바로 듀이의 진보주의 교육을 학교현장에 뿌리내리려는 정책적 시도이자 미국식 자유 민주주의 교육의 한국화 작업이었다. 미군정기 교육 관료로서 오천석의 진보주의 교육정책은 미국식 자유민주주의를 표방했지만 학교현장에 착근시키는 데엔 실패했다. 이 점은 오천석도 인정했다.

다만 오천석은 '새교육'을 듀이의 진보주의 교육과 동일시하는 것에 동의할 수 없다고 항변한다. 그는 '새교육'을 식민지 시절 구교육, 즉 학교현장에 일본적 잔재와 전통을 일소하고 미국식 민주교육을 뿌리내리는 포괄적 상위 개념으로 역설한다. '새교육'을 일본적인 것을 배제하고 그 잔재를 일소하는 것으로는 부족하다며 새 국가 건설의 원리로 자유 민주주의를 강조하며 민주주의 교육을 역설한다. 듀이의 진보주의 교육은 '새교육', 바로 자유 민주주의 교육을 구현하는 하나의 교육방식일 뿐이다.

요컨대 오천석의 '새교육'은 민주주의 교육, 바로 미군정의 문교 시책[34]인 미국식 자유민주주의 교육을 가리킨다. 오천석은 오늘날 서양이 동양에 앞서 문명의 선두를 달리는 것은 바로 자유사상 때문이라고 강조했다. 자유사상과 함께 평등사상을 민주주의의 2대 속성으로 역설한다. 그러면서 오천석은 민주주의 교육에서 '무식과 민주주의는 동거할 수 없다'며 적어도 중등 정도의 교육은 누구나 받을 수 있는 기회[35]가 주어져야 한다고 주장했다.

오천석의 '새교육': '반공' 이데올로기로 학교교육을 규정

미군정기 교육정책 기조, 즉 문교 시책인 미국식 자유민주주의 교육을 오천석은 '새교육'이라고 명명했다. 그런 점에서 오천석의 '새교육'은 낡은 유교 이념을 거부하는 반反봉건주의, 반反식민주의 외에 반反공산주의, 즉 반봉건反封建, 반제反帝, 반공反共을 주된 명제로 규정할 수 있다.[36] 그러나 현실적으로 미소 패권의 대리전 양상을 띠는 좌우 이념의 대결이라는 냉혹한 한반도 정세에서 전통적 낡은 질서의 청산과 식민지 잔재를 일소하고자 한 오천석의 의도는 약화될 수밖에 없었다.

오천석을 제외한 미군정기 교육엘리트의 상당수가 친일 부역 혐의에서 결코 자유로울 수 없었다는 점이, 낡은 잔재를 청산하려는 오천석의 의도에도 불구하고 그 실천성의 정도를 상당히 규정했기 때문이다. 오히려 미군정기 교육정책은 '새교육'의 이름으로 학교현장에 적용될 땐 반공 이데올로기만 상대적으로 크게 부각된 채, 학교 생활화하는 것으로 규정되었다. 이 점은 미군정기 교육정책을 핵심적으로 주도하고 관철시켰던 미군정 교육 관료 오천석의 한계이자 미군정기 교육정책의 특징이기도 하다.

미군정기 교육주도세력, 즉 조선인 교육엘리트의 특징은 유학파, 특히 재미유학파를 비롯해 학력이 높은 인물들이다. 다음으로 오천석, 백낙준, 현상윤, 황신덕, 백남훈, 박종홍, 고병간 등 일제하 타지역에 비해 높은 비율의 고등교육을 받은 관서 출신 기독교인들이다.[37] 그리고 반공주의자, 지주 등 중산층 이상의 출신 성분, 보수 정치세력인 한국 민주당원(이하 한민당), 흥사단원[38], 친일 부역 혐의자들이 교육엘리트를 구성했다.[39] 한마디로 미국문화를 이해하고 한반도에 이식할 수 있는 친미세력이 미군정의 교육엘리트로 충원되었고, 이들이 김성수 등 토착적 친일보수 세력과 밀착되어 있었다.[40]

이러한 점은 미군정청 각부·처장, 차장 가운데 기독교, 반공 이념과 관련이 깊은 이북 출신이 전체의 39%를 차지하며[41] 평안도 출신이 전체 34명 중 10명(30%)에 이를 정도로 미군정기 중앙 행정 관료의 성격과 유사한 특징을 보인다. 해방 직후 조선인 교수(교사), 학생, 졸업생들은 자치회를 만들어 일본인이 관리하던 학교시설을 스스로 밤새워 지키고 관리했다. 그런데 미군정이 들어서면서 교수(교사), 학생, 졸업생들이 자발적으로 참여해 만든 기존 자치 기구를 무력화시킨 것은 미군정기 교육엘리트의 사회적 성격, 즉 기독교, 반공, 친일보수 색깔과 매우 관련이 깊다고 볼 수 있다.

실제로 미군정기 교육주도세력은 '한국교육위원회'를 통해 각급 학교 교장, 각도 학무국 관료들을 임명하는 등, 대학뿐만 아니라 중등교육에서도 자생적인 학교자치회와 빈번히 충돌했다.[42] 그리하여 해방 후 자생적인 교육개혁세력을 제거하며 일제 강점기 시절 자신들의 교육기득권을 하나씩 장악해 나갔다. 미군정 당국은 '한국교육위원회'의 친일파 구성 등 친일 논란에 순간 당황했지만 친일파는 없다고 공언함으로써[43] 좌우를 망라한 '조선학술원'과 좌파 성향의 '조선교육자협회', 그리고 민족주의 성향의 '조선교육연구회' 등 여타 교육주도세력을 묵살하면서 의도적으로 배제했다.

1945년 9월 16일 미군정청 학무국 자문기구로 출범한 '한국교육위원회'[44]는 일주일에 평균 2회 정도 모여 3~5시간 동안 회의를 했는데, 자문기구 이상의 의결기구 역할을 했다.[45] 미군정청이 조선에 설치되었을 때 조선의 교육제도를 깊이 있게 연구한 미국 측 장교가 학무국에 배치되지 못했다.[46] 그런 탓에 미군정기 교육담당 책임자인 미육군 포병 장교 락카드E. L. Lockard 대위는 조선 사회 실정에 매우 어두웠다.

그는 1945년 9월 11일 중앙청 2층 사무실에서 오천석을 만난 뒤 오천석에 대해 크게 놀라워했다. 미개국으로 알려진 미지의 땅, 조선에 명문 코넬대(학사)-노스웨스턴대(석사)-컬럼비아 대학(교육학 박사)을 나와 칼리지[47]에서 가르친 경험에 압도되었다.[48] 해방 당시 한반도 남쪽에 진주한 미군은 전투부대였고 민정부대는 아니었다. 급조된 군정 담당자들은 조선의 교육사정에 어두웠고 대부분 중하위급 장교들이었다. 미군정청 과장에 해당하는 직책은 중위였고, 국장은 대위나 소령이 맡았다. 이들의 학력은 사관학교나 정규대학 출신이 드물었고 전시戰時에 급속히 승진한 직업군인들이었다.[49]

락카드는 바로 그 자리에서 오천석과 학무국에서 함께 일하자고 제안한다. 미군정 교육책임자인 학무국장으로서 락카드의 고민은 일제 패망과 동시에 폐쇄된 각 급 학교의 교문을 빠른시일 내에 다시 여는 것이었다. 해방 직후 조선의 학교는 한 달 이상 폐쇄된 상태로, 1,800만 학생이 방황하고 있었다. 4,000개 학교는 파괴되었고, 20%의 필요한 교재만 이용할 수 있었으며, 교사는 일본 황국주의, 군국주의에 젖어 있었다.[50] 그리하여 락카드는 조선 교육계 인사들을 되도록 많이 만나서 자문하고자 했다. 여기에 오천석은 누구보다 적임자였다. 미국 아이비리그 교육학 박사이자 조선사회 고등교육을 담당했고 미군정 통치 기간 동안 교육관련 통역과 기록, 그리고 연락사무를 전담했던 오천석은 락카드의 훌륭한 파트너였다.[51]

오천석과 락카드는 9월 14일 조선총독부 학무국을 보란 듯이 접수했고, 9월 16일 오천석의 추천으로 '한국교육위원회The Korean Committee on Education'가 조직되었다.[52] '한국교육위원회' 구성 당시 초기 위원 7명 중 백낙준(교육 전반), 유억겸(전문교육), 김성수(고등교육), 김활란(여자교

백낙준 동상
백낙준은 친일 반민족 행위자임에도 연세대 캠퍼스에 그를 기리는 동상이 세워져 있다. 이런 현상은 서울의 다른 유명 대학에서도 비슷하게 나타난다. 백낙준은 박정희 정권 독립유공자 심사위원으로 활동했고, 전두환 정권 시절 동작동 독립유공자 묘역에 안장됐다. (출처: 하성환)

육), 최규동(일반교육) 5명이 '천연동 모임' 출신으로 채워졌다.

이후 정인보(학계 대표), 윤일선(의학교육), 조백현(농업교육) 3명을 추가하여 10명으로 구성되었는데, 대부분 기독교인이거나 사립학교 관계자들이었다. 학교 관계자 9명 가운데 7명이 사립학교 관계자였음은 매우 특징적이다.[53] 관공립 학교 관계자를 밀어내고 사립학교 관계자가 다수를 차지한 점은 향후 「국대안」 사건을 초래하는 또 하나의 불씨가 되기도 했다.

미군정기 교육주도세력: 친일부역자 중심의 교육엘리트로 구성

'천연동 모임' 구성원들이 미군정기 교육계 주도세력을 형성했다는 사실에 주목할 필요가 있다.[54] 여기에 서울대 음대 창설 주역인 현상윤(중등교육)을 더하면 오천석을 제외하고 대부분 일제 강점기 시절 강력한 친일부역혐의를 안고 있던 인물들로 구성되었다.[55] 실제로 오천석을 제외하고 대부분 친일인명사전에 등재됐거나 친일했던 인물들이다. 이 점은 해방 후 신생국가가 직면한 최대의 민족적 과제인 일제 식민지 교육 잔재 청산을 망각한 처사였다. 역사적으로 교육계의 크나큰 잘못이 아닐 수 없었다. 친일부역자 중심으로 교육엘리트를 구성한 것은 이후 한국교육계 질곡을 형성시킨 명백한 역사적 과오였다.

한마디로 해방 후 역사의 첫 단추를 잘못 꿴 것이다. 1945년 9~11월 비록 짧은 기간이지만 '한국교육위원회'의 등장은 한국교육이 왜곡되고 모순으로 점철되는 단초가 되었다. 그리고 향후 70여 년 한국교육계 모순을 고스란히 재생산시켜온 재앙의 근원이 되었다. 민족사의 정통성을 확립하고 민족정기를 올곧게 세운다는 차원에서 해방 후 친일 교육엘리트들이 실세로 등장하여 민주교육을 강조했다는 것은 교육모순의 심화를 넘어서서 교육 주체성을 훼손한 비극의 시작이었다.

'한국교육위원회'를 장악한 친일 교육엘리트들은 한국 사회 교육 주도세력으로, 1945년 11월 23일 구성되는 '조선교육심의회The National Committee on Educational Planning'에서도 주도적이고 실질적인 영향력을 행사했다. 그러한 점은 해방 후 모처럼 찾아온 자주적인 독립국가 건설과 한국교육을 주체적으로 발전시킬 수 있는 절호의 기회를 놓치게 했다.[56] 미군정기 3년 동안 한국교육위원회와 조선교육심의회 외에도 23개의 미군정청 자문기구가 있었지만[57] 우리 교육에 결정적인 영향을 미친 것은 '한국교육위원회'와 '조선교육심의회'였다.

'한국교육위원회'의 주된 역할을 살펴보면 이런 사실을 충분히 논증할 수 있다. 해방 후 일제가 물러난 공립중등학교 교장, 대학장 등 각급 학교 교장을 임명하는 것에 많은 시간을 소비한 일이 '한국교육위원회'가 행한 중요한 임무였기 때문이다.[58] 그리고 각도의 학무국 핵심관료들을 임명하는 것도 그들이 수행한 역할이었다.[59] '한국교육위원회'의 이러한 활동은 해방된 시점에서 민족을 모욕하는 매우 염치없는 행위로, 그들 스스로의 이율배반과 자기모순을 오천석이 대신 고백한 적이 있다.[60]

그렇지만 한반도 남쪽을 점령한 미군정 스스로 조선총독부 통치기구를 한동안 합법적인 형태로 유지시켰으며 친일 부역자들을 재기용하는데 주저함이 없었다. 특히 경찰 행정력과 교육계 인사들 가운데는 일제 식민지 친일관료들이 그대로 채용된 사례가 많았다.[61] 그러한 사실은 맥아더 포고령 제1호의 표현대로 미군은 식민지 조선을 해방시킨 해방군이 아니라 스스로 점령군임을 선언하며 실제로 점령군 행세를 했다.[62]

해방공간 미군: 정복자의 태도로 '점령군' 선언

조선 주둔 미군사령관 존 하지는 일리노이주 시골 출신 정규군 장교로, 정치적으로 무디고 보수적인 인물이었다. 그는 조선을 '적국 영토의 일부분'으로 대했으며 조선인들을 '왜귀倭鬼와 같은 인종'이라고 인식하고 있었다.[63] 1945년 9월 8일 인천에 도착한 그의 태도는 미군의 명령에

불복하는 자는 조선인 누구든 사형에 처해질 거라는 위협과 함께 정복자의 태도 그 자체였다.[64]

미군정 초기 미군은 강한 점령자 의식을 갖고 한국인의 자주성과 주체적 의지를 무시하며 탄압했다. 해방 직후 정치적 공백기에 민족지도자 여운형은 '건국동맹'을 토대로 '건국준비위원회'(약칭 건준)를 출범시켰다. '건준'은 미군이 한반도에 진주하기 전, 한 달 가까이 실질적인 통치기구로서 지방의 인민위원회와 함께 정부 역할을 했다. 미군은 자신들이 한반도에 진주했을 때 사실상의 정부 역할을 공공연히 표방한 집단의 존재를 알고 있었다.

그러나 '조선인민공화국' 정부를 대표하여 여운형이 미군 사령부를 방문했을 때 하지 사령관은 여운형을 '일본의 앞잡이'라 부르며 어떠한 권위도 인정하지 않은 채 사무실 밖으로 나가라고 문전박대했다.[65] 미군정은 건준이나 인민위원회 형태를 미국보다 소비에트 이데올로기에 편향된 것으로 판단했다.[66] 하지만 인민위원회는 지방마다 정치적 성격이 달랐다. 대부분의 인민위원회가 러시아 농민 소비에트처럼 혁명을 가장한 전통적인 마을회의체였지만 전라남도 고흥, 보성, 영광 등 일부 지역에서는 지주 등 보수적인 인물이 인민위원회를 담당했고, 일부 지역에서는 친일분자가 인민위원회를 지배한 곳도 있었다.[67]

요컨대 미군정 직접 통치는 분단 현상 유지를 기본으로 하고 식민지 잔재 청산이라는 현상의 변혁을 목표로 하는 좌파 세력을 거부하는 유효한 방법이었다.[68] 그런 점에서 미군정은 한민당으로부터 크게 환영받았다. 한민당 수뇌부와 미군 사령관, 미군 관계자는 수많은 접촉과 상호 방문을 통해 긴밀히 협조체제를 유지했다.

한민당 정치부장 장덕수는 거의 매일 하지 사령관과 만나 국내외 정세에 대해 의견을 주고받았는데, 이로써 한민당은 미군정청의 정책 결정에 실질적으로 영향을 미칠 수 있는 관계를 유지했다.[69] 일제 식민지 잔재 청산을 당 강령으로 채택하지 않은 한민당은 미군정의 파트너로서 상당 부분 이해관계가 일치했다.

'한국교육위원회' 친일파 교육엘리트들은 문교부장 유억겸을 비롯하여 한민당 출신이 많았다. 그들은 점령군 미군의 거만하고 포악한 우산 아래에서 마음껏 조선의 교육을 난도질했다. 해방 직후 양식 있는 교육자들의 깊은 자성의 목소리[70]와 달리 미군정청 교육엘리트들은 자기반성과 참회를 고백하기도 전에 뒤집어진 세상에서 자신들의 교육 활동을 아름답게 포장하는 데 진력했다.

1946년 2월, 청주 제일중과 광주 제일중에서 진보적 교사를 무고 파면한 사건과, 미군정청 학무국에서 임명한 친일교장과 학교자치회에서 선출한 교장 임명 문제를 둘러싼 숙명여전의 갈등이 그러했다. 게다가 진보적인 경기여중 교사를 파면하고 1946년 3월에 서울 법정전문학교를 강제 폐쇄하는 조치를 자행한 일들은 친일교육엘리트들이 저지른 수많은 사례 중 일부였다.[71] 그 가운데 그 대표적인 사례들 몇 가지를 들면 다음과 같다.

미군정 친일교육엘리트들: 학교현장에서 민족교육과 진보교육 축출

미군정은 1945년 10월 16일 법령 제15호를 통해 일제강점기 경성제국대학을 경성대학으로, 경학원經學院을 성균관으로 교명을 바꾸었다. 동시에 문교부의 전신인 미군정청 학무국은 한국교육위원회의 추천을 받아 백낙준 박사를 경성대학 학장 및 법문학부 부장으로 임명했다. 그러자 경성대 대학자치위원회(위원장 백남운)와 경성대 학생들은 친일부역혐의를 이유로 즉각 반대의사를 표명했다.

미군 정보부대의 내사 결과 백낙준은 일제강점기 때 행한 '미영제국米英帝國 귀축鬼畜을 매도罵倒한'이라는 제목의 연설 등 친일 행위가 사실로 확인돼 법문학부장 임명 취소에 직면했다. 여기서 백낙준은 자신을 반대하는 학생들을 '빨갱이'로 몰아붙이는 교활한 술수를 부렸다. 이는 반공을 내세운 미군정 당국에 의해 톡톡히 효과를 보아, 학부장 해임 결정이 번복되는 사건이 벌어진 것이다.[72]

그리고 해방 후 경성사범학교장, 서울대 사범대학장, 서울대 총장을 역임한 장리욱 교수의 「국대안」 회고록 가운데 대단히 이해하기 힘든 장면이 나온다. 장리욱 교수는 반공주의 입장에서 학교 내 진보적인 교육자를 색출하는 데 앞장섰고 「국대안」 반대운동을 탄압한 핵심 인물이다. 그런 그가 47세로 죽임을 당한 신기범 교수(서울대 사범대) 테러 장면을 국외자의 시선으로 기술한 대목은 매우 교묘하기 짝이 없다. 「국대안」 사건이 끝난 1947년 11월 21일 신기범 교수는 서울사대 부설 중등교원양성소 야간강의를 마치고 귀갓길에 밤 8시쯤 테러를 당해 이튿날 사망한다.[73]

신기범 교수는 해방 후 진보적인 교육자가 이끌었던 전국 최대[74]의 교원 대중조직인 「조선교육자협회」 부회장을 역임한 인물이다. 장리욱 교수가 인정하듯 학생들의 존경을 한몸에 받았던 교토제국대학 출신의 명석한 학자[75]이자, '한국교육위원회'의 개입이 없었다면 해방 직후 경성사범학교 교장으로 추대될 인물이었다.[76]

1947년 11월은 「국대안」 사건이 마무리된 시점이지만 미군정은 학교 내 「국대안」 반대 목소리를 낸 적이 있거나 진보적인 교육자들을 지속적으로 소탕했다. 실제로 서울대학교 총장 시절(1948. 5~1949. 1) 장리욱은 학교 내 진보적인 교육자를 색출하는 데 서북청년단을 활용하는 것이 유용하다고 인정한 인물이다.[77]

당연히 테러범은 우익 대학생[78]일 가능성이 농후했음에도 마치 「국대안」 찬-반 운동이 거칠게 충돌하는 혼란한 국면에서 「국대안」이 남긴 희생 정도로 치부하며 애석해한다. 해방 공간 우익을 대변했던 교육자로서 반공적인 시각에서 의도적으로 왜곡한 기술이 아닐 수 없다.

3. '국대안' 반대 운동의 좌절과 민족민주 교육의 소멸

'국대안': 분단교육정책으로 전국적 반대투쟁에 직면

1946년 7월 13일 「국대안」이 발표되자 교육계 어느 누구에게도 기쁨의 메시지가 되지 못했고 언론의 반응 또한 매우 냉담했다.[79] 「국대안」 발표에 가장 먼저 입장을 보인 것은 7월 14일 『조선인민보』 등 언론 매체였다. 그리고 7월 중순경 교수집단의 반발이 일어났다.[80] 민주주의 민족전선(7/15), 문화단체 총연맹(7/16), 과학자 동맹(7/23), 조선교육자협회(7/23) 등 지식인 집단의 반대 성명이 잇달아 터져 나왔다.

여름방학 중이었기 때문에 7월 21일 경성 공업전문학교 재경학생회의 「국대안」 반대 성명서를 시작으로 학생들도 「국대안」 반대 움직임을 보였다. 7월 22일 경성대학 의학부가, 7월 23일 경성대학 전체 학생회가, 7월 24일엔 경성대학 이공학부 학생회가 「국대안」 반대 성명서를 발표했다. 이어서 7월 25일엔 경성대학 법문학부 학생회가, 7월 26일엔 경성 광산전문학교 학생회가 연이어 반대 성명서를 냈다. 7월 27일에는 「국대안」 반대 '학생공동투쟁위원회'가 결성되었다. 그리고 7월 27일엔 경성대 이공학부 교수단 반대 성명서가 나왔고 7월 29일엔 경성대 교수, 조교수, 강사 80여 명의 「국대안」 반대성명서가 이어졌다.[81] 급기야 7월 31일엔 조선 최대 교육자 대중조직이자 「국대안」 반대운동의 핵심조직인 '조선교육자협회'가 「국대안」 반대 남조선 교육자 결의대회를 개최했다.

'전문대학교수연합회'와 '조선교육자협회' 등 「국대안」 반대 대표단체들이 '「국대안」 반대 공동대책위원회'(공대위)를 구성했다. 공대위는 1946년 8월 5일 「국대안」 철회를 위한 진정서를 제출하며 미군정장관과 면담을 통해 반대의사를 분명히 했다. 그런 「국대안」 반대 투쟁의 열기는 9월 2일 교직원과 학생들의 '「국대안」 반대 공동투쟁위원회'(공투위) 결성으로 이어졌다. 공투위 결성 당시 서울대학교로 재편될 각 단과대학 교

수 대부분과 서울대생 90% 이상이 공투위에 참가하여[82] 서울대의 기능이 완전 마비상태였다.[83]

관련대학 교수회와 학생회의 즉각적인 집단 반발과 반대성명에도 불구하고 미군정당국은 1946년 8월 22일 미군정법령 102호 '국립 서울대학교 설립에 관한 법령'을 공표, 강행했다.

그러자 1년여에 걸친 대학교수와 학생들의 거센 저항과 등록거부, 동맹휴업 그리고 중등학교로까지 동정 맹휴가 확산하는 등, 전국적인 반대 움직임에 직면한다. 1946년 9월 신학년 개학에 맞춰 국립서울대학교가 출범했지만 경성대학과 관립 전문학교 교수들은 반대성명서를 내거나 단체로 사직서를 제출하면서 저항했고 대학생들은 대부분 등록을 거부했다. 등록했어도 등교를 거부하거나 일부 등교하여서도 교실 수업에 불참했다.

그러자 미군정 문교당국은 1946년 12월 18일 서울대 문리대, 법대, 상대 3개 단과대학을 휴교 조치하고 학생 전체에게 정학 처분을 내리는 등, 강경하게 대응했다.[84] 1947년 3월 5일 현재 서울대학교 9개 단과대학 8,040여 명 중 4,956명(61.6%)의 학생이 제명된 상태였다. 서울대학교 9개 단과대학 총 429명의 교수 가운데 380여 명(88%)이 대학 강단에서 쫓겨난 상태로 「국대안」 강행 이전의 12% 기능밖에 발휘할 수 없었다.[85]

'국대안' 사건: 민주교육, 민족교육의 소멸

교수와 학생들이 「국대안」을 반대했던 가장 큰 이유는 대학 자치와 학생 자치를 무시한 관료적 대학운영이다. 즉, 군정 주도의 관선이사회에 의한 대학운영 강행 등 관료적 교육행정의 악영향에 대한 우려가 제일 컸다. 실제로 「국대안」 발표 직후 교수와 학자 등 지식인 사회의 반발이 거세게 일었다. 또한 학생들 가운데 최초로 7/21일 「국대안」 반대 성명서를 발표한 경성공업전문학교 재경학생회 성명서에는 통합에 따른 교수

부족과 학생 수 증가로 교육의 질 저하는 물론 6명 행정관료 이사회 구성이 학생자치권을 박탈할 것이라고 통렬히 비판했다.[86]

「국대안」 사건과 관련하여 서울대 한인석 교수(물리학)는 '미국교육협회NEA'가 주장하는 민주주의 교육의 근본정신 아홉 가지 항목을 열거하면서 조목조목 비판했다. 민주주의 교육은 대다수 인민의 행복을 위하여 자유, 정의, 인도의 정신을 교육함에 있고 사회 각계각층의 사람들에게 교육의 목적과 교육정책을 결정하는 권리를 보장해야 한다고 역설했다.

그런 점에서 「국대안」은 대학 자치, 학생 자치를 부정하는 비민주적이고 비현실적인 발상이었다. 더군다나 대학운영을 관료적 이사회에 맡기는 행태는 남조선 교육 엘리트들의 일제 식민지 미청산과 관련이 깊다고 항변했다. 동시에 인민을 위한 인민에 의한 인민의 교육을 좀먹는 친일파 교육엘리트들이 진정한 민주교육발전의 최대 방해세력임을 성토했다.[87]

또한 최초로 설립되는 국립종합대학교의 초대 서울대학교 총장을 포함하여 이사회 구성에서 미국인 3명이 임명되었다는 점도 민족적 수치[88]이자 식민지 교육의 연장[89]이라는 부정적 기류로 작용했다. 미국 군인을 초대 총장으로 임명하는 「국대안」이 교육정책으로 나오게 된 배경에는 점령군으로서 군림하는 미군정 당국의 비민주적이고 관료적 권위주의가 자리 잡은 탓이다.[90]

국립 서울대학교 초대 총장: 미군 대위를 임명

해방 후 최초의 종합대학교이자 조선 최고의 학부인 국립 서울대학교 총장에 한국 사람이 아닌 외국인을 임명했다는 점은 해방 당시 한국인의 민족 정서에 적지 않은 상처를 주었다.[91] 미군 점령 기간이고 아무리 미군정 통치가 이루어지는 시기라지만 해방 조선에서 군목 출신의 미국

해군 대위가 국립 서울대학교 초대 총장 자리에 앉는다는 것은 교수와 학생의 학문적 자존심을 크게 훼손하는 처사였다.

그러나 무엇보다 교수와 학생들이 격렬히 저항한 근본적인 이유는 대학교육의 주체인 교수와 학생들의 의견을 전혀 고려하지 않은 채, 군정 당국이 일방적으로 「국대안」을 발표하고 강행 처리한 것에 있었다. 민주적인 절차를 밟지 않고 강행 처리한 미군정 당국의 태도와 동기에 의혹의 눈초리를 보내던 교수와 학생들은 교수자치회와 학생회 존재가 전면 부정되는 상황으로 치달으면서 저항은 극에 달했다.

그것은 1946년 7월 「국대안」 발생 이전, 교수와 학생으로부터 의혹의 눈길을 받은 사건이 1945년 12월~1946년 3월에 걸쳐 이미 속출했다. '진보적인 교사 복직'과 '학원 민주화'를 요구하며 청주 제2고등여학교, 청주 제일중학교 등 청주에서 시작된 중등학교 동맹휴학이 충북 진천, 제천, 영동으로 급속히 확산되었다.[92] 맹휴 사건이 고조되던 절정기에 미군정 당국은 30년 역사를 지닌 서울 법정전문학교를 비롯하여 수많은 학교, 학원, 강습회를 시설 미비, 무허가 등을 이유로 강제 폐쇄했다.

미군정청 학무국이 서울 법정전문학교를 폐쇄한 이유로 학교의 무허가, 교사校舍 사용의 불법 침입은 표면적인 이유였다. 실은 교수진용과 강의 내용이 불온한 것을 제거하고 싶었던 것이다. 학무국은 교수진용 가운데 조선공산당과 관련된 정태식 씨가 강사로 나오고 개학식 때 적기가 게양되었다는 점을 주목했다.

그러나 미국은 다양성을 인정하는 자유민주주의를 강점으로 내세웠던 국가다. 그럼에도 미군정청 행정 고문 11명 가운데 7명이 한민당원이고, 고문회의 위원장 김성수는 한민당 총무였으며, 도지사 등 지방행정 관료의 80%가 한민당원으로 충원된 지극히 편향된 현실을 이해할 필요가 있다.[93] 그리고 무엇보다 교육정책을 총괄한 미군정청 학무국장 유억겸이 한민당 당원이었다.

그런 점에서 미군정과 교육엘리트들은 어떠한 경우에도 조선공산당을 인정할 수 없었다. 30년 역사를 지닌 서울 법정전문학교를 시설 미비, 무허가를 이유로 전격 폐쇄조치한 것은 반공주의적 태도가 노골적으로 드러난 탄압으로 해석될 소지가 컸다. 비 오는 날 미군정청 앞에서 교수와 학생들이 무릎 꿇고 빌며 탄원했음에도 경찰병력을 전격 동원하여 강제 폐쇄시킨 것은 사상의 자유와 학원 민주주의를 탄압한 것으로 각인되었다.[94] 서울 법정전문학교 폐쇄는 「국대안」 사건의 서막인 셈이었다. 이후 4월에 서울시내 수많은 중등학교와 전문학교에서 맹휴[95]가 빈발했다. 이 점은 「국대안」 이전에도 미군정청 학무당국의 권위주의 교육행정이 얼마나 독소적인 요소로 작용했는지를 말해준다.

그 외에 「국대안」 반대 이유로는 각 단과대학이 여러 곳에 흩어져 있는 만큼 거리문제가 발생한 점을 들 수 있다. 경성대학과 9개 전문학교 통합에 따른 우수 교수진과 시설 및 교육기자재의 효율적 활용이 학교 간 거리가 멀어 학생들이 이용하기에는 현실성이 크게 떨어진다는 점이다. 이 점은 「국대안」 발상자 오천석도 인정한 사실이다.[96]

또한 해방된 시점에서 우수한 인재와 기술 인력을 급속히 양성해야 한다는 국가적 필요와 현실적 이유를 감안하더라도 대학 주체인 교수와 학생의 의혹을 살 만한 점이 있었다. 국가 백년지대계인 신생국가의 고등교육정책을 방학이라는 기간을 이용해 발표한 사실이다. 여기에는 해방 후 대학운영을 실질적으로 주도했던 교수회와 학생자치회에 대한 미군정 당국의 교육 통제라는 내적 동기가 작용했다.

미군정 당국은 1945년 10월 10일 미 해군 대위 알프레드 크로프츠A. Crofts를 경성대학 학장으로 이미 임명했다. 그리고 270명의 경성제국대학 전임교수진 중에 80%가 일본인이었기에 이를 한국인으로 교체하려고 했다.[97] 그런데 1945년 12월 좌익계열의 경성대 젊은 조교들은 의대 강당에서 『조선소설사』를 저술한 코뮤니스트 김태준(남로당 문화부장)을 경성대 학장으로 선출했다. 12월의 경성대 학장 선출 반란에 이어 조교들은 각 전공분야 담당 교수들까지 뽑아 일람표로 작성하여 학교에 제출한 것이다.

미군정: 조선인의 대학자치 부정

미군정 통치를 전면 거부하는 상황이 벌어지자 조선 주둔 미군 사령관 하지 입에서 '돼지새끼들…'이라는 경멸스런 표현이 튀어 나왔다.[98] 그런 상황에서 경성대 학장 크로포츠는 그해 12월 미국 종합대학교를 모델로 하는 「국대안」을 구상하게 된다. 조선인에 의한 대학 자치를 부정하고 미군정 당국이 대학을 확실하게 통제하겠다는 의지의 표현이었다.

따라서 학원 내 진보적 교수나 비타협적 민족주의 성향이 강한 학자들을 축출하고 진보적 의식을 지닌 학생들을 학원에서 제거하는 방편으로 미군정 학무당국 조선인 교육엘리트들은 「국대안」을 적극 활용한 것이다. 실제로 「국대안」 법령 제102호가 1946년 8월 22일 공표되기 10일 전, 미군정청 문교부 차장 오천석은 「국대안」에 반대하는 교수들은 '개인의 진퇴 문제에 전전긍긍 불안을 느끼고 있는 자들'[99]이라고 확언했다.

미군정청 정보참모부 역시 국대안 반대운동을 '좌익교수들을 대량 해고한 데 따른 것이고 부수적으로 학생들의 열악한 처지도 작용했다'고 분석했다. 진보적 성격의 언론『독립신보』역시 「국대안」 반대를 외친 교수들을 대거 학교현장에서 축출한 이후 "교수 없는 교실을 지켜야 할 운명에 빠진 학생들의 공기도 자못 동요의 빛을 보이어 '교수를 다오, 강의를 듣게 하라'는 소리가 날로 높아오던" 상황이 학생 맹휴로 확산되었다고 보도했다.[100]

미군정기 교육정책: 반공이데올로기를 내면화한 정책

한반도를 대소 반공기지의 보루로 규정했던 종전 후 미국의 대외정책에 따라 미군정기 교육정책은 반공 이데올로기를 내면화·체계화하는 정책 기조로 일관했다. 그런 점에서 한국민주당은 미군정과 이해관계가 일치했다. 실제로 한민당의 기동력을 높이기 위해 하지 중장이 9대의 승용차를 기증하는 등, 미군정은 적극 후원했고 그것은 한민당의 활동에 큰 도움이 되었다.[101] 한민당 출신이 다수를 점한 미군정기 조선인 교육주도세력은 일제강점기 자신들의 친일 부역혐의를 덮어버리고 교육기득권을 유지하기 위해 교육엘리트로서 반공이념적인 지향과 교육의 재편과정에 미군정보다 더 적극적인 노력을 기울이며 헌신했다.[102]

미군정 기간 범 교육 주도세력으로 미군정 학무국 관료, 한국교육위원회, 조선교육심의회, 조선교육연구회(이상 우파), 조선학술원(좌우 망라), 조선교육자협회(좌파)를 꼽을 수 있다. 이 가운데 미군정 학무국 관료, 한국교육위원회, 조선교육심의회, 조선교육연구회 소속 한민당계 28명, 흥사단계 31명, 족청계 7명으로[103] 오천석, 유억겸, 장리욱, 백낙준, 김활란 등 흥사단 비중이 매우 높았다.

미군정 초기 인사권 등 막강한 권한을 휘둘렀던 '한국교육위원회' 10명 가운데 한민당계 5명, 흥사단계 6명, 족청계 5명으로 중복 분류된다. 나중에 '한국교육위원회'에 추가 합류한 윤일선, 조백현을 제외하고 10명 중 8명 모두 보수 우파세력인 한민당이나 흥사단, 족청계 소속이고 6명은 기독교인이다. 한국교육위원회 위원 10명 가운데 진보적인 인사로 분류될 인물은 단 한 명도 없었다.

조선의 교육이념과 교육제도, 교육행정, 그리고 초중등교육, 고등교육, 사범교육, 의학교육, 직업교육, 교과서 등 각급 학교별 교육정책을 장기적 안목에서 설계한 준정부적 정책수행기구인 '조선교육심의회' 역시 마찬가지였다. 10개 분과별 조선인 위원 51명 가운데 20명이 한민당계 인사였다. 10개 분과의 위원장 10명 가운데 진보적 인사는 백남운(고등교육)이 유일하고 비타협적 민족주의 인사는 안재홍(교육이념), 이극로(초등교육), 최현배(교과서) 3명이다. 나머지 6명 중 유억겸(교육제도), 최규동(교육행정), 조동식(중등교육) 3명은 친일 부역혐의를 안고 있는 인물들이다.

「국대안」사건의 서막인 1946년 2월 진보적인 교육자 파면과 1946년 3월 서울 법정전문학교 폐쇄조치 이후 중등학교, 전문학교별 동맹휴학이 연이었고 미군정 당국은 경찰력을 동원해 잔혹하게 탄압했다. 미군정기 한국 경찰은 일제 식민 경찰의 연장으로서 민족주의 양심세력이든 진보적인 세력이든 「국대안」반대 운동 교수(교사)와 학생들을 가리지 않고 탄압에 매우 열성적이었다. 1946년 11월 현재 경위 이상 경찰간부 1157명 가운데 949명(82%)이 일경 출신이었다.[104]

해방 직후 8~9월 경찰서 출근율이 20%도 되지 않을 정도로 일제의 패망과 함께 친일 경찰들은 황급히 피신했다.[105] 그러나 은신했던 민족반역자들이 반공을 제1의 가치로 내세운 미군정을 등에 업고 그들의 주구 노릇에 열과 성을 다함으로써 '친일 경찰=반공 애국지사'로 변신한 것이다. 맹휴에 가담한 학생들을 잔악하게 탄압하던 경찰들은 1946년 5월 정판사 위폐사건을 계기로 미군정과 좌익세력이 날카롭게 대립하던 시류에 편승해 군정청 문교 당국과 함께 전국 각지의 학교에서 진보적인 교사들을 색출하는 데 앞장섰다.[106] 맹휴 당시 학생들이 내건 슬로건 가운데 '경찰의 학원 간섭, 탄압 반대'는 그러한 시대배경을 안고 있었다.

결국 탄압의 칼끝은 경성대학 심장부를 향했고 그것이 「국대안」사건으로 표출되었다. 1946년 9월 신학기 개학을 앞두고 학생들의 등록 거부와 맹휴, 교수들의 집단 사표, 경성대 3개 단과대 폐쇄조치 등 1년여에 걸친 「국대안」반대 투쟁이 전개되었다. 1947년 2월 2차 「국대안」반대 투쟁 당시, 서울대 각 단과대학이 동맹휴학에 돌입하고 연희대, 한양공대, 동국대, 덕수상고, 경기상고, 동성중, 경복중 등 서울 시내 대학과 중등학교로, 그리고 3월에는 전국적으로 맹휴가 확산되었다. 미군정청 문교부는 남조선 과도입법의원의 제안을 일부 받아들여 이사진을 조선인으로 구성하고 총장도 조선인으로 교체했다. 그리고 제적된 교수와 학생에 대해 심사를 거쳐 조건부 복직과 복교를 허용하는 수준에서 「국대안」 사태를 마무리했다.

국대안 사건 당시 서북청년단 서울대학교에 대거 편입

그러나 1946년 9월 「국대안」 반대에 따른 등록 미달 사태 당시, 그리고 1947년 2차 「국대안」 반대 투쟁 당시 서북청년단은 학원 내 좌익 소탕을 위해 경성대학을 비롯해 중등학교에 6,000여 명의 회원을 편입학시켰다.[107] 「국대안」 사건이 최종 마무리된 1947년에도 좌익으로 분류돼 복교가 불허된 서울대학교 학생 천여 명이 쫓겨난 그 자리에는 서북청년단 출신 학생들이 대거 편입했다. 시험은 형식적이었고 이른바 서청 위원장 선우기성의 확인증과 문교부장 유억겸의 학력증명으로도 1947년 2월 중순부터 한 달 사이에 3,600명이 대학을 비롯해 중등학교에 편입학할 수 있었다.[108]

1946년 「국대안」 사건 초기의 쟁점은 교수자치, 학생자치를 요구하는 학원 민주화 대 미군정 교육당국의 관료행정과의 대결구도였다. 그러나 1946년 5월에 발생한 정판사 위폐 사건을 계기로 1946년 9월 조선공산당에 대해 대대적인 탄압이 시작됐다. 1946년 초 찬탁-반탁의 이념대결이 지속되는 와중에 1946년 6월 이승만은 남한만의 단독정부 수립을 옹호하는 정읍 발언을 했다. 그리고 1946년 7월 1차 미소공위가 결렬되는 등, 국내정세의 변화에 따라 「국대안」 반대 투쟁은 1947년 들어 좌우 이데올로기 대결 구도로 치달았다. 「국대안」 반대 운동 세력은 미군정의 지원을 받는 문교·경찰 당국과 서북청년단에 의해 '빨갱이'로 내몰렸고 학원 내에서 철저히 탄압받았다.

「국대안」 반대 운동이 좌절된 1947년 9월 이후에도 '빨갱이' 색출은 한동안 지속되었다. 1947년 11월 서울사대 교수 신기범에 대한 우익 청년학생의 테러 피살과 1949년 11월 경찰이 자행한 서울사대 교수 장형두 고문치사 사건, 그리고 1949년 12월 서울대 문리대 학장 조윤제의 체포는 일부의 사례다. '빨갱이' 색출이라는 극단적 반공주의의 공포 속에서 1949년 11월 말까지 '좌익 자수 기간'이 지정되기도 했다. 그 기간 중 서울대에서만 문리대 14명, 사범대 23명, 법대 9명, 상대 8명, 공대 4명, 의대 2명, 농대 1명이 자수하여 이들을 국민보도연맹에 가입시켰다.[109]

이만규
조선의 페스탈로치 이만규 선생이 배화여고 교무주임으로 재직하던 시절. (출처: 박용규 박사)

학원 내 '빨갱이' 색출과 매카시즘 공포는 공산주의자가 아닌 진보적 민족주의 학자들을 북으로 내몰기도 했다. 한글학자 이극로, 이만규, 정열모가 대표적인 사례들이다. 의열단 단장이자 대한민국 임시정부 군무부장 김원봉도 공산주의자가 아니었음에도 북으로 갈 수밖에 없었다. 극우 반공 파시즘이 횡행하는 남조선 정세는 대한민국 정부 수립 후에도 변함이 없었다. 오히려 더 강화되었다. 이승만은 서북청년단을 '소중한 청년들'이라고 고무했고 조병옥은 '서청이 없으면 치안이 유지가 안 된다'고 할 정도였다.[110] 자신들의 실체를 처음으로 선보였던 1947년 3·1절 기념식장 습격사건부터 제주 4·3항쟁(1948~1954)에서 제주도민 수만 명을 학살하는 데 악명을 떨쳤던 서북청년단의 잔혹성은 이미 널리 알려진 내용이다.

1946년에서 1947년에 걸친 「국대안」 반대 투쟁을 실질적으로 주도했던 '조선교육자협회' 교원들 또한 1947년 10월에 피검, 체포돼 간부급 58명이 기소되면서 심각한 탄압을 받았다. 이후 공개적인 활동이 어려운 상황에서 1948년 5·10 선거와 1948년 8월 정부 수립 이후에도 지하단체로서 명맥을 유지했으나 한국전쟁 기간 해체되었다.[111] 해방 후 전국 최대의 자생적인 교원 대중조직이 미군정의 탄압으로 1947년 「국대안」 반대 투쟁이 좌절되면서 지하화하고 전쟁 중 해체되는 운명에 처했다.

국대안 사건: 학원 내 '빨갱이' 색출, 반공 일색으로 교육계를 정리한 사건

「국대안」 사건을 통해 교육계를 반공 일색으로 평정한 것이자 교육계 정화 작업을 완료한 것이다. 대신 미군정청 문교부장 오천석은 미국 NEA(미국교육협회)와 같은 교직단체를 구상, 주도하여 문교 차장 사공환에게 교련 창립을 지시했다.[112] 오천석은 친일 교육자 조동식을 찾아가 설득하고 조동식은 최규동과 함께 관변 교원 단체인 '조선교육연합회'(약칭 '교련')를 1947년 11월 23일 창립했다. '조선교육연합회' 창립 당시 친일교육자 조동식은 임시의장이었고, 친일교육자 최규동은 초대 '교련' 회장이 되었다.

'조선교육연합회'는 해방 후 어용단체였던 '조선교육회'가 해체된 지 2년이 지난 시점에서 창립하는데[113] 이는 「국대안」 반대운동 좌절로 '조선교육자협회'가 1947년 11월 탄압받고 지하화하는 시점과 일치한다. 해방 후 최대 교원단체이자 진보적인 교원 대중조직인 '조선교육자협회'의 공개 활동이 소멸하는 시점에 '조선교육연합회'가 결성된 것이다. 적어도 자생적이고 민족적이며 진보적인 교육자 대중 단체를 탄압, 평정함과 함께 이를 대체할 관변조직을 구상하고 창립한 점은 부인할 수 없는 사실이다.

'교련'은 정부 수립 후 대한교육연합회로 명칭을 바꾸며 제1공화국 이승만 정권부터 전두환 5공 정권에 이르는 수십 년 동안 친정부 최대 교원단체로 군림했다. 6월 항쟁 이후 1989년 전국교직원 노동조합(약칭 '전교조')이 탄생하면서 대한교련은 '한교총'으로 이름을 바꾸고 현장 교사의 대의원 수를 늘리는 등 조직변화를 시도하여 오늘날까지 15만 명이라는 최대 교원단체로 명맥을 유지하고 있다. 한교총은 박근혜 정권 시절 강행한 한국사 국정제 지지를 천명하며 어용성을 숨기지 않았다.

요컨대 「국대안」 반대 운동의 좌절은 교수자치, 학생자치의 소멸과 친일 교육자의 전면적 부활을 초래했다. 청산 대상인 친일교육엘리트들이 반공을 기치로 민족주의 교육자, 진보적인 교원들을 오히려 역청산하면서 해방 후 교육계 최대 당면 과제는 좌절되었다. 민족의 고유한 대학인 '성균관'이 해방 후 국립서울대학교로 탄생해 민족교육을 올바로 계승한 것이 아니었다. 오히려 일제 식민 통치 도구인 제국대학을 통해 친일 지식인을 양산했던 경성제국대학이 '제국' 글자를 빼고 서울대학교로 급변신한 것이다.

이렇듯 「국대안」 사건은 학원 내 '민족성'을 거세시키고 '학원자치'를 탄압함으로써 '민주성'을 압살했다. 이후 교육 관료에 의한 국가주의 교육행정은 반공 이데올로기를 체제 내화 시키는 국가 주도의 교육정책을 학교현장에 뿌리내리게 했다. 교육 영역은 체제 유지를 위해 도구적 기능을 수행하는 영역이지만 때론 교육 주체 간 의사소통과 이성적 비판을 통해 인식의 깊이와 폭이 확장되는 영역이기도 하다.

그러나 한국 사회 교육은 교육 주체 간 소통과 이성적 비판이 존재하기보다는 교육정책 형성 과정을 국가가 주도함으로써 교육 주체인 교사, 학생, 학부모의 참여가 국가에 의해 수십 년 간 재단되어온 형국이다. 공권력을 바탕으로 권위주의적이고 일방적인 상명하달식 교육통제정책은 한국교육에서 효율성의 문제라기보다 정당성의 위기를 자초했다. 하버마스의 지적대로 정치권력이 교육정책 형성 과정에서 주도권을 장악하는 것은 민주주의에 역행하는 것이기 때문이다.[114]

「국대안」 사건: 한국 교육 모순의 근원이자 재앙의 진원지

그 결과 분단시대 통일을 위한 '민족 민주교육'은 단절되었고 교사는 교육행정의 말단 기구로 전락했다. 「국대안」 반대운동이 좌절된 후, 학생 자치활동은 십여 년 동안 통제되었고 학생회는 학도호국단으로 변질되었으며, 학생운동이 소멸된 그 자리에 1950년대 관제 학생동원이 등장했다. 1960년 4월 혁명의 첫 출발을 알린 대구 2·28 학생데모가 발생하기까지 그런 현상은 50년대 내내 지속되었다. 공식적 이념을 확산시키는 도구인 학교 교육을 통해 반공 국가의 파시즘이 국민 일상생활 구석구석 침투했고 자연스레 생활의 일상이 되었다.

체제 내화된 반공 이데올로기가 민주주의 이념을 압도한 탓에 학교교육은 해방 77년이 아니라 분단 77년으로 교육모순을 계속 심화시켰다. 그런 점에서 반공 이데올로기로, 그리고 국가주의 교육행정으로 학교사회를 말끔히 정화시킨 「국대안」 사건은 한국 교육 모순의 근원이자 재앙의 진원지였다.

1. 미군정청 학무국은 1946년 3월 문교부로 승격된다.
2. 경성대학 내에는 법문학부, 이공학부, 의학부 3개 학부가 있었다.
3. 서울대학교 60년사 편찬위원회(2006), 『서울대학교 60년사』, 20쪽.
   「국대안」을 최초로 구상한 인물은 1945년 12월 경 경성대학 학장이던 미 해군 대위 알프레드 크로프츠(A. Crofts)였다. 그는 미국식 종합대학교를 모델로 남쪽에 국립 종합대학교를 구상 설계했다. 任命辭令 제18호, 『官報』, 김기석(2008), 『한국 고등교육 연구』 107쪽에서 재인용.
   〈크로프츠는 스탠포드 대학에서 박사과정을 마친 인물로 미 제24군단의 조선 주둔 이 결정되었을 때 급히 군정 요원으로 자원한 50명의 장교 중 하나이자 그 중에서 조선에 대해 들어본 적이 있는 2명 중 한 명이었다.〉
4. 허대영(2009), 『오천석과 미군정기 교육정책』, 한국학술정보(주), 84-85쪽.
5. 오천석(1974), 『老兵의 오솔길』, 대한교육연합회, 98-100쪽.
   미군정 학무국장 락카드 대위에게 오천석을 소개한 인물은 존 하지(J. R. Hodge) 사령관의 개인비서이자 정치고문이었던 이묘묵 박사이다. 이묘묵은 보스턴 대학교에서 박사학위를 취득하고 연희전문학교 교수로 재직 중 해방을 맞았다. 오천석도 컬럼비아 대학교에서 교육학 박사학위를 받고 귀국한 뒤 한 때 보성전문학교 교수로 재직했다. 오천석은 1941년 태평양전쟁이 발발하자 가족과 함께 몰래 중국 상하이로 피신한 뒤 일본이 패망할 것을 예견하고 1944년 10월 황해도 백천으로 귀국하여 요양, 은거 중이었다. 이묘묵과의 인연은 백낙준, 이묘묵, 최규남, 이원철, 이기붕, 박마리아, 유형기 등 미국유학생 출신들이 집단 거주했던 북아현동 시절이었던 것으로 보인다. 해방 직후 오천석이 북아현동 집으로 돌아와 거기서 만난 옛 친구들(백낙준, 이묘묵, 하경덕)과 덩실덩실 춤을 추고 얼싸안으며 울면서 해방의 감격스런 순간을 맞았다.
6. 오천석은 락카드 대위와 조선총독부 학무국을 접수하러 간 날짜를 락카드를 만난 지 1주일이 지난 뒤라고 자신의 회고록인 「군정문교의 증언」 111쪽에서 언급한다. 그러나 미군이 인천에 상륙한 날이 9/8일이고 서울에 진주하여 조선총독부 중앙청 제1 회의실에서 일본으로부터 항복을 받은 날이 9/9일이며 9/10일에 군정장관으로 임명된 아놀드(A. B. Arnold)가 행정기구를 조직하기 시작하여 실질적으로 군정을 시작한 것은 9/11일임을 생각할 때 9/14일이 아닌 1주일 지난 뒤라는 오천석의 기억엔 착오가 있었다고 본다. 실제로 오천석은 「국대안」이 군정법령 제102호로 공표된 날을 1946년 8/22일인데도 자신의 저서 『한국 신교육사』에서는 8/27로 기술하는 등 착오를 범하고 있다.
7. 중앙대 부설 한국교육문제연구소(1974), 『文敎史』(1945-1973), 중앙대 출판국, 7-8쪽. 이덕호(2001), 『친미 사대주의 교육의 전개과정』, 서울: 다움, 26쪽.
8. 정재걸(1999), 「미군정기의 교육주도세력」, 『새교육』 536호, 76쪽.
   미군정은 반공사상에 투철하고 미국을 잘 이해하는 친미적인 인사로 교육주도세력을 형성했다. 미군정 기간 교육정책 결정에 가장 중요한 영향력을 행사한 인물은 오천석(미군정 문교부차장), 유억겸(미군정 문교부장), 김성수(미군정 교육고문) 3인이다.

9. 오천석(1972), 「군정문교의 증언」, 『새교육』 1972년 7월호, 통권 24호, 109쪽.

10. 오천석(1964), 『한국 신교육사』, 현대교육총서, 416쪽.

11. 『동아일보』, 1946. 7. 14.

12. 오천석(1975), 「외로운 城主」, 『오천석 교육사상문집 10』, 100-101쪽.

13. 오천석(1972), 「군정문교의 증언」, 『새교육』 1972년 9월호, 통권 24호, 83-84쪽.

14. 장리욱(1975), 「국립 서울대학안 분규」, 『나의 회고록』, 샘터, 232-236쪽.

15. 장리욱(1969), 「소위 '국대안 사건'의 전말」, 『월간 중앙』 17호, 1969년 8월호, 중앙일
    보사, 136쪽.

16. 이근엽(1992), 「존 듀이의 교육철학과 오천석의 교육사상」, 『민주교육』 제2호, 천원기
    념회, 40쪽.
    김종철(1998), 「우리나라 교육에 미친 천원의 영향」, 『민주교육』 제8호, 천원기념회,
    49쪽.

17. 김선양(1996), 「천원 오천석의 교육사상」, 『한국교육사학』 제18집, 한국교육학회 교육
    사연구회, 275쪽.

18. 「국대안」 사건을 북쪽의 같은 시기 '김일성 종합대학안', 즉 「종대안」과 함께 분단교
    육의 시각에서 연구했던 김기석 교수는 80년대 「국대안」 석사 논문들을 소위 '수정
    주의' 시각으로 통칭했다.

19. 홍웅선(1991), 「미군정기 교육에 관한 연구 2」, 『교육개발』 제13권, 제3호.(통권 72호),
    10쪽.

20. 수정주의 시각의 학위논문으로는 이숙경(1983), 「미군정기 민주화의 성격과 민주주
    의 교육이념의 한계」, 이대 석사; 한성진(1986), 「미군정기 한국 교육엘리트에 관한 연
    구」 연세대 석사; 최혜월(1986), 「국대안 반대운동의 이념적 성격에 관한 교육사회학
    적 접근」 연세대 석사; 이희수(1986), 「미군정기 국립서울대학교 설립과정에 관한 교
    육사회학적 분석」, 중앙대 석사; 김태미(1987), 「미군정기 한국 고등교육개혁에 관한
    고찰」 이대 석사; 김경숙(1989), 「미군정기 교육운동: 1945-1948」, 서울대 석사 논문을
    참고할 수 있다.

21. 해방 직후 조선의 교육자들은 일제 식민잔재 청산을 당면과제로 삼고 독립 후 새로
    운 국가 건설에 대한 희망과 함께 조선교육의 앞날을 구상하며 교육자단체 조직에
    돌입한다. 가장 먼저 조직된 교육자 단체는 고등교육을 담당했던 지식인 집단으로
    1945년 8월 16일 출범한 '조선학술원'이다. 조선학술원은 '학술계의 대동단결'의 정신
    아래 좌우 지식인 사회를 망라한 조직이었다. 초대 조선학술원 원장은 마르크스주
    의 경제학자 백남운이다.

22. 김기석(2008), 『한국 고등교육연구』, 교육과학사, 132-133쪽.
    민족 지성의 분열과 분단고등교육체제의 형성이라는 시각을 최초로 주장한 학자는
    서울대학교 교육학과 김기석 교수이다. 관련 논문은 김기석(1996), 「해방후 분단국가
    교육체제형성 1945-1948: 국립서울대학교와 김일성 종합대학의 등장을 중심으로」,
    『師大論叢』 53호, 서울대학교 사범대학.

23. 김기석(2008), 위의 책, 132쪽.

24. 오천석(1974), 『老兵의 오솔길』, 대한교육연합회, 132-133쪽.

25. 최광만(1990), 「국대안 관철에 관한 재고」, 『교육사학연구』 제2·3집, 서울대 교육사학

회, 180쪽.

26. 역사문제연구소(1989), 『해방 3년사 연구 입문』, 서울: 까치, 60쪽.

27. 이규환(1986), 「한국의 교육문제」, 『제3세계와 한국의 사회학』, 돌베개. 261쪽.

28. 이길상(2007), 『20세기 한국교육사-민족, 외세, 그리고 교육』, 서울: 집문당, 177쪽.

29. 이길상(편)(1992), 『해방 전후사 자료집 I-미군정 교육정책』, 원주문화사, 7-8쪽.

30. 이덕호(2001), 앞의 책, 28쪽.

31. 김정인(2009), 「미군정기 대학 정책과 사립대학의 설립과정」, 『교육연구』 제27권 제2
호, 53쪽.

32. 오천석(1958), 「진보주의적 교육운동」, 『思潮 1』, 서울: 思潮社, 200쪽.

33. 이종각 외(1990), 「한·미관계의 재조명」, 『분단시대의 학교교육 2』, 서울: 푸른나무,
235쪽.

34. 오천석(1974), 『老兵의 오솔길』, 대한교육연합회, 135-139쪽.

35. 오천석(1981), 「민주주의의 현대적 이해와 교육에의 도전」, 『학술원 논문집』 제20집,
19-23쪽.

36. 우용제(2001), 「천원의 민주교육사상의 외연과 그 성격」, 『한국교육사학』 23권 제2
호, 219-220쪽.

37. 한성진(1986), 「미군정기 한국 교육엘리트에 관한 연구」, 연세대 석사, 66-70쪽; 김상
태(2002), 『근현대 평안도 출신 사회지도층 연구』, 서울대 박사 논문, 50-53쪽.

38. 장규식(2011), 「미군정하 흥사단계열 지식인의 냉전인식과 국가건설 구상」, 『한국사
상사학』 제38집, 250-253쪽.

39. 오욱환, 최정실(1993), 『미군 점령시대의 한국교육-사실과 해석』, 지식산업사, 152쪽.
이숙경(1983), 「미군정기 민주화의 성격과 민주주의 교육이념의 한계」, 이대 석사,
47-55쪽.
최혜월(1986), 「국대안 반대운동의 이념적 성격에 관한 교육사회학적 접근」, 연세대
석사, 17-18쪽.
현은주(1996), 「미군정기의 한국교육에 대하여」, 『白山學報』 46, 421-450쪽.
이희수(1986), 「미군정기 국립서울대학교 설립과정에 관한 교육사회학적 분석」, 중앙
대 석사 49쪽.
한성진(1986), 「미군정기 한국 교육엘리트에 관한 연구」, 연세대 석사, 34-36쪽.
김태미(1987), 「미군정기 한국 고등교육개혁에 관한 고찰」, 이대 석사, 24-27쪽.
김경숙(1989), 『미군정기 교육운동: 1945-1948』, 서울대 석사 논문, 20-27쪽.

40. 김영모(1982), 『한국지배층 연구』, 서울: 일조각, 140쪽.

41. 김수자(1994), 『미군정기 통치기구와 관료임용정책』, 이대 석사 논문, 51쪽.

42. 이길상(1996), 「미군정하에서 진보적 민주주의 교육운동」, 『한·일의 근대교육 도입
과 개혁』, 26쪽.

43. 한준상, 김성학(1990), 『현대 한국교육의 인식』, 서울: 청아, 104-105쪽.

44. 한국교육위원회(The Korean Committee on Education)는 해방 직후 오천석이 주
도하여 만든 '천연동 모임'의 구성원들이 주축이 된다. 오천석, 김성수, 백낙준, 김활
란, 최규동, 유억겸 등이 천연동 소재 김활란의 친구 집에서 3-4차례 모임을 갖는데
이 모임에서 민주주의 교육(백낙준), 6-3-3-4 학제(김성수) 등이 논의되었다.

45. 오천석(1974), 앞의 책, 102쪽.

46. 김동구(1992), 「미군정기간 중 미국의 한국에 대한 교육정책」, 『교육학연구』 30권, 제4호, 121쪽.

47. 오천석은 보성전문학교에서 영어, 철학, 심리학을 가르쳤다.

48. 오천석(1975), 앞의 책, 81-82쪽.
락카드 대위는 일본을 향해 북상 중이던 수송선상에서 일본군의 갑작스런 투항소식으로 전투임무로부터 미군정 교육책임자로 선정되었다. 당시 그 부대에서 교육경험이 가장 많은 자를 찾아본 결과 락카드가 임명된 것이다. 그는 시카고의 한 초급대학에서 영어를 가르친 경험밖에 없었다.

49. 손인수(1992), 『미군정과 교육정책』 서울: 민영사, 218쪽.

50. SCAP, Summation no 1(September 1945, Genaral headquarters Supremr Commander forthe Allied Powers), p14. 김운태(1992), 『미군정의 한국통치』, 서울: 박영사, 315쪽에서 재인용.

51. 미군정청 학무국장 락카드 대위의 형식적 파트너는 조선인 학무국장 유억겸이었고 학무국 차장 오천석의 파트너는 미군정청 학무국 차장 에렛(P. D. Ehret) 중위였다.

52. 오천석(1975), 「외로운 城主」, 『오천석 교육사상문집 10』, 85-87쪽. 오천석과 락카드가 1945년 9월 14일 조선총독부 학무국을 접수하는 풍경을 이렇게 묘사하고 있다. "우리 두 사람이 중앙청 별관 1층 학무국장실에 들어서니 30-40명 정도(조선총독부) 학무국 직원들이 正坐하고 있었다. 그들은 悲痛한 얼굴로 우리를 注視했고 침묵이 감도는 옥내는 터질 듯한 긴장으로 가득 차 있었다.

53. 김용일(2008), 「미군정의 교육정책과 서울교육」, 『鄕土 서울』 제71호, 146쪽.

54. 한준상(1987), 「미국의 문화침투와 한국교육」, 『해방전후사의 인식 3』, 서울: 한길사, 553쪽.

55. 김용일(1994), 『미군정청하의 교육정책 연구: 교육정치학적 접근』, 고려대 박사논문, 90-91쪽; 친일인명사전편찬위원회(2009), 『친일인명사전』, 서울: 민족문제연구소, 200-202/425-427/541-544/601-603/709-714/917-919 참고.

56. 이덕호(2001), 앞의 책, 30-31쪽.

57. 홍웅선(1991), 「미군정기 교육에 관한 연구」, 『교육개발』 제13권, 제1호(통권 70호), 10쪽.

58. 강명숙(2002), 「미군정기 대학 단일화 정책 수립에 관한 연구」, 『한국교육』 29권 제2호, 439쪽.

59. 오천석(1974), 『老兵의 오솔길』, 대한교육연합회, 102쪽; 손인수(1992), 앞의 책, 220-221쪽.

60. 오천석(1974), 위의 책, 99쪽.
〈우리들은 미군정이 상륙하는 날 (일제시대 친일 행적을 생각할 때) 숙청의 대상이 되어 있던 사람들이었다. 이제부터 사는 삶은 덤으로 사는 것이라고 생각했던 우리들은 무슨 방법으로 이 덤 생활을 조국에 이바지하는 데 쓸 것인가를 의논했다.〉 오천석은 백낙준, 이묘묵, 김활란, 김성수, 최규동과 달리 일제 말기 친일 행적이 없다. 그렇지만 친일의 길을 걸었던 친구들을 의식하여 이런 고백을 한다.

61. 유희원(1987), 『미군정기 교육주도세력의 정치·사회적 성격과 교육개혁 시도의 한계』, 연세대 석사 논문, 14쪽.

62. 총독부 일장기가 정식으로 내려지고 태극기가 아닌 성조기가 게양된 날은 1945년

9월 9일이다.

63. 라우터 백(1984), 『한국 미군정사』, 서울: 돌베개, 45쪽.

64. 조이스 콜코, 가브리엘 콜코(1982), 「미국과 한국의 해방」, 『한국현대사의 재조명』, 서울: 돌베개, 33쪽.

65. 조이스 콜코, 가브리엘 콜코(1982), 위의 글, 33쪽.

66. 그란트 미드(1993), 안종철 옮김, 『주한 미군정 연구』, 공동체, 21쪽.

67. 브루스 커밍스(1982), 「미군정하의 지방정치연구」, 『한국현대사의 재조명』 서울: 돌베개, 332-335쪽.

68. 최상룡(1988), 『미군정과 한국 민족주의』, 서울: 나남, 53쪽.

69. 심지연(1984), 『한국 현대정당론』, 서울: 창작과 비평사, 51쪽.

70. 이만규, 『조선교육사』(하)(을유문화사, 1949) 401쪽.
〈1945년 9월 휘문중학교에서 열린 중등학교 교육자 대회에서 '우리가 새 나라의 자녀를 가르칠 자격이 있느냐'며 깊이 통회한다.〉

71. 미군정청 학무국과 자생적인 교육자 단체 간 갈등과 충돌에 관한 구체적인 사례에 대해서는 이길상(1996), 「미군정하에서 진보적 민주주의 교육운동」, 『한·일의 근대교육 도입과 개혁』 24-28쪽; 민주주의 민족전선(1946), 『해방조선Ⅱ』 449-450쪽을 참고.

72. 김기석(2008), 앞의 책, 107-109쪽.

73. 『동아일보』, 1947. 11. 25.

74. 박종무(2011), 『미군정기 조선교육자협회의 교육이념과 활동』, 교원대 석사 논문, 24-25쪽.
(『조선교육자협회』는 1946년 2월 17일 창립 당시 회원수가 280명이었으나 1946년 미소공위 참가를 신청할 즈음엔 9,210명으로 비약적 성장을 했다. 경성여자사범학교 부속국민학교의 경우 교사 14명 중 12명이 가입할 정도로 학교단위까지 활성화되었다.) 당시 전체 교원이 3만 명 정도였음을 감안하면 1/3이 가입한 명실상부한 전국 대중적인 교원단체라 볼 수 있다.

75. 장리욱(1975), 『나의 회고록』, 서쪽: 샘터, 234-235쪽.

76. 김기석(2008), 위의 책. 109쪽.
경성사범학교 학생자치회 학생들은 경성사범학교 교장으로 학생들의 존경을 한 몸에 받았던 김택원(교육학), 신기범 교수를 기대했다.

77. 전우용(2011), 「군정, 의대를 수술하다」, 『현대인의 탄생』 164쪽.

78. 『동아일보』, 1947. 11. 26.
테러 사건 5일 만에 동대문경찰서는 서울 시내 모 대학생 용의자 김모 씨를 체포해 조사한다.

79. 이길상 외(2002), 『『주한민군사』와 미군정기 연구』 서울: 백산서당, 264쪽; 김우종 (2013), 「국대안 파동의 시발」, 『한국대학신문』, 1쪽.

80. 김기석(2008), 위의 책. 118쪽.
「국대안」 쟁점을 처음으로 문제제기한 인물은 서울대 정치경제학자 박극채 교수다. 그는 '민주주의 학원의 확립'이라는 기고를 통해 대학자치의 근간인 교수회의 존재를 부정하는 「국대안」은 민주주의 원칙에 위배된다고 주장했다.
『朝鮮人民報』, 1946. 7. 17. 김기석(2008), 위의 책에서 재인용, 118쪽.
〈서울대 이승기(화공학), 김지정(수학), 한인석(물리학), 윤행중(경제학) 교수와 이극로(한글학자), 박술음(휘문중 교장)은 좌담회에 참석, 자치에 어긋나는 「국대안」은 비민주적이라는 견해를 표명했다.)

81. 이길상(1996), 앞의 논문, 35-36쪽.
82. 김천영 엮음(1984), 『연표 한국현대사』, 한울림, 373쪽.
83. 김경숙(1989), 『미군정기 교육운동: 1945-1948』, 서울대 석사 논문, 39쪽.
84. 이길상(1996), 위의 논문, 45쪽.
85. 朝鮮通信社(1948), 『朝鮮年鑑』, 280쪽.
86. 서규원(1983), 『미군정하의 한국고등교육정책』, 한양대 석사논문, 49-50쪽.
87. 한인석(1947), 「國大案과 朝鮮敎育」, 『우리공론』, 19-24쪽.
88. 강순원(1984), 「민립대학 설립운동과 국대안 반대운동의 민족운동사적 의미」, 『자본주의 사회의 교육』, 서쪽: 창작과 비평사, 370쪽.
89. 한국교육십년사 간행회(1960), 『한국교육10년사』, 서쪽: 풍문사, 89쪽.
90. 김인회(1988), 「미소군정하의 교육정책과 학생운동」, 『현대사를 어떻게 볼 것인가 2』, 85쪽.
91. 서울대학교 20년사 편찬위원회(1966), 『서울대학교 20년사』, 13쪽.
92. 민주주의 민족전선(1946), 『해방조선 Ⅱ』, 서쪽: 과학과 사상, 450쪽
93. 박성기(1988), 「미군정하의 한국민주당에 관한 연구」, 『학생논문집』, 27쪽.
94. 이희수 외(1989), 「국가체제 형성기의 국대안 반대에 관한 분석」, 『분단시대의 학교교육』, 73쪽.
95. 민주주의 민족전선(1946), 앞의 책, 451-452쪽.
96. 오천석(1975), 「외로운 성주」, 『오천석 교육사상문집 10』, 105쪽.
97. 정태수 편저(1992), 『미군정기 한국교육사자료집 下』, 서울: 弘芝苑, 106쪽.
98. 김우종(2013), 위의 글, 2-3쪽.
99. 전우용(2011), 위의 글, 158쪽.
100. 전우용(2011), 위의 글, 165쪽.
101. 심지연(1982), 『한국민주당 연구 1』, 서울: 풀빛, 59쪽.
102. 이광호(1991), 『한국교육체제 재편의 구조적 특성에 관한 연구』, 연세대 박사 논문, 37쪽.
103. 한성진(1986), 앞의 논문, 49-51쪽.
104. 송남헌(1985), 『解放三年史 2 1945-1948』, 서울: 까치, 386쪽.
105. 서중석(2005), 『한국현대사』, 서울: 웅진, 22쪽.
106. 전우용(2011), 앞의 글, 157-159쪽.
107. 윤정란(2015), 『한국전쟁과 기독교』, 서울: 한울, 232쪽.
108. 류상영 외(1989), 『해방전후사의 인식 4』, 서울: 한길사, 98쪽.
109. 전우용(2011), 앞의 글, 164쪽.
110. 김형민(2014), 『미래에서 온 편지』 제11호, 노동당, 45쪽.
111. 박종무(2011), 앞의 논문, 44-45쪽.
112. 김경숙(1989), 앞의 논문, 51쪽.
113. 대한 어머니회 중앙연합회(1977), 『한국교육 30년사』, 134쪽.
114. 박준형(2008), 『교육 정책 형성 과정에서의 국가주도성에 대한 비판적 고찰』, 학술정보(주), 55-67쪽.

2.

교육모순 해결과
참교육을 위한
투쟁의 역사

『조선교육자협회』, 『4·19교원노조』를 이은
『전교조』《구로고 분회》창립 투쟁사

1. 여는 말

해방 공간 최초의 자주적 교사단체: 《조선교육자협회》

《전국교직원노동조합》은 '4·19교원노조'의 정신을 이어받아 1989년 탄생했다. '4·19교원노조'의 정식 명칭은 《한국교원노조총연합회》다. '4·19교원노조'는 해방 직후 결성된 이만규의 《조선교육자협회》를 이어받은 것이다. 이만규의 《조선교육자협회》는 해방 후 결성된 자주적인 교사대중조직으로, 당시 전국 3만 교사 가운데 1/3이 가입된 전국 최대 교사단체였다.[1] 그러나 《조선교육자협회》는 '국대안 반대 투쟁' 당시 미군정의 탄압으로 1947년 11월 지하화하고 1948년 해체된다.[2]

《조선교육자협회》는 해체된 지 꼭 12년 만에 1960년 '4·19교원노조'로 부활했다. 이승만 파시즘 권력이 4월 학생혁명으로 붕괴하면서 맨 먼저 창립된 대중조직이 '4·19교원노조'였다. 4·19교원노조는 대구 경북여고에서 시작하였다. 4월 혁명의 서곡인 '대구 2·28 학생 데모' 당시 대구 교사들은 불의에 분노한 학생들의 데모를 저지하는 데 앞장섰던 잘못을 범했다. 따라서 대구 지역 교사들 스스로 깊이 참회하는 의미에서 '4·19교원노조'는 대구에서 맨 처음 만들어졌고 또한 대구가 중심이었다.

그러나 대구에서 처음 시작된 교사노동조합의 전국 조직인 '4·19교원

노조'는 안타깝게도 창립 1년 만에 해체되는 운명을 맞았다. 박정희 군부 쿠데타 세력이 쿠데타 바로 다음 날 4·19교원노조를 해체시키며 집중적으로 탄압했다. 그리고 박정희-전두환-노태우로 이어지는 30년 군부독재정권이 지속되었다.

《조선교육자협회》-'4·19교원노조'-《전국교직원노동조합》으로 이어져

이 땅의 교사들은 자주적인 교사대중조직이 해체된 지 28년 만에 또다시 전국교직원노동조합(약칭 전교조)을 탄생시켰다. 전교조 탄생을 가능하게 한 결정적 요인은 내적으로 80년대 초부터 시작돼 온 교육운동과 외적으로 87년 6월 민주화운동에서 그 동인을 찾을 수 있다.

불행히도 전교조의 탄생은 가시밭길을 헤쳐온 역사였다. 1989년은 연초부터 공안탄압이 시작돼 서슬 퍼런 공안정국이 조성된 해였기 때문이다. 87년 민주 항쟁의 여운이 남아있던 시기였지만 끝물이었다.

87년 6월 민주항쟁으로 직선제를 쟁취했음에도 보수 야권의 분열로 전두환 5공 정권에 이어 노태우 군부독재세력이 여전히 지배 권력으로 군림하던 시절이었다. 88년도엔 선도적인 학생운동세력이 87년 민주화운동 열기를 이어받아 남북학생회담 판문점 개최를 촉구하며 진보적인 사회운동세력과 함께 통일운동으로까지 치고 나갔다.

그러나 89년 정국은 수세에서 공세로 급반전되었다. 통일운동에 화들짝 놀란 분단지배세력은 방북 사건을 계기로 반격의 포문을 열었다. 1989년 3월 문익환 목사 방북 사건을 계기로 1989년 6월 임수경 양 방북 사건이 터지고, 연이어 서경원 의원 방북 사건이 터졌다. 평민당 출신 서경원 의원 사건은 88년 8월에 당국의 허가 없이 방북했던 사실이 89년 6월 말 뒤늦게 알려지면서 구속돼 국가보안법 공안정국이 조성된 것이다.

87년 민주화운동과 88년 통일운동으로 한껏 수세에 몰렸던 군부정권은 민주인사들이 몰래 방북한 사건들을 빌미로 태도를 돌변해 적극 탄압했다. 87년 6월 민주항쟁 이후 비록 〈민주 대 반민주〉 세력의 대결 구도가 지속되던 시기였지만 89년은 수구세력의 공안정국 조성과 함께 민주화운동세력 탄압이 가시화되던 시기였다.

전교조 탄생: 국가폭력에 맞선 민주화운동의 거대한 흐름을 형성하다

그런 엄혹한 89년 정세 속에서 자랑스러운 민주화운동사의 한 페이지를 장식한 전교조가 탄생한 것이다. 국가폭력의 칼날 앞에 100명이 넘는 교사가 구속되고 1,500명이 넘는 교사가 학교현장에서 내쫓겼다. 세계사에 유례없는 교육대학살이었다. 그런 측면에서 89년 전교조 탄생은 '수업 중 북침설', '빨갱이 교사', '국가보안법 구속 교사'라는 공안정국의 탄압을 뚫고 건설한 민주화운동의 상징적 사건이다.

더구나 '전교조 구로고 분회 결성대회'는 전국 공립고 가운데 최초이자[3] 서울시내 초중고 공립학교 가운데 최초였다.[4] 따라서 전교조 사수투쟁 초기 단계에서 구로고등학교 전교조 분회는 권력 탄압이 집중되면서 남모를 수난을 겪었다.

당시 전교조 초기 지도부가 구속 또는 수배된 상태여서 탄압의 칼끝이 구로고 분회를 겨냥했다. 따라서 그 탄압의 강도와 양상은 일반인의 상상을 초월했다. 매일같이 언론사 기자들이 들이닥쳤다. 다른 분회에 없는 자체 대변인직을 두었고 사실을 왜곡하는 관제언론과 맞서 싸워야했다. 당시 한겨레신문은 전교조 구로고 분회 교육동지들에겐 최대의 우군이었다.

전교조 구로고 분회 창립 직후 조합원 가입자는 교사 85명 가운데 36명이었다. 그러나 군부정권-안기부-문교부-경찰-교육청 관료-학교 당국의 전 방위적 탄압으로 마지막 8명이 남았다. 그 8명 중 7명은 파면·해임의 징계처분으로 해직되었고 1명은 탄압 와중에 받은 정신적 상처로 스스로 사직서를 제출했다. 교단을 떠난 후 일부는 가족이 해체되고 경제적 고통으로 또는 병마에 시달리며 고스란히 시대의 고난을 감수했다.

30년이 훌쩍 지나 한 세대가 교체된 지금, 89년 당시 20~30대였던 젊은 교사들은 이제 60대 전후의 나이가 되었다. 전교조 구로고 분회 교육운동 1세대들은 매년 한 차례 모임을 가지며 오늘에 이르고 있다. 이제 참교육 투쟁 1세대가 이미 교단을 떠났거나 떠날 시점이다. 가물거리는 기억을 되살려 그날의 가슴 뜨거운 시절을 복기해 보고자 한다. 무엇보다 당시 1차 자료에 근거하되 사실에 입각해 역사의 기록으로 남기고자 한다.

어느 해직교사의 표현대로 "그 젊은 날 신들린 듯이 고난을 감수하며 오직 순수한 열정 하나로 노동조합 건설에 신명을 바치며 묵묵히 걸어갔던" 그날들을 교육민주화운동사로 기억하고 싶기 때문이다.

2. 80년대 교육운동과 전교협

80년대 교육운동의 양대 산맥: 'Y교협'과 '글쓰기 교육연구회'

80년 7, 8, 9월 노동운동의 폭발적 열기 속에, 그리고 80년대 후반 전체 운동의 흐름 속에 1987년 9월 전교협이, 그리고 1989년 5월 전교조가 출범하였다. 교사노동조합의 전신인 전교협의 등장과 그 운동 인맥과 물적 기반을 고스란히 계승한 전교조는 교직사회 80년대 교육노동운동의 산물이자 결실이다. 80년대 교직사회 교육노동운동을 살펴봄으로써 전교협과 구로고등학교 평교사회 결성을 복기해 보자.

1987년 9월 창립된 전교협은 80년대 초반 교육운동을 이끌어 온 양대 산맥, 바로 'YMCA 중등교육자협의회'(1982, 약칭 Y교협)와 이오덕 선생이 주도한 '한국글쓰기교육연구회'(1983)에 그 뿌리를 두고 있다. 물론 80년대 교육운동의 흐름 속엔 공개·비공개 조직이나 지역 소모임 형태도 있었다. 대표적인 공개조직으로 Y교협과 글쓰기교육연구회, 흥사단교육문화연구회(1984), YWCA 사우회를 거론할 수 있다. 그런가 하면 민중교육운동의 일환으로 노동야학 관련 지역 야학교사 소모임(비공개)이 있었다. 교육운동의 거대한 저수지인 '서울 강서 남부지역 교사모임'도 비공개 조직으로 활동 중이었다.

이들 노동야학 교사들이나 지역교사 모임에 참여한 교사들 상당수는 80년 광주학살의 참상을 딛고 민주화에 대한 열망과 참교육에 대한 열정으로 가득한 20대 청년교사들이었다. 이들은 제도교육권 내에 광범위하게 형성된 교육운동의 객관적 상황에 주목했다. 30만 교사가 매일 1,000만 학생들을 가르치는 교육현장을 민중교육 실천의 토대로 인식하였다.[5]

70년대 말부터 한국사회에 널리 보급된 파울로 프레이리의 『페다고지』와 이반 일리치의 『탈학교 사회』, 『새시대를 위한 선언』, 그리고 80년대 출판문화운동에 힘입어 소개된 마틴 카노이의 『교육과 문화적 식민주의』, 카라벨과 사무엘 보울스의 『교육과 사회구조』, 성내운, 김상봉의 『세 학교의 이야기』, 엘리아스의 『의식화와 탈학교』, 『민족해방과 교육운동』, 일본교원노조, 즉 일교조를 다룬 『인간의 벽』, 사회주의 교육을 소개한 『소련의 학교교육』, 그 외에 『교사와 권리』, 『교육노동운동』, 『교육사상사』, 『민중교육론』 등 교육운동과 제3세계 민중교육이론이 청년교사들 의식에 깊은 영향을 주었기 때문이다.

이와 더불어 광주학살에 대한 부채 의식과 신군부정권의 폭압적 통치를 종식시키고 이 땅에 민주주의와 정의가 흘러넘치게 하려는 기백이 시대의 소명으로 주어졌다.

전태일

전태일 열사가 자신의 몸을 불살랐던 청계천 6가 버들다리 위 전태일 반신부조. 1970년 11월 13일 재단사였던 스물두 살 청년은 불의한 노동현실에 절망하고 분노했다. 그리고 자신의 몸을 불사르며 불의한 현실에 저항했다. 전태일의 죽음은 대한민국 사회 전체 운동에 엄청난 충격을 던져주었다. 70년대 중반 〈노동야학〉의 등장은 전태일의 죽음에 대해 지식인들이 보인 뒤늦은 성찰이었다. (출처: 하성환)

80년대 학교 현장: 거짓과 위선의 '병든 교육', '죽음의 교육'

무엇보다 학교 현장에서 맞닥뜨린 교육현실은 참교육과는 너무나 거리가 먼 거짓과 위선의 교육으로 청년 교사들을 분노하게 만들었다. 일제 식민지 교육의 연장이자 국가주의 관료행정의 폐단이 버젓이 교육인 양, 학교 현장을 짓누르고 있는 양상은 참을 수 없는 교육모순이었다. 정의에 눈멀지 않고 양심을 저버리는 교사가 아닌 이상, 학교 민주주의에 대한 열망은 청년 교사들의 가슴 속에 저절로 자연스럽게 응축돼 갔다.

서정주를 비롯해 20대 젊은 날 친일시와 소설을 쓰며 일제를 찬양한 자들의 작품들이 버젓이 국정교과서에 실린 게 80년대 풍경이다. 아이들은 시험에 나올세라 작품을 분석하고 암기하는 데 정신이 없었다. 최초의 신소설 『혈의 루』를 훌륭한 작품으로 외며 이인직을 머릿속에 기억해 두는 것도 당시 모습이었다. 나라를 팔아먹는 데 앞장선 인물이라는 사실은 가르쳐주질 않았다. 역사 청산이 단 한 번도 없었던 한국 사회는 교육 현장마저 수십 년 동안 기형적인 불구의 상태가 지속되었다.

　단편적 지식을 강압적으로 달달달 암기시켜서 시험에 많이 합격시키는 게 당대 교육자들이 처한 현실이었다. 강고한 학벌주의 이데올로기가 한국 사회를 뒤덮었다. 학교 교육이 입신출세 위주로 정형화된 참담한 현실이 계속되었다. 게다가 암울한 교육 현실에 질식된 채 매년 100명 가까운 어린 학생들이 스스로 목숨을 끊는 비극이 반복되었다. 86년 "행복은 성적순이 아니잖아요"를 절규하며 자살한 15세 여중생의 죽음이 교사 사회에 크나큰 울림으로 다가왔지만 학벌사회는 변화의 미동도 없었다. 전국의 모든 학교는 여전히 보충수업과 밤 10시까지 야간 자율학습을 강요하던 시절이었으니까! 내가 근무했던 구로고등학교에서 어느 반의 경우 밤 12시까지 야간자율학습을 시킨 성실한(?) 교사도 있었다.

　거기다 월요일마다 열리는 운동장 애국조회, 매일 반복해서 전 국민을 통제했던 국기강하식 행사, 청소년 수련 활동을 빙자한 군대식 극기 훈련 강요는 빠질 수 없는 교육 일상이었다. 무엇보다 상명하복의 권위주의 학교문화가 교직사회를 '침묵의 문화'로 내리누르며 고착시켰다. 지시와 전달만 있을 뿐, 교직원 회의에서 토론은 없고 부교재 채택비, 촌지 문화 등 부조리와 불의가 상존했다. 이렇듯 교육모순과 학교의 비민주적인 일상에 깊은 회의를 느낀 청년 교사들은 70~80년대 학생운동과 야학 운동을 통해 체득한 의식에 기초해 거대한 모순 앞에 저항할 수밖에 없었다. 1980년 서울의 봄과 광주민중항쟁이 무참히 짓밟힌 절망 속에서 '저항'은 시대의 교사로서 존립 근거이자 최소한 교육자로서 부끄럽지 않을 자기 존재 이유였다.

80년대 교사의 저항은
교육자로서 부끄럽지 않을 자기 존재 이유이자 존립 근거였다

YMCA 합법 공간을 이용한 'Y교협'은 맨 먼저 1981년 말경 대구 Y교협이 창립되고 이어서 1982년 1월 광주 Y교협, 1982년 2월 서울 Y교협, 1982년 7월 여수 Y교협, 1982년 7월 부산 Y교협, 1983년 서울 초등 Y교협이 결성되었다. 1984년 들어서 정치적 유화국면을 타고 평택, 성남, 인천, 마산, 목포, 홍성에서도 Y교협이 속속 결성되었다. 1985년엔 진주, 춘천, 대전, 거창, 해남, 안동, 울산, 순천에 그리고 1986년엔 전주에서 YMCA교사협의회가 창립되었다. 따라서 지역 교사조직을 토대로 87년 6월 항쟁 직후 그 열기를 모아 전국적인 교사대중조직인 전교협을 건설하는 데 중요한 한 축을 형성할 수 있었다.[6]

이오덕 선생이 중심이 돼 1983년에 만든 '한국글쓰기교육연구회'도 1987년 6월 항쟁 당시 회원 수가 1,000명이 넘을 정도로 전국적인 대중조직의 형태를 갖췄다. 이들 글쓰기 연구회 회원들은 1987년 전교협 결성과 1989년 전교조 결성 초기에 경기지부, 충북지부, 충남지부, 대구지부, 경북지부, 부산지부, 인천지부, 제주지부에서 초기 지도부를 구성하는 데 기여하였다.[7] 다시 말해 전교협과 전교조의 탄생에는 80년대 초부터 시작된 'YMCA 교사협의회'와 '글쓰기 교육연구회'라는 두 개의 전국적인 지역교사 대중조직이 튼튼한 토대로 작용하였다.

특히 이오덕 선생이 만든 글쓰기교육연구회는 '글쓰기교육'이야말로 아이들을 낡은 질서로부터 해방시키는 '참교육'임을 강조하였다. 실제로 '참교육'이라는 용어를 최초로 사용한 분이 이오덕 선생으로[8] 그분은 당대 선진화된 교사들에게 크게 주목받고 있었다. 1989년 전교조 출범 당시 내세운 '참교육' 이념인 「민족교육, 민주교육, 인간화교육」 가운데 '인간화교육'이라는 표현을 써야 한다고 유독 강조한 분도 이오덕 선생이다. 전교조 출범과 동시에 교육운동의 하나로 내건 슬로건 가운데 '촌지

거부운동' 역시 이오덕 선생이 주창한 내용이라는 사실은 교육운동계에 널리 알려진 사실이다.

전교협-전교조: 사학민주화 투쟁, 교재 채택료 거부운동, 촌지거부운동 전개

전교협은 출범 직후 기관지『전국교사신문』을 발행하고 1983년『상록회』사건, 1985년『민중교육』지 사건, 1986년『교육민주화 선언』사건 등으로 쫓겨난 해직 교사 복직투쟁을 시작으로 교육법 개정 투쟁과 사립학교 정상화 투쟁, 강제 보충자율학습 폐지 투쟁, 관제 연수 개선 투쟁, 대한교련 탈퇴운동, 교재 채택료 거부운동, 촌지거부운동, 근무평정 폐지운동, 교원인사위원회 설치 운동을 전개했다. 전교협의 교육운동은 전국적으로 학교 현장의 뜨거운 지지와 호응을 얻었다.

이러한 전교협 중앙조직의 활동과 별개로 또는 전국적인 교사 대중조직 전교협의 결성에 영향을 받아 1987년과 1988년 11월 사이에 지역 교협과 단위 학교 평교사회가 속속 결성되었다. 1989년 3월 전교조 결성

참교육을 위한 국민걷기 대회
1989년 10월 28일 전교조가 주최한 〈참교육을 위한 국민걷기 대회〉에 전국 45개 지역에서 교사, 시민, 학부모 4만 명이 참여하였다. (출처: 전교조 신문『교육 희망』)

전까지 지역교사협의회는 전국적으로 130개 시군구 지역에서 창립되었다. 단위 학교 평교사회 역시 1987년 9월 창립된 여수 구봉중학교 평교사협의회를 비롯해 여수지역에서만 25개 단위 학교에서 평교사회가 창립되었고, 1989년 5월 전교조 결성 전까지 전국에 걸쳐 750개가 넘는 평교사회가 결성되었다.[9]

3. 전교조 결성과 《구로고 분회》 창립 투쟁 약사

1. 5·27 한양대 잠입과 5·28 전교조 결성

'1989년 상반기 중 조직 형태를 교원 노조로 전환한다'는 1989년 2월 2일 전교협 대의원대회 결정은 단위 학교 현장 활동가들에겐 충격이었다. 실제로 1989년 5월 14일 연세대 노천극장에서 교원 노조 발기인대회를 치르고 군부 독재 권력의 집요한 탄압이 현실화했다.

문교부와 시도교위에서는 발기인대회에 참가하는 교사를 징계하겠다고 협박했다. 그러면서 당일 연세대 캠퍼스 주변에 장학사와 교감을 대거 동원하는 볼썽사나운 광경을 연출했다. 현장 교사들이 대회장에 들어가지 못하도록 방해하려는 의도였다. 관제 언론들조차 보수적인 의식을 대변하듯 '교사가 무슨 노동자'라며 연일 전교조 때리기에 분주했다.

구로고등학교에선 85명에 이르는 교사들 가운데 권력과 주류언론의 장단에 맞춰 흔들리는 교사들이 많았다. 평교사나 주임 교사 가운데 전교조에 적대적 감정을 드러낸 교사들도 더러 있었다. 그들 중 어떤 주임 교사는 교원 노조를 비난하는 중앙일간지 칼럼을 자비로 여러 장 복사하여 교사들에게 나눠주었다. 또 다른 주임 교사는 3학년 수업시간에 전교조를 비난하는 발언을 하기도 했다.[10]

88년 11월 평교사회를 창립하여 89년 새학기를 맞아 평교사회 활동을 시작하는 단계인데 갑자기 교원 노조로 조직 형태를 전환한다는 상부 단위 결정은 일반 교사 대중에겐 매우 생경한 소식으로 다가왔다. 평교사회 소속 교사들에겐 갑자기 몇 단계를 뛰어넘는 과중한 부담으로 느껴졌다. 평교사회 활동에다 교원 노조의 절박한 필요성을 홍보하느라 눈코 뜰 새 없이 바쁜 가운데 교육민주화운동에 과부하가 걸린 탓이다.

그럼에도 구로고 평교사회 2기 집행부는 상부 단위 지침에 충실했다. 1989년 5월 1일 메이데이를 맞아 노동절 전야제 행사가 연세대 교정에서 열릴 예정이었다. 구로고 교사 가운데 양달섭, 하성환은 다른 학교 교사 4명과 함께 경찰의 원천 봉쇄를 피해 연세대학교 옆 봉원사 쪽 야산을 타고 몰래 들어가려고 했다. 그러나 잠입 도중 유원지 행락객 차림으로 잠복 중이던 사복 경찰들에게 붙잡혔다. 경찰호송버스(일명 닭장차)에 태워져 강서경찰서로 연행돼 있다가 그날 밤 풀려났다.

구로고 교사들, 역사적인 교원노조 발기인대회에 참가하다

5월 14일 교원 노조 발기인대회에는 구로고 교사 10여 명이 참여하였다. 서울, 인천, 경기도에서 3,500명 교사들이 발기인대회에 참가하였다. 전국적으로는 교원 노조 발기인으로 서명한 18,000명 가운데 10,000명 이상의 교사들이 시도지역별로 발기인대회에 참가하였다. 서울대회에선 노무현 변호사가 참석하여 전교조를 지지하는 발언을 남겼다. 발언 요지는 "투쟁을 통해 잘못된 법이 고쳐지고 그럼으로써 인류 역사는 전진해 왔다"는 내용으로, 30년 넘게 지난 지금도 기억에 남아있는 매우 인상적인 발언이다.

5월 28일 교원 노조 결성대회일까지 남은 기간이 짧았지만 전교조 구로고 교사들은 학교현장에 돌아가서 교원 노조 건설의 당위성을 쉼 없이 선전하고 홍보했다. 덕분에 전국교직원노동조합 발기인 서명에 35명 교사들이 지지하며 동참했다. 선전 홍보기간이 짧았음에도 40%가 넘는 평교사들이 교원 노조의 필요성에 공감했다.

구로고 교원 노조 준비위원장은 양달섭 선생님이 맡았다. 교원 노조 발기인으로 서명한 구로고등학교 교사들 명단은 다음과 같다.

송인석, 이인곤, 양달섭, 김승만, 하성환, 윤경태, 이재선, 이서복, 윤석룡, 유대종, 유은종, 이수혁, 신영준, 홍영택, 윤상천, 최영철, 김주영, 문정옥, 이병근, 양기택, 김승수, 김을식, 이상학, 강경구, 문삼석, 조남혁, 박찬일, 강진구, 윤교대, 이성수, 진옥희, 김호순, 이상노, 송호장(이상 35명)

1989년 5월 당시 교원 노조 건설과 관련해 군부 독재 권력의 하수인 문교부는 교원 노조에 가입한 교사들은 파면, 해임, 면직 조치하겠다고 수차례 엄포를 놓았다. 그러나 당시 교원 노조 건설을 주도한 전교조 내 핵심 활동가들이나 현장 분위기는 과연 그렇게 많은 교사를 쫓아낼 수 있을까 의아해하는 분위기였다.

한 학교에서 전교조에 가입한 교사 20~30명을 과연 쫓아낼 수 있을까? 5·28 전교조 결성대회 당시 전국적으로 6,000명에 이르는 현직교사를 해직할 수 있을까? 1989년 7월 6일 현재, 해직을 감수하고 투쟁하는 교사들이 전국적으로 2,700명인데 그 많은 교사를 해임, 파면할 수 있을까? 1961년 군사쿠데타 당시 박정희는 4·19 교원 노조 관련 교사 1,000명을 파면했다는데, 89년에도 그런 상황이라면 그건 교육 쿠데타이지 않겠는가!

당시 전교조 지도부는 권력의 탄압은 엄포에 지나지 않을 것이고 실제로 해직 교사는 100~200명 수준, 많아야 400~500명 정도일 거라고 낙관했다. 공안정국에서 정세를 지나치게 낙관했다. 현장 교육동지들조차 다들 그렇게 인식하였고, 문교부의 해임·파면 조치를 교사를 '위협하는 엄포 수준'으로 받아들였다.

그러나 교원 노조 건설 과정에서 군부 독재 권력의 하수인들이 보인 추악하고도 무자비한 탄압이 현실화하면서 현장은 술렁거렸고, 교사 대중은 움츠러들었다. 다행히도 교원 노조 건설을 시대의 소명으로 받아안은 현장 핵심 활동가들은 해직되는 것을 두려워하지 않고 운명처럼 담담히 받아들였다. 그들 단위 학교 핵심 활동가들은 신명을 바쳐 교원 노조 건설에 온 힘을 쏟았다. 신들린 듯이!

구로고 평교사회 교사들, 교원노조결성대회 전날 한양대에 잠입하다

1989년 5월 27일, 역사적인 전교조 창립대회 전날, 구로고 평교사회 교사들은 경찰의 원천 봉쇄를 뚫으려 대회 전날 오후, 예정된 장소인 한양대학교로 갔다. 지하철을 타고 가는 도중 원천 봉쇄를 어떻게 뚫고 무사히 진입하는가가 내내 고민거리였다. 정문을 비롯해 캠퍼스로 들어가는 정식 통로에는 전경들이 삼엄하게 경비를 하고 있었다. 아예 모든 걸 차단당한 느낌이었다. 따라서 지하철 한양대역에선 내릴 수 없었다.

당시 한양대역 주변은 계엄령이 떨어진 것처럼 삼엄했다. 대회 이틀 전부터 전투경찰 7개 중대병력 1,000명이 넘는 인원을 곳곳에 배치했다. 결성대회 당일엔 30개 중대 병력 4,500명을 배치해 한양대 주변을 원천 봉쇄했다. 고립된 섬처럼 한양대를 철통같이 봉쇄한 것이다. 그리고 한양대와 왕십리 일대 2km 주변 거리를 배회하는 사람들을 전경들이 불심검문하고 소지품을 검색했다.[11]

구로고 교사 윤석룡, 이인곤, 김주영, 하성환, 이재선 선생님은 캠퍼스와 인접한 왕십리 전철역에 미리 내렸다. 한참을 걸어서 한양대 캠퍼스 쪽 산기슭에 다닥다닥 붙어 있는 조그만 공장들이나 음식점을 유심히 눈여겨보았다. 들어갈 만한 통로로 보이는 곳에는 어김없이 경찰 소대병력이 진을 치고 있었다. 한참을 오르락내리락하면서 개구멍을 찾던 도중 기막힌 공간을 발견했다. 한양대로 통하는 산기슭인데 배치된 전투경찰은 없었다. 사유지인 영세한 공장이었다. 무단 침입해 공장을 가로질러 산기슭을 올라타야 했다. 그렇게 사유지를 가로질러 냅다 뛰어가면 바로 한양대 캠퍼스 외곽에 닿았다.

우리는 눈에 띌 경우를 대비해 무리 지어 들어가지 않고, 시차를 두고 한 명씩 공장을 가로질러 뛰는 듯이 빠른 걸음으로 산기슭을 향했다. 한 명, 두 명 차례로 진입에 성공했다. 맨 나중에 내가 공장에 들어갔을 때 지나가던 공장 직원과 우연히 마주쳤다. 그러자 공장 직원이 무슨 일로 왔냐고 소리를 질렀다. 나는 못 들은 체하고 냅다 가로질러 마구 뛰었다. 그리고 야트막한 산기슭을 타고 단박에 뛰어올라 한양대 캠퍼스 가장자리에 접근했다. 성공한 것이다. 그때 기분은 말로 표현할 길이 없다.

캠퍼스로 진입하자 먼저 들어온 교사들과 만났다. 한양대 원천 봉쇄를 뚫고 들어온 구로고 교사들은 저녁에 합류한 양달섭 선생님을 비롯해 모두 6명이었다. 건국대엔 구로고 교사들 8명이 들어갔고 연세대에도 8명의 구로고 교육 동지들이 결성대회에 동시에 참가하였다.[12] 한양대 캠퍼스 개구멍을 찾아 늦게 들어간 나에게 먼저 들어온 동료 교사들이 웃으면서 왜 이리 늦었냐며 면박을 주었다. 그렇게 해서 구로고 교사들은 전교조 결성대회가 치러지는 역사적인 순간인 전야제 행사를 설레는 가슴으로 맞이했다.

시간이 지나 저녁때쯤 되었을 때 개구멍으로 용케 들어온 전국 각지 전교조 교사들은 200명 정도 되었다. 저녁에 학생회관 옥내에서 사전 결의대회를 마치고 밤늦도록 교사들은 삼삼오오 짝지어 토론하며 내일 있을 결성대회를 걱정했다. 5·28 전교조 결성대회 전야제 행사는 그렇게 막을 내렸다. 야심한 밤에 한양대 정문 쪽으로 나가봤다. 어둠 속에서 곳곳에 서 있는 경찰 병력이 보였고, 고요하고 적막한 밤공기가 마음을 심란하게 했다. 어떻게 그날 밤을 지새웠는지 기억엔 없다.

전교조 결성대회: 경찰을 따돌리고 제3의 장소인 연세대에서 성사시키다

한양대 잠입에 성공한 전교조 교사들은 이튿날 결전의 순간을 맞으며 오전에 플래카드를 내걸고 정문 근처까지 행진하였다. 200여 교사들은 행진 도중 '교원 노조가', '참교육의 함성으로', '임을 위한 행진곡'을 부르며 "전교조 결성하여 참교육 실현하자"고 목청껏 구호를 외쳤다. 그날 오후 연세대에서 전교조 결성대회가 성공적으로 치러졌다는 기쁜 소식이 들려왔다. 결성대회 예정 장소였던 한양대 캠퍼스가 철통같이 봉쇄돼 지도부가 들어오지 못한 것이다. 제2 결성대회 예정 장소였던 건국대로 장소를 옮기려다 그곳마저 원천 봉쇄돼 상당히 막막한 상황이었다.

예정돼 있지 않던 제3의 장소 연세대를 경찰들은 방심하고 있었다. 밖에서 노심초사 대기하며 그 소식을 전해 들은 지도부가 차량을 이용해 재빨리 연세대로 잠입한 것이다. 그리고 30분 만에 결성대회를 치러냈다. 연세대에서 결성대회를 무사히 치렀다는 소식이 건국대로, 한양대로 전파되었다. 그날의 감격을 전교조 동료 교사들과 함께 평생 잊을 수 없다.

전교조 결성대회 예정 장소였던 한양대 캠퍼스에 5월 27일(토) 경찰을 따돌리고 잠입했던 구로고 교사들을 비롯해 200명이 넘는 전교조 교사들은 이튿날 오후 1시 30분경 학생회관 3층에서 사복경찰에 모두 끌려 나왔다. 한양대 민주광장에 무릎 꿇려 앉힌 채, 전원이 차례차례 경찰차에 강제로 태워져 여러 경찰서 유치장에 분산 구금되었다.

한양대 사범대 학생들이 전교조 교사들을 보호하기 위해 몸을 던져 끝까지 필사적으로 저항했다. 그러나 전투경찰과 장학사들에 의해 사지가 들려진 상태로 끌려 나가는 수모를 겪는 등, 거친 연행을 막기엔 역부족이었다. 농성 중이던 교사들은 앞사람의 허리를 잡은 채, 어린아이들 기차놀이 하듯이 굴욕적으로 강제 연행되었다.[13] 그리고 여러 경찰서로 뿔뿔이 흩어져 전원 유치장에 구금되었다. 나는 이재선 선생님과 같은 경찰서 유치장에 갇혔다가 일요일 밤 풀려났다. 어느 경찰서인지 기억조차 없다. 지하철을 타고 귀가하는 내내 한양대에서 있었던 1박 2일간의 일들이 주마등처럼 스쳐 지나갔다.

구로고 현장 활동가 교사들은 학교에 돌아온 뒤 한양대(6명), 건국대(8명), 연세대(8명) 전교조 결성대회 참가 투쟁을 디딤돌 삼아 구로고 분회 창립대회를 기획했다. 1989년 6월 3일 역사적인 '전교조 분회 결성대회'를 준비한 것이다. 학교의 집요한 방해 책동을 뚫고 결성대회를 치렀다. 그런 만큼 감회가 남다르고 교사로서 자긍심도 컸다. 그 대신 전국 공립 중등학교 가운데 최초로 창립대회를 치른 만큼 공안 당국-문교부-시교위-경찰-장학사-학교 당국-보수적인 학부모 등 전 방위적인 탄압이 집중됐고, 그에 따른 교사와 학생들의 상처도 컸다.

2. 전국 공립고 최초 6·3《구로고 분회》창립대회

'전교조 구로고 분회' 창립대회는 6월 3일(토) 시청각실에서 개최할 예정이었다. 그러나 학교 당국은 결성대회가 치러질 경우 교장과 교감이 문교부-시교위 등 상급기관으로부터 직위해제를 비롯해 문책성 징계까지 당할 수 있기에 학교 바깥에서 창립대회를 개최해 달라고 요구해 왔다.[14] 그러나 초대 분회장 김승만 선생님을 비롯해 '전교조 구로고 분회' 창립대회 준비위원 10명(김승만, 양달섭, 이인곤, 송인석, 이서복, 김주영, 김을식, 강경구, 윤석룡, 하성환) 교사들은 비상회의 끝에 교육과 관련된 활동을 음모를 꾸미듯이 바깥에서 비밀스럽게 할 이유가 없다고 판단했다.

창립대회를 비롯해 노조활동의 철저한 공개성만이 전교조의 합법성 쟁취 활동과 맥을 같이 한다고 보았기 때문이다. 학교 당국의 집요한 방해로 시청각실과 복도가 폐쇄되자 2차 창립대회 장소인 국민정신교육관으로 이동했지만, 그마저도 어느 순간 자물쇠를 다른 새것으로 바꿔 버려 결성식 행사가 불가능했다.

그 시각 학교 당국은 뚜렷한 이유 없이 학생들에게 귀가를 종용했고, 중앙 본관 우측 현관을 폐쇄하려 하였다. 취재 기자들의 교문 출입도 봉쇄해 버렸다. 그러나 '전교조 구로고 분회' 창립대회를 지지하던 학생 300여 명이 도움을 줘 CBS 등 취재기자들이 학교 안으로 들어올 수 있었다.[15]

'전교조 구로고 분회' 결성 준비위 교사들은 부득이하게 제3의 장소를 물색했다. 2층 학생회의실로 옮겨 개최하려 했으나 학교장은 육탄으로 저지했다. 완강하게 저지하는 바람에 몸싸움할 처지가 아니라서 인정상 포기하고 학교장에게 강력히 항의하였다. 학교장은 굳이 창립대회를 하고 싶으면 운동장에서 하라며 학교건물 내에서는 절대 불가하다고 완강히 버텼다. 그러자 노조 분회준비위 교사들은 운동장이야말로 학생들을 자극하거나 흥분시킬 수 있다고 판단되어 교내 건물에서 할 수 있도록 거듭 촉구했다. 결국 '구로고 전교조 분회' 결성 준비위 교사들은 제4의 장소로 본관 1층 교무실로 급히 옮겨 창립대회를 강행했다. 교원노조를 지지한 35명 발기인 가운데 21명이 참석하였다.

전교조 구로고 분회 창립대회:
학교장이 탁자 위에 드러누워 창립대회를 방해하다

양달섭 선생님이 창립대회 사회를 보며 진행하는 동안 학교장과 교감은 결성선언문과 규약 등 유인물을 찢어버리는 난동을 피웠다. 그런가 하면, 교무실 중앙 칠판에 붙인 '전교조 구로고 분회 결성대회' 글자판을 잡아 뜯어내 버렸다. 마침내 학교장은 교무실 중앙 탁자 위에 올라가 드러누워 버렸다. 그러자 교감도 덩달아 드러누웠다. 교육자로서 역사에 부끄러운 짓을 하는 것에 거리낌이 없었다. 학교장은 "내 나이 60인데 꼭 이렇게 해야 하겠어!"라고 외치며 인간적으로 아픈 데를 겨냥해 호소했다. 나중엔 "○○○ 선생, 나 그렇게 안 봤는데 그럴 수 있소?"라거나 심지어 "너희들은 애비 에미도 없냐?"[16]는 막말도 서슴지 않았다.

구로고 전교조 교사들은 학교장과 교감, 그리고 일부 주임교사들의 방해를 물리치고 20분 만에 공립고 최초로 분회 결성대회를 치러냈다. 창립대회에 참석한 전교조 동료 교사들은 벅차오르는 가슴과 동시에 눈물이 나오는 것을 억누르며 창립대회 결성 선언문을 한 자 한 자 엄숙한 마음으로 읽어나갔다.

"우리가 두려워하는 것은 도덕성을 결여한 탄압과 백골단의 몽둥이가 아니라 우리들을 바라보며 따르는 순진한 학생들의 그 착한 마음이며 초롱초롱한 눈망울이다."[17]

창립대회 결성 선언문을 다 읽은 전교조 교사들은 ○○○ 선생님을 분회장으로 추대한 뒤 만세 삼창을 외쳤다. "민족교육 만세! 민주교육 만세! 인간화교육 만세! 전국교직원 노동조합 만세!! '전교조 구로고 분회' 만만세!!!"

구로고 학생 300명:
'전교조 구로고 분회' 결성을 지지하며 교내 운동장에서 침묵시위하다

운동장에선 귀가도 하지 않은 채 '전교조 구로고 분회' 창립을 지지하며 2, 3학년 학생들 300여 명이 분회 결성 지지 침묵시위[18]로 든든한 힘이 되어주었다. 그러나 바로 탄압이 들어왔고 그것도 구로고등학교 한

곳에 집중되었다. 매일 구로고등학교가 KBS를 비롯해 전교조 관련 뉴스로 떠올랐다. 그런 가운데 탄압과 회유가 계속되었고, 노동조합에 가입한 교사들을 야비한 방식으로 괴롭혔다. 집중포화를 맞게 되면서 '전교조 구로고 분회'는 매일 전쟁터였다. 정신없이 하루가 지나갔고 수많은 취재기자들이 학교를 들락거렸다. 학교의 방해를 뚫고 1989년 6월 3일 '구로고등학교 전교조 분회'가 세워졌지만, 노조에서 이탈 경향을 보이는 교사들이 생겨나기 시작했다.

위기상황이 휘몰아치면서 ○○○ 선생님이 분회장 직을 고사했다. 닥친 고난 앞에서 수학과 김승만 선생님이 흔쾌히 초대 분회장 직을 수락하시면서 구로고 분회는 위기 앞에서 흔들리지 않고 중심을 바로 세웠다. 전교조 구로고 분회는 조직을 재정비했다. 초대 분회장에 김승만 선생님, 총무에 하성환 선생님, 대변인 및 서기에 김주영 선생님이 선출되었다. 그로부터 전교조 구로고 교사들은 한 달 넘게 항의 농성과 단식 농성을 하면서 집에 가지 못했다. 항의농성장, 갈릴리교회, 학교 숙직실, 구로경찰서 유치장, 다시 학교를 오가며 6월과 7월을 숨 가쁘게 보냈다.

무엇보다 눈앞에 닥친 탄압과 회유 등 조직 분열 공작에 시급히 맞서야 했다. 노동조합 결성 직후, '전교조 구로고 분회'는『교육과 노동』회보를 통해 이탈하려는 조합원들 내부 결속을 다지며 응집력을 높이고자 했다. 나아가 회보를 통해 전교조의 도덕성을 홍보하고 군부 독재정권과 학교 당국의 탄압에 맞서 적극적인 여론전을 펼쳤다. 당시 전교조 사수 투쟁 과정에서 도덕적 우위는 탄압에 광분한 군부 독재정권이나 사회 지배세력보다 전교조 교사들에게 있었다. 전교조 구로고 회보『교육과 노동』은 1989년 6월 5일 제1호를 시작으로 그해 12월 9일 제11호 회보에 이르기까지 견결하게 여론전을 감당하며 싸워나갔다.

전교조 구로고 분회 조합원 교사들의 전교조 사수 투쟁은 구로고 뿐만 아니라 전국 모든 학교로부터 열화 같은 지지와 국민의 성원을 받

『교육과 노동』 창간호 　　　　　　　　 『교육과 노동』 11호

앞다. 1989년 5월 14일 전교조 발기인 대회 당시 전교조 조합원 가입자가 16,000명에 이르렀고, 투쟁기금으로 2억 원의 성금이 답지했다. 그리고 '전교조 구로고 분회' 창립 당일인 6월 3일엔 전교조 조합원 교사가 30,000명을 넘어섰고 투쟁기금이 3억 원을 돌파했다. 노동조합 건설에 대한 교사들의 열망을 확인하는 순간이었다. 구로고 분회 역시 6월 3일 창립대회 당시 조합원 36명에다 동료 교사들이 100만 원이 넘는 투쟁기금을 모아주었다.[19]

3. 양달섭 선생님 지키기와 전교조 참교육 지지 투쟁

6월 3일 '전교조 구로고 분회' 창립대회를 마치자마자 탄압은 곧바로 들어왔다. 노동조합에 가입한 교사들을 징계하겠다고 협박하거나 노부모 설득, 선후배 학맥을 통한 학교장 회유, 장학사 동원 회유, 심지어 결혼식 주례를 섰던 인맥까지 동원해 전교조 탈퇴를 종용했다. 하룻밤 자고 나면 이런저런 이유로 탈퇴한 조합원 교사들이 하나둘 늘어났다.

6월 3일 '전교조 구로고 분회' 창립 당시 전체 교사 85명 가운데 36명

이던 조합원은 6월 9일 양달섭 선생님 직위해제 통보와 6월 13일 학생 투신 사건을 거치면서 문교 당국의 탄압이 가시화되자 이탈자가 크게 늘어났다.

6월 23일 양달섭 선생님이 파면당하고 문교 당국에 의해 심각한 탄압이 자행됨에 따라 6월 28일 현재 전교조 조합원 신분을 유지한 교사가 18명으로, 절반이 이탈하였다.[20] 7월 3일 문교부장관 정원식은 전교조를 탈퇴하지 않는 초·중등 교사 6,165명과 대학교수 204명을 징계하겠다고 발표하면서 탄압의 강도와 수위를 높여갔다.[21] 실제로 탄압이 현실화하는 8월 7일엔 핵심적으로 활동한 교사 10명만 남았다.

6월 3일 창립 당시 36명 조합원: 국가폭력 앞에 8월 7일 10명만 남다

분회 집행부에선 속수무책으로 당할 수 없어서 학교 근처 갈릴리교회를 빌려 1박 2일 합숙을 하였다. 탄압 국면에서 서로 마음을 터놓고 얘기를 나누면서 조합원 교사들 간 단결을 꾀하고 흔들리는 조직을 견고하게 세워갔다.

비록 어쩔 수 없이 탈퇴하여 학교 현장에 있을 수밖에 없는 처지일지라도 현장조합원으로 남아 전교조 현장 조직을 복원해야 했다. 군부 독재 권력의 하수인인 문교부-시교위가 망나니처럼 징계 운운하며 전 방위적으로 위협하는 국면이 징계로 현실화했기 때문이다.

더구나 1989년 부임 직후 가장 열정적으로 참교육을 위해 헌신하고 투쟁했던 양달섭 선생님이 6월 9일자로 직위 해제되고 6월 23일자로 파면당한 사실은 분노와 해직의 두려움이 뒤섞이면서 조직 이탈을 현실화시켰다.

이는 전교조 구로고 분회 전체를 대상으로 분열 와해 공작이 진행된 것과 동시에 가장 열정적으로 투쟁했던 교사를 본보기로 쳐냄으로써 전교조 조직력을 약화시키려는 양동작전이었다.

양달섭 선생님은 직위해제 조치가 내려지자 항의 차원에서 곧바로 교장실에서 단식농성에 돌입하였다. 전교조 동료 교사들도 동조 항의 농성과 단식농성에 들어갔다.

전교조 구로고 분회에서는 양달섭 선생님 직위해제와 관련하여 6월 9일 「서울시교위 교육감에게 보내는 공개 질의서」를 보냈다. 양달섭 선생님을 직위해제 시킨 근본 이유가 모두 부당함을 조목조목 반박하는 질의서였다.

먼저 교직원 회의 시간에 전교조 탄압에 대해 경고성 발언을 한 것에 대해 시교위는 '국가공무원법 제63조 품위유지의무 위반'을 적용하였다. 그리고 5·28 전교조 결성대회에 참가한 것이 '국가공무원법 제57조 복종의 의무'를 위반했다고 적시했다. 마찬가지로 전교조 구로고 분회 창립대회를 주도한 것에 대해 '국가공무원법 제66조 집단행위 금지 의무'를 위반했다고 강변했다.

그러나 양달섭 선생님이 교직원회의 때 발언한 내용에 대해 공무원 품위유지의무를 적용한 것은 학교장의 사적인 감정과 관련이 깊었다.

1989년 4월 20일 풍물반 지도교사 교체에 이의를 제기한 사건의 연장이었다. 풍물반 학생들은 양달섭 선생님을 지도교사로 원했지만 학교장은 양달섭 선생님이 고전반 지도교사라며 거부했다. 그러면서 풍물에 관심과 조예도 없는 교사를 일방적으로 지명했다.

그러자 사건 당일인 4월 20일 양달섭 선생님이 교장실에 들어가 항의했고, 교장실을 나가는 양달섭 선생님에 대해 학교장은 "말 같은 소리를 해야지!"라고 비난했다. 그러자 양달섭 선생님은 "지금 말 같지 않은 소리를 하는 사람이 누굽니까?"라며 항의하는 과정에서 격분 끝에 책상 위 난초가 식재된 화분을 들었다가 책상 위에 놓자 책상 유리가 깨진 일이 벌어졌다.

교직원 회의 발언이 징계 사유:
국가주의 교육행정의 타락한 모습이자 명백한 국가폭력

이후 양달섭 선생님은 전교조에 우호적이고 학생들에게 인자했던 상담부장 정일래 선생님의 주선으로 학교장과 4월 22일 화해를 하였다. 그리고 5월 11일 교직원회의에서 잘못을 인정하여 교장의 명에 순종하기로 두 차례 공개 사과까지 하였고, 학교장도 관용으로 용서를 하였다.

무엇보다 교장 스스로 더 이상 이를 문제 삼지 않기로 하였고, 교장 자신도 자신의 언행에 대해 자성하며 양달섭 선생님과 화해도 한 것이다. 그럼에도 학교장은 6월 3일 '전교조 구로고 분회' 창립대회가 성사되자 대회를 주도했던 양달섭 선생님에 대해 징계 요구를 시도했다.

자신이 교장으로 있는 구로고등학교가 '전국 공립고 최초 전교조 분회 창립'이라는 사건으로 연일 언론을 타면서 부담을 느꼈던지, 풍물반 지도교사 사건을 소급하여 징계해 달라고 시교위에 징계의결요구서를 보낸 것이다. 학교장의 이중성이자 어떤 점에선 매우 교활한 측면이 엿보인 사건이다.

교사가 교직원회의에서 발언한 것을 갖고 품위유지의무 위반으로 징계해달라고 교육청에 공문을 보내는 게 과연 온당한 일인가? 양달섭 선생님은 교원노조 건설에 대해 군부독재권력의 부당한 지시를 거부했을 뿐이다. 그리하여 1989년 5월 26일 교직원회의에서 "문교 당국이 전교조 건설을 탄압할 경우 역사의 준엄한 심판을 받을 거라며 엄중 경고" 했을 따름이다.[22] 문교 당국은 교장들의 집단행동에는 모르쇠로 눈을 감으면서 평교사들의 집단행동에는 왜 미친 듯이 망나니처럼 칼을 휘둘렀는가?

1989년 당시 교사노동조합이 없는 나라는 버마 등 전 세계에서 손에 꼽을 정도로 몇 나라에 지나지 않았다. 선진국을 비롯해 170개 이상 절대 다수 국가들이 교사노동조합을 허용했다. 그런데도 왜 독재정권과 교육 관료들, 그리고 관제언론들은 한통속이 되어 '교사가 전문직이지 왜 노동자냐'며 집요하게 여론 왜곡을 시도하였다.

말로는 '스승은 어버이, 군사부일체'라느니 '교직은 전문직'이라느니 떠들어대면서 권력은 전교조 교사들에겐 깡패가 되어 개 패듯이 패고 징계의 칼날을 들이댔다.

실제로 당시 국가권력은 교사를 국가주의 교육행정의 말단으로 규정한 채, 멋대로 지시하고 부리기 일쑤였다. 교육부장관-교육감-학교장-교감-주임교사-평교사로 이어지는 상하 위계질서가 분명한 교육환경을 조장하면서 교사를 행정 말단으로 취급해 왔다. 위에서 '시키면 시키는 대로!' 마치 군대에서 '까라면 까는 대로!' 교사를 하대했다.

교육자의 역할과 위상을 인정하고 교사를 존중하기는커녕 권력은 교사를 하인 부리듯이 부리고 각종 행사에 교사와 학생을 마음대로 동원하던 시절이었다. 그러면서 문제가 생기면 모든 책임을 교사에게 떠넘기며 불이익을 주었다.

공안검사의 천박한 인식:
일교조는 노동조합이 아니잖아! 미국도 교원연맹이지 노조가 아니잖아!

기가 막히는 일화를 소개하고 싶다. 1989년 '교원노조 건설!' 바로 '전교조 사수' 투쟁 과정에서 검찰청 조사를 받았다. 몇 차례 소환에 불응했더니 검찰청에서 체포될 수 있다며 겁을 줬다. 부득이 남부지검에 출두해 조사를 받았다.

당시 담당 검사 권 아무개는 양달섭 선생님 사건도 처리했는데 조사 과정에서 나를 타박하며 이렇게 말했다. "아니, 일교조는 노동조합이 아니잖아! 왜 교사가 노동조합을 만든다는 거야! 미국도 교원연맹이지 노조가 아니잖아!" 그 공안검사는 얼마 후 목포지청 부장검사로 발령이 나서 전출 갔다. 전교조 교사들을 제물 삼아 악법으로 죄를 지어 만들고 자신은 출세가도에 진입한 것이다.

'일교조'가 '일본교직원조합'의 준말이지만 교사노동조합임은 당대 식자층에선 세상이 다 아는 사실이었다. 일교조는 실제로 일본 좌파 정당 사회당의 외곽조직이기도 했다. 전교全教가 일본 공산당과 관계를 맺듯이 일교조는 전후 지배세력인 자민당에 맞서 전교全教와는 비교가 안 될 정도로 교육민주화를 위해 치열하게 투쟁한 교사노동조합이다.

미국도 마찬가지다. 미국 진보주의 교육사조의 창시자이자 제1인자인 존 듀이는 교사노동조합이 만들어지자 제1호로 가입한 인물이다. 그러니 당시 한국사회 주류 지배집단의 지적 부박함이 어느 정도인지 가늠하는 게 어려운 일이 아니었다. 수십 년 지속된 분단 상황이 낳은 기형적인 지적 편향이자 무지의 소치일 따름이었다.

실제로 그들 학교장이나 교감, 주임교사들, 교육청 장학사들은 87년 6월 항쟁 당시, 쉼 없이 반민주적인 발언과 반교육자적인 작태를 서슴지 않았다. 그들은 87년 6월 항쟁 당시 틈만 나면 녹음기를 틀어 놓은 앵무새처럼 '야간 자율학습 연장', '학력 신장', '자중자애', '이성 회복'을 떠들어댔다.

그들의 머릿속엔 '학생 인권'이나 '학생 자치활동의 소중함', 그리고 '민주시민을 양성'하는 게 교육의 목적이라는 교육법 제1조의 정신은 존재하지 않았다. 그들 교육 관료들의 행태는 교육의 본질과 너무나 거리가 멀었다.

교사들도 마찬가지였다. 상당수 교사들은 교육이란 미명 아래 일상적으로 아이들을 체벌하고 촌지 받기를 주저하지 않았다. 나아가 입시 성적을 높게 끌어올리는 것을 지상 목표로 맹종했다.

그리하여 교문 앞에 '서울대 합격'을 축하하는 대문짝만 한 플래카드를 내거는 것을 교육자의 자랑으로 여기는 천박한 모습을 연출했다. 학부모의 향응접대를 당연한 듯이 받아들이고 일부 교사들은 노골적으로 요구하기도 한 게 당시 관행이자 학교문화였다.

당시 학년부장은 학부모 촌지를 거둬들이는 주된 통로였다. 부교재 채택료 받는 것을 부끄러워하지도 두려워하지도 않았다. 한마디로 교사로서 자기성찰을 상실한 시절이자 '교사다움'을 망각한 시절이었다.

교사 노동조합, 전교조 결성은
'교육의 암흑기'시절, 교육자의 집단적 자기성찰의 결실

일제강점기만 '교육의 암흑기'는 아니었다. 해방 후 수십 년 독재정권 아래서 저질러진 수많은 분단교육들이 '칠흑 같은 교육의 암흑기'임을 증명하고도 남았다. 교육의 암흑기 시절, 전교조 교사들은 지난날의 부끄러움을 고백하고 아이들의 순수한 눈망울과 마주 서고자 했다.

불의한 권력에 맞서 싸우며 교장 직을 내던진 이오덕 선생님의 삶을 닮아가고자 애썼다. 이오덕 선생님 표현대로 '아이들의 삶을 빼앗는 추악한 교육'[23], 바로 '죽음의 교육'으로부터 벗어나고자 몸부림쳤다.

학교의 부당한 처사와 교육청의 징계 움직임이 보이자 전교조 구로고 분회에선 곧바로 '양달섭 선생님 직위해제 무효화'를 위한 서명운동을 전개했다. 직위해제 이튿날인 6월 10일, 전체 교사 85명 가운데 67명이 동참하였다.

양달섭 선생님에 대한 직위해제 철회 촉구 서명운동은 당시 횡행했던 "교권 탄압에 대처하는 중요한 출발점이 되었다. 나아가 불의와 부당 명령에 항거하며 숱한 박해 속에서도 오로지 학생을 위해 애쓰는 한 사람의 교사가 한시바삐 학생들 곁으로 돌아올 수 있도록 우리 교사들의 뜨거운 동료애"[24]를 보여준 사건이었다.

1989년 6월 9일 「서울시교위 교육감에게 보내는 공개 질의서」와 6월 10일 「양달섭 선생님 직위해제 무효화를 위한 서명운동」 그리고 1989년

6월 12일 철야 농성 소식 제2호로 「전교조 구로고 분회 탄압 규탄 및 양달섭 선생님 직위 해제 무효화 투쟁」을 속보형태로 발행했다.

항의 농성 도중 분회 회보인 「교육과 노동」 제2호가 1989년 6월 19일에 나왔다. 전국적으로 봇물 터지듯이 분회와 지회가 속속 결성된다는 소식을 전했다. 1989년 6월 17일 현재 전국 14개 시도지부 결성을 마치고 전국 220개 분회가 창립되었으며, 전교조 조합원이 4만 명으로 급증한 것이다. 법외노조는 시간문제고 전교조 합법성 인정의 그날까지 대동단결 투쟁을 선언한 속보였다.[25]

6월 9일(금) 점심시간에 긴급 소집된 임시 교직원회의 석상에서 학교 당국은 양달섭 선생님에게 전격적으로 직위해제를 통보했다. 그 순간 많은 교사들이 놀랐고, 전교조 구로고 분회 조합원 교사들은 공권력의 부당한 탄압에 항의하며 곧바로 비상총회를 소집했다. 비상총회는 6월 9일 오후 4시 30분, 25명의 전교조 교사와 비조합원 교사 약간 명이 참여한 가운데 제1교무실에서 열렸다. 일단 비상체제인 만큼 조직을 다음과 같이 개편했다.

비상총회에선 양달섭 선생님 직위해제를 포함해 전교조 탄압 전반에 대한 대응방안을 논의했다. 당시 전교조 구로고 분회는 집중포화의 대상이 되어 탄압이 가중되었다. '공립고 전국 최초 전교조 분회 결성'이라는 역사적 사건이 신문 기사나 방송을 타면서 권력은 탄압의 모든 화력

을 쏟아 부었다. 비상총회에서 철야농성 등 어떻게 대응할 것인가를 두고 투쟁 방식에 대한 의견이 분분했다. 부득이 표결 결과 철야농성 찬성 13명, 철야농성 반대 11명으로 나오자 즉각 철야농성에 돌입했다.

조합원 교육동지들은 역할을 분담하여 「서울시 교육감에게 보내는 공개질의서」, 「교장선생님에게 보내는 공개질의서」, 「양달섭 선생님 직위해제 무효화를 위한 서명 운동」을 진행했다. 그리고 양달섭 선생님 직위해제가 철회될 때까지 뜻을 같이하는 의미에서 조합원 교사들은 검은 리본을 달기로 했다. 항의농성 과정에서 여러 시민단체와 운동단체로부터 지지와 격려 전화가 쇄도했다. 비상총회가 열린 6월 9일 당일엔 인헌고등학교와 전교조 중앙위에서 격려 전화가 걸려 왔다.

농성 첫날인 6월 9일 자정엔 전교조 교육국 소속 교사들 8명이 구로고 농성장을 방문해 응원해 주었다. 방문 과정에서 학교 당국이 출입을 봉쇄하는 바람에 농성에 참여한 15명 교사들과 학교 측이 충돌하였다. 교장실에서는 그날 밤 12시가 넘도록 교장, 교감, 교무부, 윤리부, 3학년부, 과학부 주임교사 들이 전교조 교사들의 철야 항의농성을 예의주시하면서 같이 밤을 지샜다.[26]

구로고 학생들 300명,
양달섭 선생님 직위해제 소식을 접하고 운동장 항의집회 개최

학생들도 불의에 저항하기는 마찬가지였다. 구로고 학생들은 6월 9일 양달섭 선생님 직위해제 통보 소식을 접하고 분노했다. 학생회에서는 6월 10일(토) 2교시 마치고 운동장에서 항의집회를 열기로 했다. 그러나 학교 당국이 학생회장을 불러 회유하자 학생회장은 2교시 수업 도중 방송으로 4교시 마치고 운동장에 모일 것을 전체 학생에게 알렸다. 학교 당국은 담임들을 모아 놓고 3교시까지만 수업을 하고 4교시엔 반별로 직위해제 철회를 촉구하는 서명용지를 돌려 서명하도록 하는 것으로 대신하라고 종용했다. 운동장 집회를 방해하려는 교활한 책동이자 꼼수였다.

학교장 자신이 교사 양달섭을 징계해달라고 징계 의결 요구서까지 교육청에 보낸 당사자임에도 보신을 위해서든 신념에 따른 것이든 배반된 행동을 하고 있었다. 어떻게 해서든 학생들 동요나 대중 집회가 시위양상으로 번지는 것을 막아보려는 술책이었다. 총학생회(학생회장 류호철, 고3)는 학교 당국의 꼼수에 말려들지 않았다. 방송에서 안내한 대로 4교시 후 운동장에 학생들이 모이도록 호소했다.

일과가 끝난 후라 운동장엔 300명이 좀 넘는 학생들이 모였고 항의집회를 시작했다. 집회 후 다음 주 월요일부터 학년 전체를 대상으로 직위해제 철회를 촉구하는 서명 활동을 전개할 것을 결의했다. 그리고 총학생회는 이틀 후 6월 12에 비상대의원회의를 개최했다. 그 회의에서 6월 14일 HR 학급회의 시간을 6월 13일 5교시에 진행할 수 있도록 학교 당국에 요구하여 관철시켰다. 학생 투신이라는 비극적인 사건이 있으리라곤 아무도 예견하지 못했던 바로 6월 13일 5교시로!

6월 12일 구로고 1, 2, 3학년 2천 명,
스승의 노래를 부르며 운동장 항의집회 개최

6월 12일과 6월 13일 5교시에 전체 학년 2천여 명이 참여한 '양달섭 선생님 직위해제 무효화'를 촉구하는 서명이 진행되었다. 6교시 수업을 마치고 7교시가 시작될 즈음 2학년 동아리 대표 학생들이 중심이 되어 운동장에 모여들기 시작했다. 잠시 후 인문계 고등학교인 만큼 입시 준비에 여념이 없는 고3 학생들까지 대거 동참했다.

그러면서 고1 학생들의 동참을 유도했다. 고2, 고3 선배들은 운동장과 학교 건물 전체를 무리 지어 돌면서 "스승의 은혜는 하늘같아서"로 시작하는 스승의 노래와 교가를 부르며 동참을 유도했다. 미적거리는

2, 3학년 학생들 일부와 1학년 학생들의 동참을 이끌어내기 위해 운동장을 행진하며 노래를 불렀다. 전교조 교사들은 숙직실이나 교무실에서 그 광경을 보고 눈물을 흘렸다.

전교조 결성 초기인 1989년 6월과 7월엔 탄압이 극에 달해 '전교조 사수' 투쟁이 강도 높게 진행되었다. 20~30대 교사들의 헌신! 특히 20대 젊은 교사들의 눈물겨운 희생과 열정은 가히 존경스러울 정도였다. 잠을 줄여가면서 며칠씩 수면부족에 시달리면서도 집회 참여, 선전 홍보, 서명운동, 항의농성, 심지어 단식 농성을 전개하면서 수업은 수업대로 다 했기 때문이다. 전교조 사수 투쟁은 6월과 7월 서울을 비롯해 전국 중고교 각 급 학교 학생들 사이에서 '전교조 선생님 지키기 투쟁'으로 표출되었다. 1989년 7월 22일까지 전국적으로 200개가 넘는 학교에서 연인원 20만 명이 넘는 학생들이 시위와 농성에 참여하였다.[27]

학생들의 참교육 지지와 선생님 지키기 투쟁도 매우 다양한 방식으로 표출되었다. 구로고등학교처럼 '직위해제 철회 서명 운동'도 있었고 '선생님을 사랑해요!', '선생님을 때리지 마세요!'라는 구호나 플래카드가 등장했다.

전교조 교사 징계에 항의하는 뜻에서 경남 마산여상, 충남 금산여고, 경기도 평택여중처럼 도시락을 교실 한쪽에 모아놓고 점심 단식 투쟁을 전개한 학교도 있었다. 그런가 하면 광주 동아여중·고처럼 집단 자퇴원을 제출하거나 서울 구로고, 천안 중앙고, 대전 명석고, 광주 동아여중·고처럼 밤샘공부로 항의하는 학교도 있었다. 서울 고척고에선 종이비행기를 날리는가 하면, 서울 성심여고에선 학생들이 참교육 배지를 가슴에 부착하는 방식으로 선생님에 대한 사랑을 표현했다.

부산 동인고, 전북 우석여고처럼 학생회장단이 삭발하거나 광주 동아여고, 안동 중앙고, 목포 홍일고처럼 신규채용교사 수업을 거부하는 학생들도 있었다. 서울 성동고, 구로고, 광주 사례지오고, 대구 덕원고, 전주 영생고, 전남 구례농고, 해남여고처럼 조기방학을 거부하며 항의한 학교도 있었고, 서울 구로고, 강원 춘천여고, 광주 숭신공고처럼 학생비상총회와 성명서를 발표한 학교도 있었다.

극단적으로 징계를 저지하기 위해 광주 금호고, 중앙여고, 송원고, 대구 학산고처럼 학생들이 혈서를 쓰기도 했고, 광주 서석고처럼 '선생님 한 분 징계할 때마다 학생 한 명씩 투신하겠다'고 결의한 학교도 있었다.[28] 구로고등학교에선 실제로 고3 학생 두 명이 투신하

신목고 항의 플래카드 시위 〈선생님 사랑해요〉
1989년 8월 22일 전교조 교사들에 대한 부당징계 철회를 촉구하며 신목고 학생들 400여 명이 수업을 거부한 채, 운동장에서 항의농성을 벌이자 교실에 남아 있던 학생들이 교실 창문 바깥으로 〈선생님 사랑해요〉 펼침막을 내걸며 농성을 지지하는 모습. 신목고 학생들은 〈참교육지지 투쟁〉과 함께 학교 측에 〈학생회 직선제〉를 요구했다. (출처: 한겨레 자료사진)

는 참극이 벌어지기도 했다. 전교조 선생님들을 지키기 위한 학생들의 분노와 투쟁은 선생님에 대한 사랑이자 참교육을 받고 싶은 뜨거운 열망이었다.

'전교조 선생님 지키기 투쟁' ⇒ '참교육 요구투쟁'으로 고등학생 운동이 승화하다

실제로 향후 고등학생들의 투쟁은 '참교육 요구 투쟁'으로 발전해 갔다. '우리는 참교육을 받고 싶다'는 학생들의 외침은 학생들의 학습권 요구 차원에서 전개된 것으로, 고등학생 운동이 좀 더 목적의식적인 차원

으로 고양되어 갔다.

고등학생 운동이 하나의 흐름을 형성하면서 7월 24일 서울지역 고등학생 대표자 협의회(약칭 서고협)를 시발로 7월 29일 '광주지역 고등학생 대표자 협의회'(광고협), 나주에서 나고협, 8월 3일 부산에서 부고협이 조직되었다. 9월 30일엔 마산, 창원 지역 고등학생 200여 명이 경남대에서 마창고협을 결성했다.[29]

서울과 광주, 나주, 부산, 마산, 창원지역, 인천지역 고등학생들의 전교조 지지와 참교육을 촉구하는 조직적인 운동이 시작된 것이다. 가장 조직력이 탄탄했던 지역은 광고협이다. 광고협은 광주민주화운동의 영향 때문인지 당시 광주시내 17개 학교 고교생 5,000여 명을 동원할 수 있는 대중조직력이 있었다. 서울고등학생연합인 서고협을 비롯해 부고협, 나고협, 마창고협, 인천지역은 선진적인 학생들의 상부조직일 뿐, 학생 대중과의 결합력은 미약했다.

직위해제 철회를 촉구하는 양달섭 선생님의 항의농성이 직위해제 당일인 6월 9일 바로 시작되자 전교조 구로고 소속 교사들도 항의농성에 돌입했다. 그런데 농성 4일째까지 성명서 한 장 내지 못했다. 그러자 취재 차 들른 한겨레신문 박찬수 기자가 교무실에 찾아와서 왜 성명서가 없냐며 의아해했다. 우린 그때 머리를 한 대 맞은 듯했다. 서울시 교육감과 학교장에 대한 공개질의서나 서명운동은 했지만 정작 대외 언론이나 외부 상황을 소홀히 하였다. 그리하여 〈우리의 요구〉와 〈앞으로의 투쟁 방향〉까지 정리하여 바로 성명서를 작성해 전교조 구로고 분회 이름으로 교무실 칠판에 부착했다.

농성 4일째를 맞는 6월 12일 성명서에서는 "그동안 이성과 자제력을 잃지 않으면서 가장 온건한 방법으로 농성에 임해 왔지만 당국은 최소한의 요구인 직위해제 무효화와 전교조 구로고 분회 탄압 중지를 받아들이지 않고 있다"며 당국을 통렬히 비판했다. 그러면서 "오히려 당국은 간교한 술책으로 탄압의 부당함을 정당화하려 하고 있다며 공안 당국-문교부-서울시 교위-학교현장으로 이어지는 무자비한 폭력 구조를 직시하며 더 높은 투쟁을 향해 나아갈 것이고… (중략) … 그날까지 점점 더 강도를 높여가며 가열차게 싸워나갈 것"을 천명했다.[30]

농성 4일째를 맞으며

〈우리의 요구〉
- 양달섭 교사의 직위해제를 즉각 무효화하라.
- 전교조 구로고 분회 탄압을 즉각 중단하라.
- 교사, 학생, 학부모 사이의 분열 책동을 즉각 중단하라.
- 양달섭 교사에 대한 직위해제 요구자는 즉각 사죄하라.

〈앞으로의 투쟁 방향〉
- 12일부터 참여교사 수를 대폭 늘려 무기한 농성을 전개할 것이다.
- 12일부터 학생, 학부모, 동문 졸업생, 타학교 교사들에게 투쟁의 정당성을 홍보하고 서명운동도 확산시켜 나갈 것이다.
- 14일을 전후해서 직위해제 무효화 쟁취 및 전교조 탄압 음모 분쇄를 위한 연합집회를 개최할 것이다.

그러자 양달섭 선생님도 강도 높게 투쟁에 나섰다. 이튿날인 6월 13부터 무기한 단식 농성을 시작했다. 학생들도 6월 12일 비상대의원회의에 이어 6월 13일 5교시에 1, 2, 3학년 전체 학생을 대상으로 직위해제 철회 서명운동을 전개했고, 7교시엔 운동장 항의집회에 순식간에 1,000명이 넘게 몰려들기 시작했다. 그러자 당황한 학생회장 류호철 군은 학생 대중의 들끓는 분노를 학생회 자신들이 통제하여 집회를 끝낸 뒤 상황을 정리하여 해산시키겠다고 학교장에게 얘기했다. 예상치 못한 상황을 통제하기 위해 학생회장은 간절한 마음으로 수차례 마이크를 요구했다.

그러나 학교장은 학생회장의 요구를 일언지하에 거절했다. 심지어 류호철 군은 마이크를 주지 않을 경우 투신하겠다면서 마이크를 달라고 거듭 요청했다. 학생 대중의 분노를 통제해야 하는 학생회장으로서 절박한 모습이었다. 류호철 군은 3층 자신의 교실로 올라가 유리창에 매달렸다. 그리고 "마이크를 달라!"고 절규하며 "안 주면 투신하겠다"고 3~4회 외쳤다. 학생회장의 투신 이야기가 나오자 전교조 교사가 크게 놀라면서 적극 만류해 류 군은 운동장으로 내려왔다. 학교 당국은 미봉책으로 과학실 실내마이크를 설치해 주었다. 그러나 10여 분간 류 군이 학생들을 설득했으나 마이크 용량이 부족해 제대로 전달되지 않았다.[31] 그리하여 다시 방송실 스탠드 마이크를 요청했다. 그러나 학교장은 불안했는지 이를 불허했다.

그러자 학생회 총무부장 서윤석 군은 자신들이 학생들을 통제해야 한다며 학교장에게 무릎을 꿇으면서 애원하듯이 마이크를 요구했다. 학교장은 거듭되는 마이크 요구를 거절했다. 학교장의 마이크 거절은 결국 학생들의 분노에 기름을 끼얹고 말았다. 학생 대중은 분노했고 통제 불가능한 상황이 전개되었다. 결국 학생회장과 총무부장은 마이크를 거절당한 채 학생 대중의 분노를 통제할 수 없었고, 1시간 30분 뒤 3층에서 투신함으로써 학교 당국의 처사에 항의하였다.

학생회장, 총무부장 투신 항의:

국가폭력이 자행되는 현실에서 학교 현장 비극으로 치달아

투신 사건을 다시 정리하면, 6월 13일 7교시 항의집회는 학생회에서 기획하고 주관한 집회가 아니었다. '양달섭 선생님 직위해제' 사건으로 학생들은 이미 충분히 분노하고 있었다. 구로고 학생회도 그 사실을 알고 학교 당국에 적극 항의하였으나 학교 당국의 방해로 문제 해결의 기미가 보이지 않았다. 그러자 외부에서 고등학생 운동을 하던 공개·비공개 동아리 2학년 학생들이 중심이 돼 학생회 투쟁의 미진함을 질타하며 학생회를 공개적으로 비판하는 유인물을 몇 차례 교내에 뿌렸다. '학생회장이 비굴하고 무책임하다'는 유인물이 두 차례나 교내에 배포되었다.[32]

심지어 '학생회가 제대로 투쟁하지 않는다'며 총학무용론이나 학생회장 사퇴를 촉구하는 내용의 유인물도 배포되었다. 6월 13일 학생집회는 5교시 학생회가 주관한 서명운동 직후, 7교시 2학년 문예반과 풍물반 학생들이 중심이 돼 학생 대중의 자발적 시위로 이어지며 학생 대중의 타오르는 분노가 분출한 것이었다. 특히 3학년 학생회장 류호철 군이 풍물반 출신이라는 점에서 류 군이 받았을 충격 또한 적지 않았다.

이에 구로고 학생회는 당황했고, 이들 학생 대중의 항의집회를 학생회의 통제 아래 두고자 했다. 그러나 학교 당국은 그런 학생회의 마이크 요구를 여러 차례 거절한 것이다. 그게 화근이었다. 학생회장과 총무부장의 투신 사건의 본질은 그러했다. 결국 학교장의 처사에 분개한 학생회장 류호철 군과 총무부장 서윤석 군이 3층에서 항의 투신하는 비극적인 상황으로 치달았다. 투신 당시 류호철 군과 서윤석 군은 서로 껴안고 화단으로 몸을 던졌다. 불행 중 다행으로 나뭇가지에 조금 부딪치면서 추락했다. 땅바닥에 추락 당시 위쪽에 있던 서윤석 군은 크게 다치질 않았다. 그러나 아래쪽에서 충격을 심하게 받았던 류호철 군은 경추를

손상당하면서 크나큰 중상을 입었다.

투신 사건 이후 6월 13일 당일 오후 늦게 신원을 밝히지 않은 학부모 20여 명이 학교 당국과 몰래 협의한 뒤 교무실로 난입했다. 그들은 항의 농성 중인 교사들을 향해 "불에 태워 죽여도 시원찮을 놈들!", "12명은 다 감옥에 쳐넣어야 할 놈들!", "전부 젊은 놈들이야! 운동권 출신이야!", "지놈들이 6·25를 겪어봤어? 아무것도 모르는 젊은 놈들이!"라고 폭언과 심한 욕설을 퍼부으며 전교조 교사들을 향해 "이놈, 저놈" 하면서 삿대질을 일삼았다. 그러면서 교무실 칠판에 게시된 성명서와 벽보를 죄다 찢어버렸다. 양달섭 선생님 직위해제 철회를 촉구하며 67명 교사들이 서명한 서명지조차 북북 찢어버리는 만행을 저질렀다. 이들 학부모들은 6월 13일에 이어 14일, 15일, 16일 계속해서 학교를 찾아와 전교조 교사들을 향해 폭언을 퍼붓고 난동을 피웠다. 매일 매일이 살얼음판을 걷는, 극도로 긴장된 상황의 연속이었다.

학교 당국은 전혀 예상치 못한 상황에 놀라 6월 14일부터 무기한 휴교조치를 단행하려 했다. 그러자 전교조 교사들은 교육권과 학생의 학습권 침해라며 강력히 반대했다. 학생들 또한 학교 당국의 일방적인 휴교조치 소식을 듣고 교내에서 500명이 넘는 학생들이 항의, 규탄시위를 1시간 동안 전개했다. 결국 학교 당국은 휴교조치를 철회했고, 학생들은 철회 소식을 듣고서 자진 해산했다. 전교조 구로고 분회에서는 6월 13일 비상회의를 소집해 학생들을 진정시키기 위한 방법을 논의했다. 전교조 교사 2명은 놀란 학부모들과 대화를 시도했고, 이후 다수 학부모들이 이해하고 귀가하였다.

학생 투신 이튿날인 6월 14일, 전교조 구로고 분회는 성명서를 발표하여 "책임이 누구에게 있든 작금의 사태는 유감스럽고 심히 불행한 일이며 … (중략) … 교육자로서 죄스럽고 가슴이 아프다"고 고백했다. 그러면서 "금번 투신 사태의 본질적인 원인으로 전교조에 대한 반민주 교

육세력의 부당한 탄압과 학생들의 최
소한의 의사표현을 위기감으로 여기고
불온하게밖에 보지 못하는 학교 측의
무책임한 대응에 1차적인 원인이 있
음"을 분명히 했다. 나아가 "일방적으
로 휴업조치를 내리고 학생들의 최소
한의 의사표현과 집단행동을 무책임하
게 방기하거나 바르게 지도하지 않는
다면, 그리고 죄 없는 교사들을 경찰
서에 고발조치하여 강제 연행하게 하
여 학생들을 흥분시키고 양달섭 선생

〈이번 사태에 대한 우리의 입장〉

님에 대해 계속된 탄압을 자행한다면 결코 좌시하지 않을 것"임을 천명
했다.

또한 이 성명서는 "결과적으로 학생들이 심대한 교육적 피해를 입고
있는 현실에 깊이 있게 책임을 통감하면서 6월 14일부로 조건 없이 단
식, 철야 농성을 해제하기로 결의했다. 아무리 전교조 활동이 정당성을
갖고 … (중략) … 교육을 개혁할 수 있는 유일한 단체라 할지라도 무
엇보다 전교조는 학생들을 위해서만 존재해야 한다는 판단 아래 이번
사태를 무거운 마음으로 바라보면서 학교를 정상화하고 학생들을 진정
시키는 데 최선의 노력과 함께 … (중략) … 학생들의 과격한 집단행동
을 극력 자제할 것을 간곡히 호소하기로 결의하였다."[33]

학생회 간부 투신: 투쟁의 전환점으로 작용

치열하게 전개되던 전교조 사수 투쟁 와중에 학생 투신 국면은 투쟁
의 전환점으로 작용했다. 6월 14일 자 단식농성과 철야 동조 농성 무조
건 해제는 전교조 구로고 분회 전체 조합원이 비상회의에서 내린 결정이

었다. 무엇보다 격앙되고 흥분된 상태의 학생들을 진정시키는 것이 급선무였기 때문이다.

그러나 분회 집행부 교사들이 단식농성을 무조건 해제할 것을 결의사항으로 전달했을 때 당사자인 양달섭 선생님은 이를 받아들이지 않았다. "학생회장 호철이가 크게 다쳤는데 나의 단식을 해제할 수 없다. 호철이가 병원에서 가슴을 아파하면서 '선생님, 끝까지 싸워 꼭 이기세요!' 라고 한 말을 저버릴 수 없다"며 "나도 죽을 때까지 무기한 단식을 하겠다."고 버텼으나 전교조 구로고 분회에선 조직의 명령으로 단식을 통한 항의농성을 강제로 중단시켰다. 그러자 양달섭 선생님은 단식을 철회하고 이튿날인 6월 15일 오전 11시에 고대구로병원 557호실을 방문해 류호철 군을 위로하고 호철 군 아버지께 사죄하였다.[34]

6월 15일엔 전교조 구로고 분회 운영위 회의와 6월 17일엔 확대운영위 회의를 열었다. 구로고 분회 활동의 당면 과제로 다음 다섯 가지를 정했다. ① 소식지 발간 및 지역주민·학부모에게 전교조 활동의 정당성을 알리는 홍보물 제작 ② 투신 학생에 대한 성금 모금 ③ 양달섭 선생님 생계 보조 ④ 직위해제에 따른 수업결손대책으로 시간강사 요청 ⑤ 6월 13일, 14일, 15일, 16일 계속된 일부 학부모와의 대담 결과를 보고함.

전교조 결성 초기 89년 6월: 공안 정권의 탄압 집중

투신 국면이 지속되는 와중에 전교조 서울지부 결성대회가 6월 15일 서울대에서 성공적으로 개최되었다. 애초 예정지였던 건국대엔 정·사복 경찰 19개 중대 병력 3,000여 명이 배치되어 집회장소를 변경해서 치렀다. 경찰은 건국대 이외 결성대회 장소로 세종대와 한양대를 예상하여 미리 13개 중대 병력 2,000여 명을 배치해 놓았다. 5·28 전교조 결성대회에서 허를 찔린 것에 대한 학습효과였을 것이다. 그러나 전교조 서울지부 결성대회는 전혀 예상치 못한 서울대에서 치러졌다.

글쓴이는 동료들과 대림역에서 만나 함께 가기로 약속해 놓고 정신없이 당산역에서 한참을 기다리다가 뒤늦게 서울대로 향했다. 서울대에 도착했을 땐 이미 전경들이 정문을 봉쇄한 상태였다. 그래서 어둠을 틈타 관악산 쪽으로 기어들어가려다 마음이 약해져 포기했다. 그리고 다른 선생과 함께 결성식 집회가 끝나고 나오길 기다렸다. 그런데 서울지부 결성대회가 끝나고 서울대 정문으로 나오는 교사들을 전경들이 막아서며 불상사가 발생했다. 전경들은 방패로 내리찍으면서 전교조 교사와 서울대 학생 13명에게 중경상을 입히고 364명을 연행하는 만행을 저질렀다. 불행 중 다행으로 서울지부 결성식에 참가한 김승만, 이인곤, 양달섭, 김주영, 이서복, 강경구, 송인석, 윤석룡 선생님들은 무사했다.

서울지부 결성대회에 이어 이튿날인 6일 16일에는 전교조 서울지부 강서남부지회가 경찰의 원천 봉쇄에도 불구하고 결성대회를 성공적으로 치렀다. 양동중학교 교사 박병배 선생님이 초대 지회장을 맡았다. 그러나 강서남부지회 결성식 바로 다음 날, 박병배 선생님에게 국가공무원법 위반죄로 구속영장이 떨어졌다. 그만큼 전교조 결성 초기 6월에는 공안정권의 탄압이 극에 달했다.

따라서 당시 학교 안팎으로 상황은 엄중했고 '교원노조 사수' 투쟁은 치열하게 전개되었다. '전교조 사수' 투쟁이 치열하게 전개되고 있는 만큼 구로고 분회 투쟁기금도 늘어났다. 6월 17일 현재 이상학 선생님(5만 원), 최영철 선생님(10만 원), 이인곤 선생님(5만 원), 양기택 선생님(1만 원) 등 총 134만 원이 모금되었다. 1989년 당시 20~30대 교사 월급이 50만 원 안팎이었던 것을 감안하면 오늘날 화폐가치로 600만 원 안팎에 이르는 거액이 짧은 기간 투쟁기금으로 걷힌 것이다. 이는 그만큼 노동조합에 대한 교사들의 열망이 대단했음을 반증하는 것이다.

학생 투신사건 직후 학생 대의원회의에서 결정한 6월 15일의 학생들 항의집회도 전교조 구로고 교사들이 설득하고 만류해 무산시켰다. 그러나 6월 15일, 학생들은 학생비상총회를 개최하여 3가지 요구사항을 결의했다. 6월 13일 집회는 순수한 동기에서 출발했음을 학교 당국은 인정할 것, 6월 14일 학교 당국의 일방적 휴교조치에 해명할 것, 그리고 6월 13일 학생회 간부의 투신사건에 대해 학교장의 해명을 촉구한 것이다. 이 결의사항을 요구하며 학생들은 6월 16일 5교시 C.A. 시간에 교내 집회를 열겠다고 학교 당국에 통보했다.

전교조 구로고 교사들,
학생들 분노를 진정시킨 뒤 집회 해산을 설득하여 귀가시키다

이튿날 6월 16일, 학생 대중은 전날 학교 당국에 통보한 대로 운동장에서 항의집회를 열어 투신에 대한 학교장의 책임 있는 답변을 촉구했다. 그러나 학교장이 책임을 회피하면서 해명을 시도하자 학생들이 크게 반발했다. 학생들이 또다시 항의집회를 강행하려 결의하자 이번에도 조합원 교사들이 나서서 학생들의 분노와 집회를 통한 반발을 진정시켰다. 6월 16일에도 학생들은 격분하였으나 전교조 교사들이 내내 설득하여 학생들의 분노를 가라앉히고 해산 후 귀가시켰다.

이 과정을 좀 더 세밀하게 살펴보면 이러했다. 6월 16일 교내 항의집회에서 학생들은 학생회장과 총무부장의 투신과 일방적 휴교조치에 대해 학교장의 진심 어린 해명과 사과를 듣고자 했다. 그러나 학교장이 해명 아닌 해명을 하고 교장실로 돌아가자 2학년 대의원들이 교장실로 찾아가 학교장의 진심 어린 해명과 사과를 거듭 촉구했다. 그러한 혼란 속에서 전교조 구로고 초대 분회장인 김승만 선생님이 조합원의 의견을 모아 중재안을 만들어 발표했다. 6월 17일 12시까지 학생비상총회에서 요구한 3가지 사항에 대해 학교장은 서면으로 해명한다는 내용이었다. 그러나 6월 17일에도 학교장은 해명이 없었고, 기다렸던 학생들은 불만을 토로하며 분노를 안은 채 귀가했다.

6월 20일, 학교장이 서면으로 해명 내용을 통보했다. "학교가 안정되지 못한 일련의 사태에 대해 교장으로서 책임을 통감한다"고 하면서도 "부덕의 소치", "서로 불신의 앙금과 감정을 씻어버리고 상호협조와 화합하는 마음가짐으로 면학분위기 조성"[35] 운운하며 글을 맺었다. 학생 투신에 대해 1차적이고 직접적인 원인을 제공한 것에 학교장은 사과하지 않았다. 두루뭉술 해명 아닌 해명으로 끝난 것에 학생들은 불만을 토로했다. 그렇지만 일단 병상에서 고통받고 있는 류호철 군을 위해 성금 모금을 결정했다. 학생들은 6월 21일 H.R. 시간 주제를 '류호철 군 성금 모금'으로 정해 이를 실천했다.

학교장, 전교조 구로고 교사들을 경찰서에 형사고발하다

학생 투신 국면에서 학교 당국은 기회주의적이고 표변적인 태도를 보여주었다. 학생 대중의 분노를 가라앉힐 때는 전교조 교사들을 이용하는가 하면, 권력의 전교조 탄압에 발맞추어 경찰에 고발하는 등 탄압 일선에서 교활하게도 두 얼굴을 스스럼없이 드러냈다. 6월 13일 학생 투신 사건에 학교장은 마땅히 책임이 있음에도 투신사건 자체를 전교조 교사의 사주에 의한 것으로 몰아가며 호도했다.

심지어 투신 당일 야심한 밤중에─정확히 6월 14일 0시 30분경─학교장은 구로경찰서 경찰 30여 명을 데리고 와 구로고등학교 교무실에서 농성 중이던 양달섭, 김승만, 송인석, 이서복, 김주영, 하성환, 윤석룡 선생님 7명 전원을 구로경찰서로 연행했다. 당시 이인곤 선생님은 숙직실에 있어서 화를 피했다. 학교장이 동료 교사들을 경찰에 형사 고발한 것이다. 실제로 구로경찰서에서 조사받을 때 형사들이 고발자는 ○○○[36]라고 학교장 이름을 불러주었다.

학생 투신 이후, 전교조 교사들에 대한 학교 당국의 음모와
조선일보, 동아일보의 왜곡 보도

학교 당국은 투신한 학생회장의 불행을 악용하여 전교조 교사들에게 책임을 전가하고자 했다. 그렇게 함으로써 자신들의 책임을 모면하고 전교조 교사들을 탄압하려는 음모를 꾸몄다. 6월 13일 투신 당일, 신원 불명의 학부모 20여 명이 교무실에 난입해 폭언과 난동을 피운 것 역시 학교 당국의 태도나 권력의 탄압과 무관하지 않았다. 당시 전교조 구로고 교사들은 비상회의에서 이 점을 예견하며 앞으로 펼쳐질 '전교조 사수' 투쟁이 험난한 과정이 될 것을 예상했다. 그리하여 조선일보, 동아일보를 비롯한 관제 주류언론의 왜곡 보도를 긴장하며 경계했다.

그러나 불행하게도 학생 투신 사건은 전교조 구로고 교사들의 예상대로 최악의 시나리오로 전개되었다. 그만큼 학교 당국과 권력은 음모에 능했으며 교활했고, 관제 주류언론은 사실 왜곡에 앞장섰다. 그것이 89년 6월, 한국 사회 지배집단이 보여준 부끄러운 민낯이다. 80년대 한국 사회 정치권력과 교육권력 그리고 언론 권력은 공적 기구를 빌어 그들끼리 사익을 추구하는 사악한 패거리 집단이었고, 공동선을 저해하는 반민족집단이었다.

사건의 발단은 이러했다. 학생회장 투신 사건이 발생한 날, 전교조 구로고 분회는 비상 회의를 통해 모든 항의 농성을 일단 중지하기로 했다. 극도로 흥분되고 격앙된 분위기에서 투신 사건이 발생한 만큼, 전교조 구로고 분회는 학생들의 안전과 학습권 회복을 위해 학생들을 진정시키고 설득하며 항의 집회를 만류했다. 그것이 1989년 6월 13일 7교시 투신 사건 이후 전교조 구로고 분회가 보여준 냉철한 결정이고 실천이었다.

그런 흐름 속에서 전교조 구로고 교사들 가운데 정직하게 아이들을 사랑했던 열성적인 교사 이재선, 김주영 두 선생님이 학생들을 위로하고자 손 편지를 썼다. 병상에서 몇 개월 투병 생활로 고생할 제자를 안타까워하며 위로와 용기를 주고자 한 편지다. 특히 김주영 선생님의 경우, 예전에 투병 과정으로 두 달 넘게 병상 생활을 한 경험이 있어서 더욱 안타까운 마음에 위로편지를 썼다. 이재선 선생님과 김주영 선생님의 편지 내용 전문을 소개한다.

•이재선 선생님(영어) 편지글

主는 나의 힘, 나의 방패, 나의 참 所望, 나의 몸 정성 다 바쳐서 主를 경배하나이다.

사랑하는 호철아, 빨리 완쾌되기를 기도한다. 역사의 시간이 역동적으로 흐르고 있는 요즈음이구나. 병상에 있는 동안 主님께 철저히 투신하는 시간을 갖기를 바란다. 말씀과 묵상으로 말이야. 또한 평소에 다 못한 효도를 병상에서나마 다하기를 빈다.

God be with you, 구로고 교사 이재선

•김주영 선생님(사회) 편지글

"내가 사망의 음침한 골짜기로 다닐지라도 해를 두려워하지 않는 것은 주께서 나와 함께 하심이라"(시편 23편 4절)

호철 군, 그대의 숭고한 의지와 위대한 결단은 결코 헛되지 않을 것이다. 우리 비록 약하고 쓰러져도 결국 우리의 사랑의 대상이며 진리의 길임을 믿기에 외롭지 않고 후회가 없다. 호철 군의 용단은 전교조의 역사에 길이 기록될 것이며 인류의 자유 해방에 길이 빛날 것이다. 우리, 먼 안목을 가지고 차분하게 생각하고 판단하자. 결국 자신과의 싸움에서 굴복하지 말자. 우리에게는 따뜻한 정과 동지들이 있다. 우리의 사랑과 사랑의 대상들이 너무나 많다. 마음을 단단히 먹고 치료에 힘쓰길 빈다.

1989. 6. 21. 김주영

89년 6월 21일 불의한 정치권력-교육권력-언론권력들이 야합해서 학생 투신 사건을 왜곡시킨 전말은 이러했다. 6월 21일 5교시 H.R. 시간에 이재선 선생님과 김주영 선생님이 류호철 군을 병문안하고자 고대구로병원에 갔다. 두 선생님은 류호철 군의 아버지를 만나 빨리 완쾌하길 바란다며 위로가 담긴 손 편지를 전달했다.

편지 내용은 성경 구절을 인용한 후 '너의 행동은 결코 헛된 것이 아니니 모든 것을 하나님께 의지하고 빨리 회복하기를 바란다'는 것이 메시지의 요지였다.

그럼에도 사악하고 불의한 지배 권력들은 이 가운데 한두 구절을 인용하여 마치 교사가 학생을 사주하여 투신하게 만든 것처럼 호도하려고 했다. 심지어 "류호철 군이 죽었더라면 더 좋아했을" 거라는 악담을 퍼붓기도 했다. 당시 참교육 논쟁과 함께 이데올로기 공세를 펼치던 부패한 정치-교육-언론 등 지배 권력의 교활한 음모이자 술책이었다. 그리하여 6월 21일 편지가 전달된 오후 늦게 학교 당국은 "내일 긴급하게 학부모회의를 개최한다"며 300석 자리를 준비하라고 지시했다.

난동을 부린 정체불명 학부모:
전교조 구로고 교사들을 향해 "이 새끼, 이 자식이 무슨 교사야!"

6월 22일, 학부모 25명이 1층 교무실로 난입하여 "이 새끼, 이 자식이 무슨 교사야!"라며 욕설과 폭언을 퍼붓고 난동을 피웠다. 심지어 "호철 군이 죽었더라면 더 좋아했을 거 아니야!" 하면서 마치 전교조 교사의 사주로 투신한 것처럼 매도하려고 악다구니를 썼다. 당시 위로편지를 썼던 김주영 선생님을 비롯해 몇몇 선생님들은 비이성적인 언동을 일삼는 학부모들로부터 심한 폭언과 폭행을 당한 뒤 정신적 충격에 빠져 있었다.

한참 후 2층 교무실로 왔을 때 김주영 선생님의 모습은 극심한 충격

그 자체였다. 일부 몰지각한 학부모들은 사실을 왜곡해 가며 험악한 분위기를 연출했다. 그들 동원된 학부모들이 저지른 비이성적인 언동으로 말미암아 김주영 선생님은 마음속 깊이 상처를 안은 모습이었다.

난동을 부린 학부모들은 학교 당국과 사전 협의를 거친 뒤 전교조 교사들에게 입에 담을 수 없는 욕설을 퍼부은 것이다. 그 뒤 '구로고 총학부모회'라는 유령단체를 앞세워 〈구로고 총학부모회 일동〉이 보내는 편지라며 분회장인 김승만 선생님에게 전달하려고 하였다. 김승만 선생님이 이 학부모 단체는 조작된 단체라며 수령을 거부하자 언성을 높이며 또다시 폭언을 퍼부었다.[37]

학교장은 학생 투신에 대한 책임을 회피하고 전교조 교사의 사주를 받아 학생회장과 총무부장이 투신한 것처럼 여론몰이에 나섰다. 이는 전교조 탄압에 혈안에 되어 있던 89년 6월 정국에서 군부정권엔 탄압의 호재로, 수구 관제언론들에겐 좋은 먹잇감으로 작용했다. 학부모들의 비이성적인 난동이 있었던 날 저녁, 전교조 구로고 분회는 비상회의를 소집해 '학생 투신과 위로편지' 사건에 어떻게 대응해 갈지를 깊이 논의했다.

그들은 앞으로 탄압의 강도가 높아질 만큼 관제 주류언론의 망동을 대비해 긴급하게 선제적으로 대응에 가야 한다고 의견을 모았다. 그리하여 6월 21일 편지 사건이 있었던 날 저녁, 이인곤, 하성환 두 교사는 회의 결정에 따라 양평동 한겨레신문사를 방문했다. 편지 사건의 자초지종을 전한 뒤 수구 관제언론들이 '전교조 교사 투신 사주' 운운하며 사실을 왜곡할 가능성이 큰 만큼 미리 앞서서 이 사건을 사실에 입각해 기사화해 달라고 요청했다.

전교조 사수 투쟁과정에서 기레기 언론들과 달리
한겨레신문은 절대적 우군이 되어주었다

당시 한겨레신문은 전교조 사수 투쟁 과정에서 전교조 교사들의 처지에서 보도해준 절대적 우군이었다. 당시 만난 한겨레신문 기자는 전교조 구로고 교사들의 사정을 충분히 반영하며 객관적으로 보도하였다.

반면, 동아일보 사회면에는 마치 전교조 교사가 학생 투신을 사주한 것처럼 기사가 실렸다. 중앙일보 신동재 기자의 14면 기사와 너무나 대비되었다. 신 기자의 경우, 상당히 자세하게 취재하였으며 기사 또한 객관적 사실에 입각해 균형 있게 작성하였다.

그러나 같은 날짜 중앙일보 2면 「분수대」 기사는 류호철 군이 "투신 전 유서 비슷한 편지를 남겼다"면서 "위대한 결단" 운운하며 전교조 교사가 "17살 나이의, 세상 풍상을 모르는 철부지나 다름없는" 어린 학생의 투신을 사주한 것으로 맹비난했다. "도대체 누가 선생인지 누가 철부지인지 헤아릴 길 없다"[38]면서 객관적 사실을 자신의 의도에 맞춰 잔인하게 비틀고 전교조 교사를 매도했다.

그렇지만 학생들은 알고 있었다. 전교조 교사들이 학교에서 어떠했는지, 아이들을 어떻게 대했고 어떻게 존중하며 어떻게 사랑했는지, 진실을 알고 있었다. 89년 6월 누가 참 언론이고 누가 철부지보다 못한 기레기 언론인지는, 30년이 지난 오늘의 역사가 진실을 드러내 주었다.

아니, 이미 30년 전에 누가 진실인지 뚜렷하게 증언하고 있었다. '전교조 교사 지키기'와 '참교육 지지 투쟁' 과정에서 89년 9월 구속돼 1990년 2월 15일 집행유예로 석방된 어느 고등학생의 최후 진술은 이 점을 명확하게 밝혀준다.

"전교조 선생님들이 진실을 가르쳐주시고 사랑으로 대해 주시며 정의를 몸으로 실천하실 때 우리는 희망에 넘쳤었다. 그러한 선생님들을 문교부와 학교 당국이 우리에게서 떼어 놓을 때 우리는 선생님들을 지키기 위해 일어설 수밖에 없었으며 … (중략) 선생님을 사랑한 것이 죄인가?

전경의 곤봉과 군홧발로부터 우리를 구해주시며 '너희들은 데모하지 말고 공부해야 한다'라고 말씀하시는 선생님이 어떻게 우리의 배후조종자란 말인가! 우리의 참모습을 깨닫게 해주신 선생님들이 자랑스럽다.

선생님들을 좌경용공으로 매도하지 말라! 비교육자라 매도하지 말라! 우리가 바라는 것은 오직 웃음이 넘치는 교실에서 사랑하는 선생님과 함께 진실을 진실이라 말하는 참교육, 민족·민주·인간화 교육을 받는 것이다. 어머니, 죄송합니다. 이제 눈물을 거두십시오."[39]

구로고 3-7반 곽경태 군이 해직된 구로고 역사교사 이인곤 선생님에게 보낸 1989년 당시 편지글도 이를 뒷받침해 주기에 부족함이 없다.[40]

•이인곤 선생님께

가슴에 쌓인 말을 어떻게 표현해야 할지 모르겠습니다. 선생님의 빈 자리에 어떤 낯선 이가 오셨습니다. 언제나 기다리던 국사 시간은 이제 자습 시간과 취침 시간으로 변했습니다. 오늘도 40여 명은 완전히 자고, 깨어 있는 아이들조차 각자 자기 일을 하고 있었습니다. 선생님의 언제나 피곤하신 듯한 모습이 아직도 눈에 어립니다. 저는 이제까지 배워왔던 잘못된 역사의식을 선생님께

곽경태 군 손편지
구로고 3학년 곽경태 학생이 역사 교사 이인곤 선생님을 그리워하며 쓴 손편지 (출처: 하성환)

비로소 공정하게 저의 판단에 맡길 수 있었습니다. 선생님의 언제나 진지하시고 절규하시는 듯한 모습은 언제나 저의 가슴에 남아 있을 것입니다. 선생님의 언제나 꿋꿋하시고 옳은 것은 언제나 옳다는 그런 모습은 저희에게 정말 교육이 되었다고 확신하고 선생님의 그런 모습을 다시 뵙게 될 것을 믿고 있습니다. 여러 아이들도 선생님을 보고 싶어 합니다. 선생님을 사랑합니다. 선생님은 언제나 영원히 저희의 스승이십니다.

추신:
오늘 선생님을 뵐 것을 기대하고 왔는데 약간, 아니 많이 섭섭했습니다.

실제로 89년 '전교조 선생님 지키기 투쟁'과 '참교육 지지 투쟁' 과정에서 학생들은 권력의 교활한 분열 책동과 달리, 전교조 선생님들을 아주 좋아했다. 학생들을 인격적으로 존중하는 모습에서 자신들을 마음으로 사랑하고 있다는 것을 일상적인 학교생활에서 몸소 체험했기 때문이다.

놀랍게도 89년 5월 당시 독재정권 하수인 역할에 충실했던 문교부는 교육청에 내려 보낸 공문에 〈전교조 교사 식별법〉이라는 내용을 담았다. 명단을 공개하지 않은 이상, 누가 전교조에 가입해 있는지 알 길이 없고 따라서 탈퇴를 회유할 상대를 알지 못했기 때문이다. 문교부가 내려보낸 〈전교조 교사 식별법〉엔 이런 내용이 담겨 있다.

"촌지를 받지 않는 교사, 학급문집이나 학급신문을 발간하는 교사, 지나치게 열심히 가르치려는 교사, 반 학생들에게 자율성, 창의성을 높이려 하는 교사, 풍물반, 신문반을 만들어 아이들과 어울리는 교사, 교직원회의에서 원리 원칙을 따지며 발언하는 교사, 아이들한테 인기가 많은 교사….”

구로고 학생들이 투신하면서까지 양달섭 선생님을 지키려 했던 것이나 역사의식에 눈뜨게 해준 이인곤 선생님을 애틋하게 기다리는 학생들의 모습은 전교조 교사들에 대한 정직한 자기 내면을 표현한 것이자 당대 학생들이나 양식 있는 시민들이 전교조 교사들에 대해 보내준 일반적 정서였다.

구로고 학생들: “선생님, 불의와 싸우는 것을 두려워 마세요! 우리가 선생님을 지켜줄 거예요!”

서초동 꽃동네 철거민 지역에 방치된 도시빈민 아이들을 공부방 봉사활동을 통해 가르치고 돌보았던 풍물반과 구로고 학생들은 자신들과 서초동 꽃동네 야학을 했던 교사에게 언젠가 이런 이야기를 한 적이 있다. “선생님, 불의와 싸우는 것을 두려워 마세요! 우리가 선생님을 지켜줄 거예요!” 그만큼 아이들은 순수했고 정의감이 남달랐다. 87년 6월 민주화운동의 영향이자 87년 12월 대선 당시 ‘구로구청 부정선거 항의’ 투쟁의 영향이었다. 나아가 88년 4월 총선 당시, 구로고 개표부정에 항의하던 학생들의 또 다른 모습이기도 했다.

89년 해직 당시 겪은 또 다른 일화가 있다. 당시 글쓴이는 2-3반 담임이었다. 여름방학을 지나고 2학기 개학 후 상황이 조금 진정되었을 때 2학기 정부반장 선거가 다가왔다. 9월 11일, 선거에서 1학기 반장이 2학기 정부반장으로 선출된 친구들 이름과 구 담임 이름을 적은 후 2학기 반장으로 하여금 학생부에 제출하게 하였다.

이에 학생부에서 해직된 담임을 적었다는 이유로 1학기 반장에게 명령불복종 이유로 근신 6일, 2학기 반장에게는 묵인죄를 적용해 근신 3

일의 징계를 내렸다. 그에 대해 이일환 학생이 항의 차원에서 '참교육은 이런 것입니다'라는 유인물을 아침 6시 30분에 배포하려다 발각돼 13시간 동안 도서실에 감금당한 뒤 저녁 7시 30분에 풀려나기도 했다. 뒤늦게 이런 이야기를 전해들은 글쓴이는 아이들이 나 때문에 어처구니없게도 징계를 당한 것에 너무나 미안했다. 그리고 한편으론 옛 담임선생님을 잊지 않고 기억해 줘서 눈물 날 정도로 고마웠다.

89년 6월, 공안당국과 관제언론은 학생 투신 사건을 의도적으로 악용했다. 선의의 '위로 편지'를 악의적으로 편집해 전교조 교사들에게 정신적 테러를 가했다. 나아가 전교조 교사들을 부도덕한 집단으로 비난하여 일반 국민과 분리시킴으로써 전교조를 고립시키려고 했다. 그 연장선상에서 전교조 구로고 분회에 대한 탄압을 멈추지 않았다. 오히려 집요할 정도로 공격적이었고 잔인할 정도로 전교조 교사들을 물어뜯으며 흠집 내기에 혈안이었다. 전교조 구로고 교사들은 학교장이 형사 고소하여 구로경찰서 유치장에서 밤을 새우고 이튿날 풀려나면 아침에 곧장 학교로 출근하여 수업에 들어갔다. 그렇게 6~7월을 힘겹게 싸웠다.

전교조 구로고 교사들: 폭력 혐의자로 구로경찰서 유치장에서 밤을 지새다

어느 날은 비이성적인 언동을 일삼는 학부모들의 폭언과 난폭한 행동에 정신적으로 깊은 상처를 입기도 했다. 교문 앞에서 경찰차에 연행돼 간 적도 있고, 난동을 부린 학부모들이 폭력 혐의로 고소해 경찰서 유치장에서 밤을 지새운 적도 있다. 유치장 칠판엔 전교조 교사들 이름 옆에 '폭력' 혐의자로 적어 놓았다. 전교조 교사들이 불특정 학부모들에게 심한 폭언과 함께 할퀴고 얻어맞았음에도 우리 조합원 교사들은 거꾸로 '폭력' 혐의자가 되어 경찰서 유치장에서 밤을 보내야 했다. 그러던 어느 날 새벽엔 낯익은 KBS 기자가 경찰서 유치장으로 들어와 취재해 간 적도 있다.

교원노조에 대해선 당시 국민의 반대 여론이 있을 수 있고 적지 않았을 거라고 보았다. 관제언론의 이념 공세가 아니더라도 보수적인 교사들 사이에서조차 교원노조를 건설한 전교조 교사들을 대놓고 싫어하는 사람들이 있었다. 전교조 교사들이 내세운 '참교육'을 두고 "그러면 이제까지 우리는 거짓 교육을 했단 말이냐"며 흥분하는 이들도 있었다.

실제로 구로고 교사 중에도 있었고, 전교조 교사들을 비난하고 공격하면서 그런 말을 들으라는 듯이 우리 앞에서 내뱉기도 했다. 식민지 교육의 잔재뿐만 아니라 봉건 교육의 잔재를 청산하지 못한 우리 역사의 유물이라 생각했다. 그러나 1988년 조사에서는 전국적으로 74%에 이르는 절대 다수 교사들이 교원노조 건설이 필요하다는 데 찬성[41]했다. 전교조 결성 이듬해인 1990년 한국교육연구소 설문에서는 전체 교사의 96%가 전교조를 인정[42]해야 한다고 응답했다. 전교조에 기대와 희망을 걸었던 게 당시 여론지형의 압도적인 추세였다.

공안당국의 무자비한 탄압 속에서도 전교조에 기대와 희망을 거는 사람도 많았다. 극심한 탄압을 뚫고 교원노조를 건설해 낸 전교조가 출범 당시 내건 이념이 참교육이었다. 그리고 참교육을 지향하는 전교조가 내건 교육개혁 슬로건 가운데 하나가 바로 학교현장에서 촌지 문화를 근절하는 것이었다. 촌지 문화 근절을 표방한 전교조에 대해선 여론이 매우 우호적이었다. 그만큼 촌지 문화가 오랜 관행처럼 깊숙이 뿌리 내렸던 시절이다. 따라서 치맛바람과 촌지, 바로 교사에게 돈 봉투를 건네주며 아무 거리낌 없이 해왔던 수십 년의 잘못된 관행을 바로 잡는 일은 쉬운 일이 아니었다.

전교조 교사들이 거절했음에도 막무가내로 건네거나 선물에 봉투를 슬쩍 넣어서 보내는 학부모가 많았다. 그러면 전교조 교사들은 일일이 편지를 써서 돌려보냈다. 그것이 당시 20~30대 젊은 전교조 교사들이 보여준 교육자로서 삶의 자세였다. 부교재인 참고서 채택료 역시 마찬가

지었다. 오랜 관행이었지만 전교조 교사들은 업자들이 건네는 채택료를 단호히 거부했다. 비록 내부에선 교사들 간 갈등이 있었음에도 학교현장에서 깨끗하게 씻어냈다. 오늘날 눈 씻고 봐도 촌지는 물론 부교재 채택료를 받는 교사는 없다. 2016년 김영란법이 적용되기 훨씬 이전부터 교직사회는 상당히 정화돼 있었다. 적어도 공립학교에서는 그러했다.

나아가 전교조 교사들은 교장의 명에 따라 아이들을 지도하는 게 아니라 법에 따라 지도하도록 교육법 개정을 이끌었다. 교원인사위원회 설치를 비롯해 학교민주화를 주도한 것도 전교조 교사들이다. 그뿐만 아니라 전교조 교사들의 등장은 교직원회의의 풍경을 일신시켰다. 지시와 전달, 협조란 이름으로 그냥 교무수첩에 받아 적던 습관에서 벗어나 교육문제에 대한 토론문화를 일구어냈다. 비록 '벌떡 교사'란 소리를 들었지만 '침묵의 문화'가 지배하던 교직원회의를 진정한 토론이 있는 회의로 바꿔가며 끝없이 문제를 제기했다.

상명하복의 수직적인 교사문화를 수평적인 학교문화로 정착시키는 데도 전교조 교사들의 노력이 컸다. 교육은 동등한 인격적 관계에서 맺어지는 자율성의 산물이기 때문이다. 굳이 페스탈로치를 언급하지 않아도 교육의 본질을 조금이라도 사색하고 학교현장에서 번민한 교사라면 충분히 수긍할 내용들이었다. 더구나 페스탈로치가 스위스 교원노조의 아버지였다면 더 말해 무엇하겠는가!

대학 시절 흔히 듣고 외우던 존 듀이의 진보주의 교육 사조나 아동중심주의 교육사상도 모두 페스탈로치의 교육이론에 맞닿아 있음은 익히 알려진 사실이다. 유럽 각국으로부터, 심지어 미국으로부터 수많은 교육자와 교육학자들이 참관한 페스탈로치 교육은 근본적으로 루소의 교육사상에 뿌리를 두고 있었고, 이 또한 대학 시절 배우는 내용이었다. '아이들은 망원경을 거꾸로 놓고 본 어른이 아니다'라는 명제는 그 시절 교사라면 누구나 학습했던 내용들이다.

그럼에도 학교현장에선 학생들에 대해 체벌이 일상적으로 벌어졌다. 교육의 이름으로 머리통을 쥐어박거나 뺨을 때리는 체벌이 묵인되었다. 엎드려뻗쳐나 단체 얼차려 등 체벌을 행사하는 교사들이 적지 않았고, 교육의 이름으로 자행되는 폭력 앞에서 적지 않은 교사들은 방관했다. 모두 봉건적 성격의 학교문화가 청산되지 않은 상태에서 식민지 교육과 군사문화가 학교 교육 전반에 깊이 스며든 결과였다. 그런 모습을 두고 순수함과 열정이 넘친 20~30대 청년교사들이 모순된 현실 앞에서 어찌 번민하지 않았겠는가!

86년 O양의 편지 '행복은 성적순이 아니잖아요': 교사집단의 처절한 반성과 성찰의 계기로 작용

아이들의 현실을 들여다보면 더욱 가혹했다. 일상적으로 폭력에 노출된 학교문화 속에서 하루 대부분을 살아야 했다. 나아가 학벌주의로 강고한 한국 사회 현실에서 '공부=입시교육'이었다. 매년 100명에 이르는 꽃다운 어린 목숨이 성적 비관으로 자살하는 현실을 정상이라고 할 순 없었다.

특히 86년 초 서울사대부속여자중학교 3학년 O양의 편지 '행복은 성적순이 아니잖아요'는 끝내 유서가 되었지만 생각 있는 많은 교사의 양심을 뒤흔들었다. 80년대 교육운동을 하던 교사들에게 O양(당시 15세)의 편지는 1970년 절망적인 노동현실에 자신의 몸을 불사르며 죽음으로 항거한 전태일의 분신에 버금갈 충격적인 사건이었다.

한국의 페스탈로치 이오덕 선생님도 O양의 편지를 접하고 너무나 가슴 아파했다. 교육 운동하던 교사들도 참회하는 성명서[43]를 낼 정도로 이 땅의 교사들은 자책했다. 1986년 전두환 5공 정권 아래에서 처음 등장한 '교육민주화 선언'은 그런 자책과 성찰의 결실이다. 비록 불의한 군사정권으로부터 징계의 칼날을 피하진 못했지만, 이 땅의 교사들이 시대의 교사로서 교사의 길을 스스로 깨우친 장엄한 역사적 사건이다.

86년 '교육민주화 선언'은 교사집단의 자책과 성찰의 결실

그러한 시대 모순 속에서 전교조 구로고 교사들은 파면, 해임이라는 징계의 위협과 구속 등 형사처벌이라는 탄압의 칼날 앞에서도 뜻을 굽히지 않았다. 페퍼포그 차량의 다연발탄이 난무한 거리 시위에서도 고개 들고 군부정권과 맞섰다.

최루탄과 함께 쏜살같이 달려드는 백골단이 휘두르는 쇠파이프 앞에서도 교사들은 '참교육의 함성으로'를 부르며 의연했다. 끌려가면서도 외쳤고, 무자비한 폭력 앞에 비굴하지 않으려고 했다. 당시 교원노조 건설! 바로 '전교조 사수 투쟁'은 시대의 소명이었다. 그런 마음으로 학생 투신 사건 직후 휘몰아친 거친 탄압 국면에서도 구로고 전교조 교사들은 살얼음을 걷듯 매일매일 긴장하며 교사로서 최선을 다해 분투했다.

그들은 '교사가 성직이자 전문직이지 어떻게 노동자일 수 있냐'는 문교 당국과 수구언론의 악선전에 맞서 치열하게 싸웠다. 말로는 '스승의 그림자도 밟으면 안 된다'고 떠들지만 눈앞의 현실에서는 정반대인 문교 당국은 전교조 구로고 교사들을 '악질교사'로 몰아세우며 멱살 잡고 할퀴며 때렸다.

예부터 스승은 군주나 부모와 같다며 군사부일체를 부르짖던 그들 주류집단은 전교조 교사를 향해 '이 새끼, 저 새끼' 욕설을 퍼붓는 데 주저하지 않았다.[44] 전교조 구로고 교사들은 교원노조 건설이 반민주세력의 선전처럼 '교사들 봉급을 올리며 집단 이기심을 채우려고' 만든 게 아님을 호소했다.

1989년 6월 26일 자 학부모에게 보낸 전교조 구로고 성명서에서는 권력과 학교 당국의 "음모에 흔들리지 말고 교직원 노조 교사들의 양심의 외침에 귀 기울여 주시고 사랑과 정의와 진실의 부름에 함께해 달라!"고 거듭 호소하였다. 실제로 전교조 구로고 분회에서 학부모들에게 보낸 6월 26일 자 성명서에는 이런 내용이 담겨있다.

"학교를 입신출세의 사다리쯤으로 여기는 천박한 교육관, 진실된 관심보다는 몇 푼의 촌지로 자식교육을 끝내려는 일부 학부모들, 성적을 비관하여 꽃다운 목숨을 스스로 끊어버리는 학생들, 입시경쟁교육 속에서 좌절하며 온갖 타락의 구렁텅이에 빠지고 흉악한 범죄를 저지르는 청소년들, 세계에 유례를 찾아볼 수 없는 비인간적인 콩나물 교실, 문교 당국과 교육 관료들은 아직도 문제를 제대로 인식하지 못한 채, 양심적인 교사들을 교직에서 내어 쫓는 데 앞장서고 있는 병든 현실 속에서 누가 무어라 해도 이제는 아이들을 가장 가까이 대하고 가장 사랑하며 걱정하는 교사들이 이 땅의 교육을 온몸으로 지키며 가꾸어 가야 한다는 뜻에 학부모님의 깊은 이해와 관심을 간곡히 부탁드립니다."[45]

늪처럼 고여 썩어가는 이 땅의 교육 현실을 안타까워하고 가슴 아파하면서도 학생들이 참교육을 받을 권리가 있다며 참교육에 대한 불타는 의지를 다진 89년 전교조 구로고 교사들의 호소문은 절절하기 그지없다.

망나니처럼 칼을 휘둘러대는 문교 당국과 학교의 징계 남용으로 양달섭 선생님은 전교조 구로고 분회 결성을 주도했다 하여 6월 23일 자로 파면당했다. 그러자 전교조 구로고 분회에서는 계속되는 조합원 교사들에 대한 징계 저지 투쟁과 함께 조직의 결속을 다지는 데 심혈을 기울였다.

89년 6월 들어 전교조 본부 지도부 교사들에 대해 구속과 파면으로 강도 높은 탄압이 들어오기 시작했기 때문이다. 구로고 현장에서도 양달섭 선생님 파면 조치로 탄압이 가시화되자 탈퇴 각서를 쓰는 등 조직에서 이탈하는 교사들이 계속 늘어갔다.

동료 교사 파면과 학교장의 교사 고발, 그리고 경찰서 연행 등 탄압에 맞서 교사들은 고민했다. 전교조 분회 차원에서 단식을 시작하기엔 결의 수준이 높지 않았다. 그리하여 먼저 개인 자격으로 6일 27일 이재선 선생님, 하성환 선생님이 탄압에 맞서 단식을 시작하였다.

그러자 이틀 뒤 6월 29일 김주영 선생님, 윤석룡 선생님이 전교조 구로고 교사 18명 중징계 결정 보도[46]에 항의하는 차원에서 무기한 단식에 돌입했다. 6월 27일부터 개인 자격으로 항의 단식을 시작한 이재선, 하성환 선생님이 천명한 성명서에는 다음과 같은 내용이 적혀 있다.

> "(중략) … 현 정권과 문교부, 대한교련 등 교육 모리배들은 교원 노조의 참뜻과 순결한 의지를 온갖 방법을 동원하여 왜곡하며 짓밟아 오고 있다. 이는 역사의 정당한 진로를 막으려는 광란의 작태라 아니할 수 없다. 전국교직원 노동조합 분회의 결성을 주도했다 하여 동료 교사가 파면당하고 학교장이 교사들을 고발하여 연행되고 일부 극소수 학부모들이 동원되어 교내에서 공공연한 교권 유린이 자행되고 있으며, 시교위의 지시에 의해 전교조 발기인 교사들에게 징계와 전교조 탈퇴의 양자택일이 강요되고 있는 현 상황에 통탄하지 않을 수 없다. … (후략)"[47]   -'단식 농성에 들어가며'

구로고 교사 김주영, 윤석룡 선생님: 명동성당 단식 농성에 참여하다

구로고 분회 전교조 교사 가운데 김주영 선생님과 윤석룡 선생님 두 분은 명동성당 단식 농성단 투쟁에도 합류했다. 군부정권의 탄압이 전국적인 차원에서 자행되자 전국의 전교조 교사들이 항의 차원에서 서울로 집결하여 명동성당 집중 투쟁을 전개하였다. 명동성당은 87년 6월 항쟁 시절에도 민주화를 촉구하는 시민, 학생들을 보호해 준 공간이다.

전교조 역시 87년 6월 항쟁 당시 명동성당의 모습을 기억하고 집결한 것이다. 명동성당 단식 농성 투쟁은 89년 7월 26일부터 8월 5일까지 11일 동안 전개되었다. 전국에서 모여든 600명이 넘는 전교조 교사들이 공안 당국의 탄압에 항거하며 치열하게 싸웠다. 무려 250명이 넘는 교사들이 탈진했고 15명은 병원으로 실려 갈 정도로 뜨겁게 싸웠다.[48]

당시 글쓴이는 아내가 첫 아이 산달을 코앞에 둔 때라 농성에 참여하지 못했다. 단식 농성 중인 동지들을 응원하고자 가끔 원천봉쇄를 뚫고 성당 경내로 잠입하였다. 양달섭 선생님과 2층에 있는 중국 음식점 식자재 창고로 들어가 좁은 창문을 넘어 명동성당으로 무사히 기어들어간 적도 있다. 단식 농성 투쟁 중인 교사들은 더운 여름날 천막동에 쓰러져 있거나, 그나마 몸이 괜찮은 교사들은 제자의 안부 편지에 답장을 써 주곤 하던 모습을 목격한 기억이 있다.

독재 권력의 탄압에 맞서 그해 여름 뜨거웠던 7~8월 명동성당 단식 농성 투쟁에도 불구하고 징계의 칼날은 교활하고 잔인했다. 문교 당국은 장학사를 동원하여 회유하거나 중풍으로 병중에 계신 부모에게 전화를 걸어 집요하게 탈퇴를 강요했다. 심지어 말기 암 투병 중인 노부모를 생각해 어쩔 수 없이 눈물을 머금고 탈퇴 각서를 쓴 전교조 교사에게 마지막 남은 교육자의 자존감을 짓뭉개는 확인 사살도 저질렀다. 서울시 교육위 학무국장이 직접 전화하여 탈퇴 사실을 확인하는 만행을 천연덕스럽게 자행한 것이다. 학교장은 자신의 서울대 지리교육과 후배인 해직교사 이서복 선생님을 불러 마치 후배를 아끼는 듯이 탈퇴를 회유하기도 했다.

학교 당국은 행정실 직원을 시켜 매일 징계 의결 요구서를 작성해 시교육위에 올렸다. 시교위는 발 빠르게 탄압의 강도를 높여 8월 1일 자로 구로고 전교조 교사 10명을 한꺼번에 직위 해제하기도 했다. 또는 2차 징계위에 출두한 교사에게 탈퇴를 강요하며 끊임없이 조직의 분열을 시도했다. 결혼식 주례를 섰던 주임 교사를 동원하여 탈퇴를 종용하는 사태까지 벌어졌다. 결국 ○○○, ○○○, ○○○ 세 선생님은 학교 당국의 간교한 술책으로 탈퇴했다가 신영준, 김을식 선생님은 재가입을 선언하는 일까지 발생했다.

그 결과 8월 7일 현재 탈퇴하지 않은 조합원은 10명만 남았다. 무려 26명이 탄압과 징계 위협, 그리고 갖은 회유와 술책으로 눈물을 머금고 조직에서 형식적으로 이탈했다. 그만큼 교원 노조 건설 과정은 탄압이 극에 달했고 방해 공작 또한 보통 사람의 상상을 초월했다. 전교조 교사를 '빨갱이 교사'로 모는 것은 그들의 상투적인 수법이었다. 실제로 불의한 권력은 전교조 결성 직전 여론 조작을 위한 공작으로 사전 정지

운동장 연좌시위
89년 6월 12일 〈양달섭 선생님 직위해제 철회〉를 촉구하며 2천 명이 넘는 구로고 학생들이 항의 집회하는 장면 (출처: 민주화운동기념사업회 오픈 아카이브)

작업을 했다. 전교조 결성 6일 전인 5월 22일 서울 인덕공고 조태훈 선생님과 5월 24일 충북 제원고 강성호 선생님을, 그리고 5월 26일 경북 영주 동산여중 이수찬 선생님을 '북한 찬양', '북침설' 수업 운운하며 국가보안법으로 구속하는 만행을 저질렀다.[49]

구로고 학생들 연이은 항의 집회: 국가폭력에 맞서 거리 시위로 분출하다

학생들은 교사와 달리 징계 위협에도 불구하고 학교 당국에 계속 맞섰다. 구로고 학생들의 항의 시위나 집회는 6월 3일 전교조 구로고 분회 창립 지지 집회를 시작으로 6월 12일, 13일, 14일, 16일 계속 교내 집회를 통해 국가폭력에 항거했다. 결국 6월 17일 연세대 민주 광장에서 열린 서울지역 10개교 연합집회로 이어졌다. 급기야 7월 14일 구로고 학생 1,000여 명이 교내 항의 집회를 마친 뒤 교문 밖 500m까지 거리 진출을 시도했다. 그러나 450명의 전경 3개 중대 병력에 막혀 다시 학교 쪽으로 내몰리기 시작했다.

전경들은 거리 시위에 나선 구로고 학생들을 곤봉과 방패로 마구 내리쳤다

교문 밖 거리 시위에 나선 800여 학생들은 '전교조 가입 교사 징계 철회'를 촉구하다 영림중학교와 구로고 도로공원 사이 도로에서 전경들에 의해 무자비하게 구타를 당했다. 전투경찰은 진압봉과 쇠파이프를 휘두르며 학생들을 구타했다. 복날 개 패듯이 방패와 쇠파이프, 곤봉을 마구 휘둘렀다. 얼굴과 팔이 찢어지고 머리가 깨지는 등, 형언할 수 없을 지경이었다.[50] 교문 밖 도로상에서 경찰의 곤봉에 가격당한 구로고 학생들은 구로동 큰길가 거리 시위로 진출하는 데 실패했다. 무차별적인 구타와 폭행으로 박종필 군(18세) 등 구로고 학생 20여 명이 크고 작은 부상을 당했다. 항의하는 주민들에게 전경들은 폭언을 퍼붓기도 했다.

전경들에 의해 무자비하게 구타당하면서도 구로고 학생들은 양달섭 선생님과 전교조 교사들을 지지했다. 학생들은 자신들이 가두시위를 감행한 이유에 대해 이렇게 진술했다.

"저희들은 선생님들이 하시는 전교조 결성이 저희들에게 참다운 교육을 시키고자 하시는 것인지를 알고 또 이를 무자비하게 탄압하는 문교부의 만행을 알기에 선생님들을 지지하고 문교부를 각성시키기 위해서 가두시위를 한 것입니다. 아무리 탄압이 심할지라도 선생님들을 위해서, 참교육을 위해서 전교조가 결성되고 이 땅에 참교육이 실현될 때까지 열심히 싸울 것을 결의했습니다. 선생님! 아무리 모진 고난이 있다 하더라도 선생님의 뜻을 절대로 굽히지 마시고 저희들을 위해, 이 땅의 참교육을 위해 끝까지 투쟁해 주십시오."[51]

시위하는 구로고 학생들을
구타하는 경찰
1989년 7월 14일 구로고등학교 학생 800여 명이 '전교조 가입 교사 징계 철회'를 촉구하며 교문 밖으로 일부 진출했다. 영림중학교와 구로 5동 도로공원 사이 도로에서 거리 시위를 벌이고 있는 학생들을 전경들이 무차별 구타하는 장면. (출처: 전교조 학생사업국 자료집)

7월 14일 구로고 학생들의 거리 시위가 무참히 깨진 이튿날, 학교 당국은 사태수습이 불가능하자 조기방학을 단행했다. 그러자 학생들은 학생회장단 투신 이후 학생회 공백을 메우기 위해 2학년이 중심이 된 학생회 비상대책위원회를 구성하고 가동했다. 그러나 학교 당국은 비상학생회의 대표성을 무시하고 비대위 학생들을 퇴학시키겠다고 겁박했다. 심지어 경찰과 안기부에서는 비대위 학생들 부모에게 직장에서 해고시키겠다고 협박하기까지 했다. 이후 학생들의 모든 움직임을 불법으로 매도하며 "학생들이 공부하기 싫어서 데모한다"고 악선전을 하면서 학생

활동을 탄압했다.[52]

경찰-안기부까지 동원해 구로고 학생들 겁박, 세계역사에 유례없는 국가폭력을 자행한 만행

문교 당국은 전교조 탈퇴시한 전날인 7일 14일 현재, 전교조 가입교사 8,500명 가운데 3,431명이 탈퇴해 5,135명이 남아 있다고 발표했다. 반면 전교조는 7월 14일에도 전교조 탄압에 항의하는 철야 농성과 단식 수업에 전국적으로 590개교 4,950명 교사들이 참여했다고 발표했다. 서울에서는 7월 15일 구로고, 성동고, 인헌고, 동북고가 조기방학에 들어갔다.[53] 학생들 움직임이나 집회 자체를 원천적으로 차단하기 위한 꼼수였다. 7월 15일 구로고 학생 300명은 경찰의 폭력진압 규탄 집회를 갖고 경찰 책임자 공식 해명과 부상 학생 치료비 보상, 그리고 '교사, 학생에 대한 징계 철회'와 '조기 방학 철회'를 촉구하며 밤샘 공부를 결의하였다.[54]

조기방학과 함께 학교 당국은 구로고 학생시위를 주도하거나 열정적으로 참여한 학생들, 그리고 구로경찰서에 연행된 학생들에게 가차 없이 징계 위협을 하고 협박했다. 나아가 6~7월 분노한 학생 대중의 열기에 주춤거리며 눈치를 보던 학교 당국은 조기방학을 이용해 학생조직을 침탈해 들어갔다.

6월 3일 전교조 구로고 분회 결성 지지 투쟁으로부터 7월 14일 거리로 진출한 거리 시위에 이르기까지 두드러지게 활동의 중심에 섰던 학생들을 그림자처럼 감시하고 탄압했다. 등교정지나 징계 등 일상적인 위협을 가했고, 리스트에 올라간 학생들을 감시하며 집요하게 괴롭혔다. 6월 3일~7월 14일까지 한 달 남짓 전국 최초로 가장 앞서서 견결하게 투쟁했던 구로고 학생들은 방학 기간 공안 당국-문교부-서울시 교위-학교 당국으로 이어진 전 방위적인 탄압이 휘몰아치는 광풍에 휩싸였고, 학생 역량은 크게 위축되었다.

6월 17일 연세대에서 개최된 서울지역 10개교 고등학생 결의대회 연합집회에 참가한 구로고 학생 20여 명에 대해서도 방학을 이용해 징계 위협의 칼날을 망나니처럼 휘둘렀다. 방학 기간 무려 100명이 넘는 구로고 학생들이 징계 위협과 함께 각서를 강요받았다. 일부 학생들은 구로경찰서로 소환돼 조사를 받기도 했고, 형사의 감시를 받았다. 방학 중 3학년 보충수업은 두 차례 연기된 끝에 하지 못했다.[55]

방학 기간, 100명이 넘는 구로고 학생들 징계 위협과 각서를 강요받다

그렇게 학교 당국은 학생 대중의 분노에 불안해했고 그만큼 잔인하고 교활하게 대응하며 진압했다. 전교조 교사를 지지한 학생을 구타하거나 학생부실로 끌고 가서 손을 뒤로 하여 무릎을 꿇린 채, 머리를 콘크리트 바닥에 박게 하며 구둣발로 짓밟기도 했다. 이 사실을 전해준 관련 학생들은 눈물을 흘리며 증언했고 가슴에 깊은 상처로 남았다.

실제로 구로고 학생들은 참교육을 지지했다는 이유만으로 교장, 교감, 주임교사, 반反전교조 교사들의 일상적인 폭언과 협박, 그리고 회유와 폭행에 시달렸다. 학생주임은 툭하면 "학생회실을 폐쇄해 버리겠다"며 학생회 간부들을 위협했다. 2학년 주임 이○○ 교사는 "우리 학교에서 3명만 없애면 학교가 조용해진다. 내 손으로 학생회장, 부학생회장을 잘라버리겠다."고 협박했다. 스탠드바에서 술을 마시며 자기 손으로 학생회장, 부학생회장을 잘라버리겠다고 호언장담한 교사도 있었다. 그자는 학생회 간부의 뺨을 때리고 교실 문을 열고서 학생들을 향해 "죽여버리겠다"고 협박까지 하였다.[56] 심지어 항의하러 온 학부모들에게 일당 얼마 받고 왔냐며 비아냥거리기도 했다. 교감은 풍물반 학생들을 유기정학 시켜버리겠다고 큰소리쳤다. 교장은 4·19 기념식 행사 때 학생회장이 준비한 원고 내용 절반을 삭제했고, 학생회에서 발간한 학교신문 기사도 삭제했다. 그리고 '풍물반'을 '향토반'으로 명칭을 강제로 변경시켰다.

교장과 학생주임은 1990년 5월 15일 학생집회가 무산된 후, 학생회장과 부학생회장에게 징계 전 단계인 자술서를 강요하기도 했다. 그들은 4월 혁명 기념 행사와 관련된 학생들을 조사하는 과정에서도 징계 위협으로 교묘히 회유하거나 지키지도 않을 언사를 내뱉으며 각서를 강요했다. 1989년에 이어 1990년에도 학생총회와 5·18 기념행사를 원천 봉쇄하는 반교육적인 작태를 버젓이 저질렀다.

그러나 구로고 학생들은 해직 교사들이 학교 현장을 떠난 후에도 여전히 분노하고 저항했다. 89년 11월 학생회장 선거에서도 분노의 열기는 수그러들지 않았다. 학생 대중의 저항은 해를 넘겨서도 계속되었다. 학교 당국의 극심한 탄압에 학생회와 동아리 핵심 활동가들이 움츠러든 것은 사실이지만 학생 대중은 '누가 선이고 누가 악인지', '누가 진실이고 누가 거짓인지' 온몸으로 이미 체득한 상태였다. 이런 현상은 구로고에서만 벌어진 것은 아니었다. 전국의 상당수 학교에서 학생들의 분노에 찬 항의는 '선생님 사랑해요'를 넘어서서 적극적인 저항과 투쟁의 불꽃이 되어 들불처럼 번져갔다.

'전교조 선생님 지키기'와 '참교육 지지 투쟁' 과정에서 구로고 학생들이 89년 6~7월에 받은 고난처럼 전국의 중고교 학생들도 8~9월로 접어들면서 똑같은 고난을 겪었다. 학생들이 받은 탄압 양상은 군부정권만큼이나 일선 학교 당국은 잔인하고 교활했으며, 그에 따라 학생들의 저항과 투쟁 또한 극한으로 치달았다. 당시 문교 당국이 89년 6월 29일 「전국 시도교위 생활지도 담당 장학관 회의」를 열어 전교조 사안에 대해 공격적으로 대응할 것을 주문한 결과였다.

89년 학교 당국은
학생회장 선거와 축제를 차일피일 연기하며 학생 자치 역량을 침탈했다

구로고 학생들은 여름방학 동안 학교 당국과 경찰의 공안 탄압으로 학생조직이 크게 위축되었다. 89년 1학기 6~7월에 보여준 학생 대중의 자주역량은 상당 부분 소진해가고 있었다. 그런 상황을 읽은 학교 당국은 학생회장 선거를 계속 연기하고, 구로고 축제인 제2회 상록제도 차일피일 미루었다.

학생 역량이 심대하게 침탈당한 상태에서도 선진적인 일부 학생들은 학교의 강압적인 분위기를 뚫고 학생회장 선거를 촉구하며 축제를 준비해 갔다. 당시 학교 당국은 어렵게 일궈낸 면학 분위기(?)를 해칠 수 없으므로 어떠한 학교행사도 들어줄 수 없다며 학생들의 정당한 요구를 거부했다.

결국 학교 당국과 협상 끝에 축제는 해를 넘겨 1990학년도 1학기에 열기로 합의했다. 그런데 연기된 학생회장 선거에서 문제가 불거졌다. 학생 대중의 절대적 지지를 받던 학생회장 후보 이윤창 군(2-1반)이 1989년 11월 1일 국민정신교육관에서 열린 축제 관련 동아리대표회의에 참석한 사실을 학교 측에서 문제 삼은 것이다.

학생부 이○○ 교사는 이윤창 군을 학생부 교무실로 불러 동아리 대표들 누구와 무슨 이야기를 주고받았는지 추궁하며 구타했다. 11월 2일 학생회장 후보 폭행 사건을 접한 선진적인 학생들 일부가 유인물을 배포하며 학교 당국의 처사에 항의했다. 그러자 학생부 오○○ 교사(교련), 이○○ 교사(교련), 김○○ 교사(수학)가 학생부실에서 관련 학생들에게 폭언하며 폭행했다.

학교 당국은 징계하지 않겠다는 애초의 약속을 어기고 학생회장 유력 후보인 이윤창 군에게 유기정학 10일 처분을 내렸다. 본래 10월 초 학생들 자체 행사로 참교육을 지지하는 리본 달기를 주도한 이윤창 군에게 학교 당국이 정학 3일 징계를 결정하려다 구로고 분회 해직교사들의 항의를 받고 유보했다가 11월 1일 동아리 대표회의에 참석한 사건을 트집 잡아 징계를 내린 것이다.

그러나 이는 학생회장 선거 4일 전에 자행한 탄압으로, 징계 의도가 명백했다. 학생 대중의 압도적 지지를 받는 후보의 자격을 박탈하려는 꼼수였다. 학교 당국은 어용 후보를 내세워 코앞에 닥친 선거를 밀어붙였다. 그러나 학생들의 비난을 받던 어용 후보는 학생부실에 찾아가 후보 사퇴 의사를 밝혔다. 그러나 학교 당국은 후보 사퇴를 받아주지 않고 선거를 강행했다.

구로고 학생들,
학생회를 장악하려던 학교 측 어용 후보를 물리치고 민주 후보를 선출하다

학생들은 학생 자치활동을 위축시키며 어용 후보를 내세운 학교 당국의 음모를 간파했다. 학생회를 장악하려는 의도였다. 이에 학생들은 학교가 옛날로 돌아가고 있다며 격분했다. 동아리 활동에 열성적인 선진적인 학생들이 학교 당국의 반교육적인 횡포를 비난하는 유인물을 수차례 돌렸다.

1989년 11월 10일, 학교 당국이 밀어붙인 7기 학생회장[57] 선거에서 70% 이상 반대표가 쏟아져 나오면서 학생회를 장악하려던 학교의 의도는 철저히 무산되었다. 대입학력고사가 코앞이라 3학년 학생들은 투표에 거의 관심이 없었다. 1, 2학년 전체 24개 학급에서 투표한 결과, 학교 측이 내세운 어용 후보는 50표를 채 얻지 못했다.

학교 당국은 부득이하게 12월 1일 재선거를 치르는 초유의 사태를 맞았다. 두 명의 민주후보가 다시 출마해 경쟁하는 가운데 1, 2, 3학년 2,100여 명이 투표에 참여하였다. 개표 결과 60%(1,290표)를 획득한 전원근 군이 7기 학생회장, 이기현 군이 부학생회장으로 당선되었다. 학생들의 자주 의식이 빛을 발하면서 그들의 선거 투쟁은 승리의 열매를 맺었다.

구로고 학생회, 1990년 30돌을 맞은 4월 혁명 기념행사를 주도하다

자주적인 구로고 학생회의 '참교육 지지 투쟁'은 해를 넘긴 1990년에도 여전히 빛을 발했다. 4월 혁명이 다가오자 구로고 7기 학생회에서는 1990년 3월 15일 학교신문 창간호『구로학생회보』를 발간했다. 이어 4월 혁명 30돌을 맞아 4·19혁명 기념식을 학교 당국에 요구하여 방송으로 거행했다. 제7기 학생회장 전원근 군의 사회로 학생 전체 묵념과 4월 혁명 기념탑 비문 낭독이 진행되었다. 각 교실에는 하얀 국화가 한 송이씩 꽂혀 있어 추모의 분위기를 더했다.

그런데 방송으로 훈화하던 학교장의 발언이 문제를 일으켰다. 훈화하며 이승만 박사 찬양으로 일관했기 때문이다. "이승만 대통령은 겸손한 분이며 훌륭한 일을 하셨다", "당시 물러나지 않을 수도 있었는데 마음이 좋아서 물러나 주어 4월 혁명이 이루어진 것"[58]이라고 극찬하여, 방송을 듣던 학생들은 하나같이 분노하고 허탈해했다.

직선제 학생회와 별도로 동아리 활동을 주도하던 선진적인 학생 김용우, 이광민 학생 그룹은 4·19혁명 전날 학생회와 별개로 4월 혁명을 기념하는 유인물 1,500매와 대자보를 준비했다. 그들 세 학생은 4월 14일 초안을 작성하고 이튿날 초안을 완성했다. 4월 16일 유인물을 인쇄하고 4월 17일 배포 방법과 대자보 게시를 논의했다. 마지막 점검 차 4월 18일 저녁 구로동 도로공원에 모여 논의하던 중, 저녁 8시 10분경 구로경찰서 강력계 형사에게 적발되어 구로경찰서로 연행된 뒤 조사를 받았다. 이광민 외 두 학생은 4월 19일 새벽 2시에 훈방 조치돼 경찰서 문을 나섰다.

4·19 유인물 관련 구로고 학생들 경찰서 연행 건은 4월 19일 아침 CBS 뉴스와 동아일보 석간으로 보도되었다. 학생들이 만든 유인물은 4·19혁명 전개 과정을 서술한 것이 분량의 3/4을 차지했고 1/4은 학교 교육의 모순과 학생회 활동을 비판한 내용이었다. 8절지 1면 크기 분량으로, '4·19혁명 30돌을 맞이하여'라는 제목으로 시작했다. 유인물을 만든 주체는 '구로고 민주혁명 구국결사대'란 명칭으로 고등학생운동을 하던 학생 3명이 배포할 예정이었다.

관련 학생 3명은 4월 20일 학생부로 불려가 아침부터 수업도 받지 못한 채 조사를 받았다. 학생부 교사 가운데 오○○ 교사(교련, 학생주임)는 "학생들 얘기는 다 거짓말이니 믿지 말라"고 비난했다. 김○○ 교사(체육)는 '자아도취'라고 표현했고 이○○ 교사(국어)는 "학교에서 청소하는 학생들이 너희들 그런 행동보다 더 훌륭한 일"이라며 관련 학생들을 책망했다. 그들은 4월 21일 수업이 끝난 뒤 학생부실로 호출받았으나 가지 않았다. 4월 23일 학교 당국은 학생들이 만든 유인물 가운데 학교 교육을 비판한 내용에 해명을 요구했다. 조사 과정에서 학생부 교사는 대장-조직원 칸을 만들어 조직구성원을 댈 것을 강요하는 등, 어처구니없는 짓을 기도하기도 했다.

문제는 중간고사를 앞두고 90년 5월 4일, 관련 학생 전원에게 무기정학 처분을 내린 것이었다. 징계 사유와 징계 대상 학생 명단도 없이 공고가 나붙었다. 징계 사실이 집으로 통보되지도 않았다. 그러자 관련 학생들은 징계를 거부하는 내용의 유인물을 배포하며 중간고사가 끝난 5월 15일 항의농성에 돌입했다.

7기 학생회에서도 징계가 부당함을 알리며 성명서를 발표한 뒤 학교장 면담을 요구했다. 그러나 학교장은 학생대표의 면담 요구를 거부했다. 그리하여 학생회에서는 5월 15일 스승의 날 기념식을 마친 뒤, 학생총회를 개최해 학교의 부당한 처사를 규탄하려 했으나 마이크 고장과 학교 측 저지로 항의집회가 무산되었다.

학교 당국은 말썽을 일으키며 화를 자초했다. 이승만 찬양 훈화도 훈화지만 5월 15일 항의집회를 주도한 학생회장단에게 자격정지 처분을 단행하고 징계위원회에 회부한 것이다. 학생회장 전원근 군과 부학생회장 이기현 군은 진술서 쓰기를 완강히 거부했고, 징계를 철회하지 않으면 삭발, 단식 등 투쟁 강도를 높여 끝까지 싸우겠다고 결의를 표명했다.

구로고 학생회, 1990년 10주기 5·18 광주민주화운동 기념식을 학교 방해를 뚫고 성사시키다

나아가 학교장이 시국이 불명확하다며 거부했던 5·18 광주민주화운동 기념식을 총학생회가 주관해 시청각실에서 기습적으로 행사를 강행했다. 동아리 학생들도 학교 당국의 횡포를 규탄하는 유인물을 10여 차례 뿌리면서 학교의 반교육적인 탄압에 지속적으로 항거했다.

학생들은 자연스럽게 5월 17일과 21일 교문 앞 연좌 농성에 참여하면서 학교 당국의 반교육자적인 처사와 횡포를 널리 알리고자 했다. 5월 17일 연좌 농성에는 100명이 넘는 학생이 참여하여 노래 부르며 학교의 부당징계를 규탄했다. 특히 학생회장과 부학생회장은 학생들 앞에서 소신을 발표한 뒤 우레 같은 박수를 받았다. 5월 21일 연좌 농성에는 150명이 넘는 학생이 참여하였으며, 수많은 학생이 이를 지켜보았다. 교문 밖에서는 해직교사와 학부모, 동문 30여 명이 합세하여 OMR 카드 적립금 관련해 학교 당국의 공금 횡령 등 학내비리를 규탄하며 강고하게 연대했다.

학생-해직 교사-학부모 연대 회의는 비대위를 구성하여 여러 차례 탄압에 대응하는 회의를 열었다. 5월 16일 학부모들은 각서를 요구하는 학교 당국의 요구에 협상 결렬을 선언한 뒤 자리를 박차고 나왔다. 점심시간을 이용하여 해직 교사들은 '참교육' 지 홍보물을 배포하고 구로고 동문 대책위 건설 준비위를 발족시키며 5월 17~25일에 2차 투쟁계획을 논의했다.

5월 17일 아침 등교 시간에 해직 교사들은 '참교육'지를 나눠주었으며, 점심시간을 이용해 학부모회 소속 27명과 함께 학교를 항의 방문한 후 교문 앞에서 피켓시위를 전개했다. 이날 민가협 소속 어머니들이 항의 차 도움을 주셨고, 특히 86년 4월 신림사거리에서 이재호 군(당시 서울대 정치학과 4년)과 함께 전방 입소 군사교육 반대, 반미 반핵을 외치며 분신 자결한 김세진 군(당시 서울대 미생물학과 4년) 어머님이 오셔서 항의 방문에 힘을 보태주셨다.

결국 5월 25일로 예정된 징계위원회가 서너 차례 연기되었다가 무산되었다. 학생회장과 부학생회장에 대한 징계 협박을 학생-해직 교사-학부모의 연대로 끝내 무산시킨 것이다. 그리고 4·19 혁명 유인물 관련 구로경찰서에 연행된 고등학생운동 그룹 학생들 징계 건도 교장 직권으로 무기정학이 해제되면서 반성문과 각서를 쓴 1명에게는 유기정학 1일을, 그리고 끝까지 각서를 쓰지 않은 2명에게는 징계의 구체적인 기록 없이 사고결 2일로 종결시켰다.[59]

불안하고 부분적인 승리였지만 학생과 해직 교사 그리고 학부모의 연대 투쟁 끝에 이룩한 소중한 승리였다. 1990년 당시 서울지역 어느 학교에도 4월 혁명 기념식이나 5·18 광주항쟁 기념식을 거행한 학생회는 없었다. 그런 점에서 4월 혁명 기념식을 합법적으로 치르고, 5·18 기념행사는 학교의 방해에도 불구하고 학생회에서 기습적으로 치러냈다는 사실은 90년 당시 구로고등학교 학생들의 자치역량이 얼마나 높은 수준으로 형성돼 있었는지를 가늠하게 하는 소중한 지표였다.

80년대 후반 90년대 초반 구로고 졸업생들, 대학 진학 후 학생운동, 민주화운동에 헌신하다

실제로 구로고 학생들과 졸업생들 가운데엔 80년대 후반 민족민주운동에 헌신적으로 뛰어든 인재들이 많았다. 89년 해직 이후 성균관대 총학생회장을 우연히 전교조 사무실에서 만났다. 얘기를 나누다 보니 구로고 졸업생이었다. 그런가 하면 89년 당시 중앙대와 한국외대 단과대 학생회장 역시 구로고 졸업생이었다. 그들은 80년대 후반, 90년대 초 이 땅의 민주화운동에 헌신한 자랑스러운 제자들이다. 모두 80년대 중후반 변화된 정치 환경에서 구로고 학생들 스스로 학생자치역량을 축적한 결실이다.

구로고 학생들은 80년대 중반 학내 비공개 동아리 활동과 84~85년 정치적 유화 국면을 배경으로 86년 직선제 학생회칙 개정 활동을 전개했다. 그리고 직선제 개헌을 이끌어 낸 87년 6월 항쟁의 시대 배경으로 직선제 학생회칙 개정을 이뤄냈다. 이어서 87년 12월 구로구청 항쟁과 88년 4월 총선 부정선거 규탄시위에 구로고 학생들은 다수가 직접 참여하거나 정신적 영향을 적잖이 받았다.

그리고 마침내 학교 당국의 방해 공작을 이겨내고 20% 성적 제한 규정을 한시적으로 유보 시킨 채, 직선제 학생회장을 당당히 세웠다. 모두 학생 대중의 자주 의식의 발로이자 자치역량의 승리였다. 서초동 꽃동네 공부방 봉사활동과 합법적인 상록독서회 연합 서클 활동 그리고 갈릴리교회, 대림 제일교회 지역사회운동에서도 구로고 학생들은 선구적으로 열성을 다해 참여하며 고등학생운동을 이끌었다.

구로고 학생운동: 전국 중고교 학생운동의 모델로 자리매김하다

학생들의 성숙한 자치역량은 89년 6~7월 '전교조 사수 투쟁'과 '참교육 지지 투쟁' 과정에서 놀라운 투쟁 역량으로 발휘되었다. 89년 6~7월 구로고 학생들의 '참교육 지지 투쟁'은 이후 서울지역 전체 학교로 전파되었다. 그 결과 적지 않은 학교에서 학생회 직선제 쟁취를 학교 당국에 촉구하면서 학생들의 자주성이 고양되는 역사적 경험을 나누었다. 나아가 구로고 학생들의 참교육 지지 투쟁은 연일 뉴스거리가 되어 언론을 타면서 전국적인 중·고교생 학생투쟁의 모델로 자리매김했다. 요컨대 80년대 후반 구로고 학생들의 자치역량과 참교육 지지 투쟁은 향후 고등학생 운동을 한 단계 성숙시키는 계기로 작용하였다.

1990년 6월 3일 전교조 구로고 분회 해직 교사와 현장조합원들은 전교조 분회 창립 1주년을 맞아 '민족의 교사'로서 불의에 저항하며 교단으로 돌아갈 것을 천명했다. 여기에 성명서 전문을 싣는다.

- 지금은 서로에게 고통뿐이지만 -
〈전국교직원노조 구로고 분회 첫돌을 맞으며〉

오늘도 아이들을 올바로 키우기 위해 부러지는 백묵에 또다시 온 힘을 주는 선생님들께 한없는 애정과 존경을 보냅니다. 아무리 짓밟아도 다시 일어서는 들불처럼 참교육 실현을 향한 견결한 의지와 열정은 어떠한 세력에 의해서도 꺾을 수 없음을 지난 1년간의 투쟁 속에서 똑똑히 보았습니다.

인간을 정직하게 사랑하고 아이들을 돌보며 그 영혼을 보살피기에 진이 다하도록 애쓰시는 선생님들, 진정 이 땅의 교사가 되어 아무도 돌보지 않는 속에서도 아이들 사랑하기에 여념이 없는 선생님들을 우리는 분명히 알고 있습니다.

언제나 민족의 교사로 당당히 서 있기를 고집하는 선생님들을 생각하면서 우리 해직 교사들은 지난 1년간 이 땅에 교육의 민주화를 조금이라도 앞당기기 위하여 한 치의 타협도 없이 투쟁해 왔습니다. 때로는 백골단의 쇠몽둥이에 맞아 피를 흘리기도 했고 닭장차에 처박히기도 수없이 당했습니다. 온몸을 집단 구타당하여 몇 달을 후유증으로 고생하며 통원 치료를 받기도 하였습니다. 그리고 교장의 고발로 8명이 불구속 형사 입건되고 1명이 구속되었으며 2명이 불구속 기소로 재판을 받게 되었습니다.

한편, 저희들을 탄압, 음해하는 데 음으로 양으로 앞장선 자들이 주임이 되고 교감이 되며 교장이 되었다는 소식도 접했습니다. 참으로 생각하기조차 고통스러운 고난과 환멸의 연속이었습니다.

그런가 하면 전세 값이 폭등해 인천으로, 전세방으로 전전하신 분이 있으며 생계 위협으로 생활 전선에 뛰어든 분도 계십니다. 그러나 이러한 모든 고통과 고난은 주변적인 이야기에 지나지 않습니다. 교단을 참혹하게 빼앗긴 그날 이후, 우리 해직 교사들은 현장에 남아계신 많은 선생님들을 생각하면서 오직 학교의 민주화와 교육의 민주화, 나아가 사회의 민주화를 위해 신명을 바치기에 정신이 없었습니다.

매달 보내주시는 수십만 원-전국적으로 수억 원대-의 후원금에 힘입어 도시락을 갖고 다니거나 라면으로 끼니를 때우며 연구와 실천, 그리고 투쟁에 전념했습니다. 그러나 비굴하게 복직되기를 원치 않습니다. 빼앗긴 교단을 40만 교사의 단결된 힘으로 다시 빼앗을 때까지는 결코 복직을 구걸하지 않겠습니다.

오늘도 힘없이 부러지는 백묵에 다시 힘을 주며 가느다란 목소리 더욱 높이는 선생님들에게 용기와 희망을 전해드리면서, 이 땅의 아이들을 위해 분투하길 빌겠습니다. 저희들 역시 뜻을 굽히지 않고 거짓과 불의에 대항해 열심히 싸우겠습니다.

참교육 실천 2년 6월 3일 해직 교사 7인 일동

마찬가지로 전교조 구로고 해직 교사들은 거리의 교사가 된 지 1년이 되었을 때 구로고 제자들에게 '교직이 싫어서 학교를 떠난 게 아님'을 고백했다. 나아가 교육 모리배들의 선전처럼 '학교를 투쟁의 장으로 만든 악질교사'가 아니고 '조용한 학교를 시끄럽게 만드는 교사가 더더욱 아님'을 천명했다.

오직 이 땅의 교육 민주화를 위해 결연히 싸워나갔고 언젠가 반드시 교단으로 돌아갈 것임을 약속하는 편지글을 1주년을 맞아 띄워 보냈다. 여기 그 전문을 올린다.

- 이름도 얼굴도 모르는 나의 제자들에게 -

〈전국교직원노조 구로고 분회 첫돌을 맞으며〉

이 글을 쓰는 선생님은 여러분을 잘 모릅니다. 그것은 작년, 학교의 민주화를 위해 싸우다 불의한 정치권력에 의해 강제 해직되었기 때문입니다. 단, 한 시간도 여러분과 같이 무엇이 진실이고 무엇이 거짓인지, 그리고 무엇이 인간을 사랑하는 지식인지 의미 있게 공부하질 못했습니다. 그래서 우리는 학생들의 이름도, 얼굴조차도 모르는 해직교사, 바로 거리의 교사들입니다.

간혹 우리를 험담하는 사람들은 그렇게 이야기합니다. "전교조 교사는 교직이 싫어서 학교를 떠난 사람들"이라고. 또는 "학교를 투쟁의 장으로 만들기 위한 악질교사" 내지 "조용한 학교를 시끄럽게 하는 교사"들이라고 말입니다. 그러나 여러분은 알 것입니다. 해직 선생님들을 나쁘게 말하여도 여러분은 우리 해직 교사들이 어떠한 선생이었다는 것을 이미 판단 내릴 것입니다.

그것은 선생님들이 여러분을 꾸짖을 때 거기에 애정이 담겨있는지 아닌지를 여러분은 누구보다도 앞서 알 수 있는 것과 매한가지

이기 때문입니다. 애정 없는 교육, 그러한 가르침은 교육이 될 수 없습니다. 학생을 사랑하지 못하는 교육, 그리하여 학생 대하기를 마치 종이나 머슴 다루듯이 하는, 그런 비인격적 교육을 여러분은 싫어합니다.

스스로 생각하고 스스로 삶을 고민하며 결정해 나가는 자주적인 학생이기보다는 학교 또는 교사의 지시에 따라 이리저리 끌려다니는 생활이 되어서는 결코 안 되겠습니다. 그것은 여러분 자신에게만이 아니라 여러분의 조국과 겨레의 앞날에도 어두운 그림자를 던져주는 결과가 되기 때문입니다. 학교에 가는 것이 즐겁고 아침마다 기다려지며 선생님이 정말로 좋아져 고교 시절의 젊은 날들이 의미 있고 가치로운 것들로 소담스럽게 채워져야 할 것입니다.

그리하여 여러분의 듬직한 인격이 나날이 성장하는 생활 속에서 조국과 겨레의 앞날에 희망을 줄 수 있는 것이 되어야 할 것입니다. 비록 불의한 자들에 의하여 빼앗긴 교단이지만 우리 해직 교사들은 구로고등학교를 마음속으로 사랑하고 있습니다. 또한 여러분의 얼굴과 이름도 모르지만 구로고 학생들을 멀리서 관심 있게 지켜보며 사랑하고 있습니다. 오로지 입시 공부만을 강조하는 메마른 학교 풍토에서 마냥 주눅 들지 않으며 항상 젊은이다운 강직한 성품과 의로운 기개를 간직함에 힘써 옛 만주 벌판의 독립지사들이 지녔던 원대한 포부와 순결한 마음으로 나라 사랑, 학교 사랑에 매진하기 바랍니다.

그리고 무엇보다 참교육을 위해 싸우는 선생님들의 투쟁을 지켜보면서 바른 학문을 닦는 데 열심히 정진해야 할 것입니다. 이 글을 쓰는 해직 선생님들은 참교육의 교단으로 돌아가는 그 날까지 이 땅의 교육 민주화를 위해 결연히 싸워나갈 것입니다. 정직한 자만

이 진실할 수 있고 용기 있는 자가 될 수 있기 때문에 모든 거짓과 싸우고 불의한 자들과 싸우며 이기적인 삶과 싸우면서 혀끝으로만 사랑을 이야기하지 않고 온몸으로 사랑을 실천하며 반드시 교단으로 돌아갈 것을 약속합니다.

참교육 실천 2년 6월 3일
구로고등학교와 학생들을 사랑하는
해직 교사 김승만 이인곤, 양달섭, 송인석, 이서복, 윤석룡, 하성환 씀

5. 맺는말

전교조 구로고 분회 결성은 공립중고교 가운데 전국 최초이자 서울지역 초중고교 가운데 최초로 일궈낸 장쾌한 역사적 사건이다. 6월 15일 전교조 서울지부, 6월 16일 강서 남부지회가 결성대회를 치르기 10여 일도 전인 6월 3일, 난관을 뚫고 창립하였다. 그런 만큼 전교조 사수투쟁 초기 국면에서 공안 당국-문교부-시교위-학교 당국-경찰의 전 방위적 탄압이 구로고등학교 한 곳에 집중되었고, 교사-학생들의 희생 또한 상상하기 힘들 정도로 컸다.

양달섭 선생님이 구속되고 김승만, 이인곤, 하성환 세 교사는 불구속 상태에서 형사처벌을 받았다. 89년 6월 3일 36명으로 시작한 전교조 구로고 분회는 두 달 뒤 8월 7일엔 10명으로 줄어들었고, 9월엔 8명이 탈퇴각서를 쓰지 않았다는 이유로 강제 해직되었다.

구로고 해직 교사들은 거리의 교사가 되어 8월 개학과 동시에 출근 투쟁을 하였고, 학생들은 쫓겨난 선생님들을 보고자 쉬는 시간과 점심 시간에 굳게 잠긴 교문 앞으로 나와 서로 안타까운 마음으로 인사를 나

누었다. 출근투쟁 어느 날, 김승만, 이인곤, 양달섭, 김주영 선생님은 굳게 잠긴 교문을 사이에 두고 학생들과 자장면을 시켜 먹기도 했다. 매일 진행되던 출근투쟁 와중에 일부 학부모들은 전교조 교사들과 언쟁을 벌이거나 그들을 감금 폭행하였으며 경찰에 고소하기도 했다. 출근투쟁 와중에 경찰차에 실려 경찰서로 연행된 경우도 발생했다. 늦게 출근투쟁에 합류한 해직 교사들이 경찰서 유치장으로 면회를 오는 기이한 풍경도 연출되었다.

단 한 번도 역사 청산이 없었던 한국 사회 교육모순을 떠안은 채, 89년 전교조 교사들은 노동조합 건설로 교육모순에 저항했고, 예상치 못한 권력의 가혹한 탄압에 맞서 싸웠다. 구로고 학생들 역시 자주적인 학생회 활동과 축적된 학생자치역량을 기반으로 전교조 교사들을 지켜내고 참교육을 요구하며 결연히 투쟁의 대열에 동참했다. 불의한 현실을 온 몸으로 체험하는 역사의 한 순간을 관통하며 89년 6월을 전후한 시기! 구로고 교사-학생 모두 치열하게 그 시대를 살아갔다.

89년 6~7월 독재정권의 탄압 속에서도 행해진 교원 노조 사수 투쟁과 참교육 요구 투쟁이 당대 교육 민주화 투쟁이었음은 역사가 기억한다. 또한 김대중-노무현 민주 정부에서 전교조 교사들을 '민주화운동 관련자'로 국가가 인정하였다. 돌아보면 89년 6~7월 투쟁은 교원 노조 건설과 참교육을 매개로 교육 민주화를 열망하는 교사-학생의 연대 투쟁이었다. 나아가 지배 세력의 교육모순에 균열을 가하며 군부 독재정권에 항거한 반독재 민주화운동이었다.

■주석

1. 박종무(2011), 『미군정기 조선교육자협회의 교육이념과 활동』, 교원대 석사 논문, 24-25쪽.
2. 김경숙(1989), 『미군정기 교육운동: 1945-1948』, 서울대 석사 논문, 51쪽. 자주적인 교사대중조직 『조선교육자협회』가 탄압받고 지하화하는 그 시기, 바로 1947년 11월 오천석(미군정청 문교부장)은 사공환(문교차장)에게 조동식 등 친일교육자를 앞세워 대한교련(대한교육연합회의 약칭)을 창립할 것을 지시한다. 대한교련은 1989년 전교조 등장 직후 한교총(한국교원단체 총연합회의 약칭)으로 이름을 바꾸고 조직 쇄신에 나섰다.
3. 전국교직원노동조합(2011), 『참교육 한길로: 전국교직원노동조합운동사1』, 참교육사, 394쪽.
4. 한겨레신문 1989. 6. 4; 한국일보 1989. 6. 4; 세계일보 1989. 6. 4; 중앙일보. 1989. 6. 5.
5. 이철국(1985), 『한국교육운동의 실천적 고찰』, 『민중교육』 1, 실천문학사. 88쪽.
6. 전국교직원노동조합(2011), 앞의 책, 99쪽.
7. 전국교직원노동조합(2011), 앞의 책, 102쪽.
8. 이무완(2018), 『참교육으로 가는 길』, 『교사, 이오덕에게 길을 묻다』, 서울: 살림터. 62-63쪽.
9. 전국교직원노동조합(2011), 앞의 책, 206-214쪽 참고.
10. 전교조 구로고 분회 회보, 『교육과 노동』 4호, 1989. 6. 23.
11. 전국교직원노동조합(2011), 앞의 책. 353쪽.
12. 전교조 구로고 분회 회보, '전국교직원 노동조합 결성대회에 참가하여', 『교육과 노동』 1호, 1989. 6. 5.
13. 임희순. 「'비웃 두릅'마냥… 짓밟히는 교권」, 『한겨레신문』, 1989. 5. 30.
14. 구로고 분회 회보, '구로고등학교 노조분회 결성', 『교육과 노동』 1호, 1989. 6. 5.
15. 구로고 분회 회보, '구로고등학교 노조분회 결성', 『교육과 노동』 1호, 1989. 6. 5.
16. 전교조 구로고 분회 회보, '구로고등학교 노조 분회 결성', 『교육과 노동』 1호, 1989. 6. 5.
17. 「전교조 구로고 분회 창립대회 결성선언문」 일부.
18. 『한겨레신문』, 1989. 6. 4.
19. 전교조 구로고 분회 회보, '학교 현황', 『교육과 노동』 1호, 1989. 6. 5.
20. 『중앙일보』, 1989. 6. 28.
21. 『동아일보』, 1989. 7. 3. 14면.
22. 구로경찰서에서 남부지검에 보낸 「구속영장 신청서」, 1989. 11. 13.
23. 이오덕(2010), 「글쓰기 교육, 그 희망과 절망」, 『중등 우리교육』 2010년 3월호, 40쪽.
24. 「양달섭 선생님 직위해제 무효화를 위한 서명운동」-양달섭 선생님에 대한 직위해제 무효화를 촉구하면서.
25. 전교조 구로고 분회 회보, 『교육과 노동』 제2호.
26. 「전교조 구로고 분회 탄압 규탄 및 양달섭 선생님 직위해제 무효화 투쟁」 철야농

성 소식 1호 속보, 1989. 6. 10.

27. 『전교조신문』 호외, 1989. 7. 22. 1면.

28. 전국교직원노동조합(2011), 앞의 책, 468-469쪽 참고.

29. 전국교직원노동조합(2011), 앞의 책, 473-474쪽 참고.

30. 전국교직원노동조합 구로고 분회, 「성명서-농성 4일째를 맞으며」, 1989. 6. 12.

31. 전국교직원노동조합(1989), 『학생권리 침해 사례집』, 17쪽.

32. 신동재, 『중앙일보』 1989. 6. 28, 14면.

33. 전국교직원노동조합 구로고 분회. 「이번 사태에 대한 우리의 입장-무조건 농성을 해제하며」, 1989. 6. 14.

34. 전국교직원노동조합 구로고 분회, 회보 「교육과 노동」 제2호. 1989. 6. 19.

35. 구로고등학교장, 「구로고 학생 여러분에게!」, 1989. 6. 20.

36. 구○○ 교장은 전교조 교사 1,500명 넘게 해임, 파면시킨 문교부 장관 정원식과 서울대 동문이다. 전교조 탄압이 끝난 이듬해 강남 노른자위인 청담고등학교 교장으로 갔다. 교장과 같이 전교조 분회 창립 당시 교무실 중앙테이블 위에 드러누우며 창립대회를 방해했던 교감은 중학교 교장으로 발령이 났고, 윤리부 주임교사 역시 1990년 신학년도에 중학교 교감으로 영전했다. 8명 동료교사(양달섭, 김승만, 이인곤, 송인석, 김주영, 이서복, 윤석룡, 하성환)를 해임, 파면하여 거리의 교사로 내몬 것에 화답하는 독재 권력의 선물이었다.

37. 전국교직원노동조합 구로고 분회, 회보 「교육과 노동」 제4호, 1989. 6. 23.

38. 「噴水臺」, 『중앙일보』 1989. 6. 28.

39. 1990년 2월 15일 광주 강위원(서석고), 임희용(서석고), 김일수(대동고) 학생들의 법정 최후 진술문에서 인용함.

40. 곽경태(3-7) 군이 이인곤 선생님에게 쓴 편지글 전문.

41. 1988년 10월 정대철 국회 문공위원장이 실시한 여론조사 결과 자료. 전교조 구로고 분회에서 낸 성명서 「학부모님께 드리는 글」(1989. 6. 26.)에서 재인용.

42. 『전교조 신문』 제48호, 3면, 1990. 5/21~6/4.

43. 호남민주교육실천협의회(1987), 『일등도 꼴찌도 없는 교실』, 64쪽.

44. 『언론노보』, 「우리 선생님들을 때리지 말라」, 1989. 5. 31.

45. 전국교직원 노동조합 구로고 분회, 「학부모님께 드리는 글」, 1989. 6. 26.

46. 『중앙일보』 1989. 6. 29.

47. 이재선, 하성환. 「단식 농성에 들어가며」, 6/27일자 성명서.

48. 전국교직원노동조합(2011), 앞의 책, 451-453쪽 참고.

49. 김상정, 강성란, 「강성호 교사 북침설 교육 조작 사건 재심 시작」, 『교육희망』, 2020. 1. 31.

50. 전국교직원노동조합(1989), 『학생권리 침해 사례집』, 19쪽.

51. 전국교직원노동조합(1989), 『학생권리 침해 사례집』, 19쪽.

52. 전국교직원노동조합(1989), 『학생권리 침해 사례집』, 18-19쪽.

53. 『중앙일보』, 1989. 7. 15.

54. 전국교직원노동조합(1989), 『학생권리 침해 사례집』, 31쪽.

55. 전국교직원노동조합(1990), 『학생자치활동 1』, 서울: 푸른나무, 110쪽.

56. 전교조 구로고 분회 해직교사 일동, 「구로고 학교장에게 보내는 공개질의서 2-교장

의 망언·폭력교사의 공개사죄와 부패교사의 자진사퇴를 촉구하면서」, 1990. 6. 2. 성명서.

57. 전국교직원노동조합(1990). 앞의 책. 111쪽.

58. 전교조 구로고 분회 성명서, 「구로고 학교장에게 보내는 공개질의서 2-교장의 망언·폭력 교사의 공개사죄와 부패교사의 자진사퇴를 촉구하면서」, 1990. 6. 2.

59. 전국교직원노동조합(1990), 앞의 책. 113쪽.

3.

교육모순 해결을 위한
교육운동의 진로

1) 공교육 개혁의 모델, 혁신학교 운동
대안교육운동(90년대)-작은 학교 살리기 운동(2000년대)
-혁신학교 운동(2010년대)

1. 혁신학교의 기원과 추구하는 가치

2009년 경기도에서 처음 시작한 혁신학교 운동은 신자유주의 교육으로 망가진 학교 교육을 재건하고 입시경쟁교육으로 황폐화된 학교 교육을 치유하려는 운동이다. 한마디로 교육의 본질을 회복하기 위한 운동이다. 2009년 5월 교육감 선거를 앞두고 200개가 넘는 시민사회단체 연대기구인 '경기희망교육연대'가 출범했다. '경기희망교육연대'는 진보 단일 후보로 김상곤 한신대 교수를 지지하여 제14대 경기도 교육감으로 당선시킨다. 전국 최초 '진보'의 이름으로 당선된 김상곤 교육감은 무상급식과 함께 혁신학교 운동을 곧바로 실천에 옮겼다.

'혁신학교'라는 용어는 김상곤 진보교육감이 출마할 즈음, 함께 교육정책을 구상했던 송주명 교수(한신대)가 처음 끌어온 개념이다. 그는 학교야말로 가장 시급히 변화해야 할 공간이라는 문제의식 속에 혁신학교라는 용어를 처음 사용하였다.[1] 물론 '혁신'이라는 용어는 교육격차 해소를 위해 교육부가 2006년 공영형 혁신학교를 쓰면서 처음 도입된 표현이다. 공영형 혁신학교는 미국의 혁신학교인 차터 스쿨Charter School을 모방한 것이다. 그러나 혁신학교 운영 주체와 교육과정, 학교장과 교사 임용, 그리고 학생선발과 교과서, 학생평가에 이르기까지 한국과 미국은 차이가 크다.[2] 그러나 민주적인 의사결정을 통해 창의성과 집단지성, 다양한 잠재력 개발을 통해 공교육 정상화를 지향하는 미래형 학교로 학교혁신의 모델을 추구했다는 데 공통점이 있다.

최초의 혁신학교는 '남한산초등학교'로
단위학교에서 교육개혁이 가능함을 보여주었다

최초의 혁신학교는 2009년 경기도 광주군 '남한산초등학교'다. 남한산초등학교는 2001년 학생 수 26명으로 폐교 위기에 몰렸다. 남한산성 도립공원에 있는 작은 학교로, 학생 수 급감이 폐교의 주된 요인이었다.

폐교에 직면하자 당시 뜻있는 사회운동가와 교육운동가들이 '작은 학교 살리기 운동'에 팔을 걷어붙였다. 경기도 성남시에서 공부방 운동을 하며 도시빈민운동을 하던 정채진이 당시 전교조 경기지부 정책실장으로 상근하던 서길원 선생에게 연락을 했다. "남한산초등학교가 폐교 직전인데 남한산초등학교 교장 선생님이 성남에서 전학을 오면 받아주겠다고 한다. 좋은 선생님들을 추천해 주고 함께 와주면 좋겠다"[3]는 내용이었다. 그렇게 남한산초등학교는 2000년대 초 시작된 '작은 학교 살리기 운동'의 출발점이 되었다.

이미 한국 사회는 80년을 전후해 프레이리P. Freire의 민중교육론과 함께 일리치I. Illich의 탈학교 사회가 거론되기 시작했다. 제도권 교육에 대한 강한 불신과 비판의식 속에서 이를 극복하기 위한 대안교육 프로그램이 시도되었다. 85년 '자유학교 물꼬', 86년 '두밀리 작은 학교', 90년을 전후한 '다솜학교', 92년 '꾸러기 학교', 93년 '민들레 학교', 94년 '숲속 마을 작은 학교'와 '창조학교', 95년 '따로 또 같이 만드는 학교', 96년 '숲속의 학교' 등이 그러한 사례들이다.[4]

그리고 90년대부터 한국 사회는 산골 분교 등 작은 학교들이 통폐합되는 운명에 직면했다. 당시 제도권 학교교육에 회의적인 사람들 가운

열정적인 교사·자기주도적 학생·참여하는 학부모
더불어숲을 이루는 창의지성교육
혁신학교

경험·통합교육
새로운을 열어가는
메이커 프로젝트

자신감·사고를 신장하는
독서토론·글쓰기

끼와 꿈을 키우는
문화예술활동

세계적 소통 협력
전지구적으로 참여하는
학생자치

삶의 문제를
서로 나누고 실천하는
토론·사회참여

서울특별시교육청

교육의 본질을 회복하려는 혁신학교를 홍보한 교육청 자료 〈더불어숲을 이루는 창의지성교육-혁신학교〉. (출처: 서울시 교육청)
혁신학교는 교사와 학생의 자율성과 주체성에 기반한 동등한 학교사회 문화를 창조해 냄으로써 교육개혁의 진앙지이자 개혁 모델로 자리매김하고 있다.

데엔 몸소 대안교육운동을 실천한 분들이 있었다. 90년대에는 폐교된 시골 분교를 사들여 대안학교를 열었다. 최초의 대안학교인 경남 산청군 간디학교(1997)와 전남 담양 한빛고등학교(1998), 전북 무주군 푸른꿈고등학교(1999)가 대표적인 사례다. 도시 속 거대학교와 과밀학급을 반교육적인 환경으로 규정하고 작은 학교에서 참된 교육을 구현하고자 했다. 따라서 2000년대 초 시작된 '작은 학교 살리기 운동'은 90년대 대안학교 교육운동의 정신과 그 맥을 같이 한다.

'작은 학교 살리기 운동'은 학령인구 감소와 이농현상으로 폐교 위기에 내몰리면서 시작된 운동이다. 전라남도의 경우 지난 10년간 시골에 있는 작은 학교 30개가 폐교됐다. 그러면서 9만 명에 이르는 학생들이 줄어들었다. 부득불 전남 화순군 아산초등학교에서는 교육청 지원을 받아 낡은 교사와 관사를 허물고 전학 온 학생 가족들이 머물 수 있는 사택을 지어주었다.

그러자 전국 각지에서 문의 전화가 쇄도했다. 콩나물시루 같은 도시 과밀학급과 입시경쟁교육, 그리고 사교육에 넌덜머리가 난 대도시 젊은 부모들이 몰려든 것이다. 물론 사택은 무료로 제공되었다. 전남교육청에선 2019년 5월부터 스쿨버스 대신 '에듀 택시'를 도입하기도 했다. 교육청이 택시회사에 지원금을 주어 학생들은 시간과 요금 불편 없이 등교한다. 전남지역 130개 넘는 학교에서 700여 명 학생들이 시골 작은 학교를 다닐 수 있게 된 것이다.[5] 전교조 위원장 출신 장석웅 교사가 전남교육감으로 당선되면서 펼친 정책이다.

혁신학교는 공교육 개혁의 선도학교이자 개혁 모델학교이다

90년대 시골에서 시작한 기숙형 간디학교, 한빛고등학교. 푸른꿈고등학교 등 대안학교 운동은 2001년 남한산초등학교의 작은 학교 운동으로 이어졌고, 2000년대 중반엔 경기도 일산 다산학교(2003), 성남 이우학교(2003), 파주 자유학교(2005) 등 사립 도시형 대안학교 운동으로 확산되었다. 이렇듯 2009년 경기도 진보교육감이 처음 시작한 혁신학교 운동은 90년대 대안학교 운동-2000년대 작은 학교 운동-도시형 대안학교 운동의 연장선상에서 전개되었다. 급기야 대안학교와 작은 학교 운동에 스며들었던 교육 이념을 공교육 전반에 혁신학교 운동으로 확장시킨 것이다.

실제로 혁신학교 운동은 공교육 개혁의 선도적인 학교이자 모델학교로서 출발했다. 학교 교육이 추구해야 할 교육 본연의 가치를 학교 공동체를 통해 현실 속에 구현해 냄으로써 상처받은 공교육을 정상화하기 위한 교육 운동으로 출발했다. 다시 말해 혁신학교 운동을 통해 학교를 혁신함으로써 교육공동체 전체를 새롭게 디자인하는 공교육 개혁의 롤모델학교가 혁신학교다. 그리하여 혁신학교의 새로운 개혁의 바람을 일반 공교육에 확산시키려는 사회운동으로 혁신학교는 일종의 거점학교, 바로 파일럿 스쿨pilot school[6] 역할을 하는 셈이다.

학생 스스로 경험하고 깨닫게 함으로써 학생의 전인적 발달을 추구한다는 점에서 혁신학교 가운데엔 발도르프 교육을 접목한 학교도 있었다. 2012년 사회적으로 주목받은 강원도 고성군 공현진초등학교가 혁신학교 가운데 최초로 발도르프 교육을 교육과정에 적용하였다.[7] 따라서 혁신학교 운동은 공교육 체제의 근간을 뒤흔들고 교육 지형을 변화시킬 가능성을 내포한 운동이다.

혁신학교 운동은 입시경쟁 교육으로 피폐해진 교육 현장을 치유하고 학생들의 자율성과 자주성을 존중함으로써 행복한 삶을 지향한다. 당연히 학생 자치활동이 보장되고 존중되며 교육과정 역시 학생들의 참여와 토론, 발표가 주를 이룬다. 또한 학생들로 하여금 다양한 체험활동을 경험하도록 교육과정을 구성한다. 나아가 기존 수직적인 관료주의 학교문화와 국가주의 교육행정에 찌든 학교 현장을 개혁하고, 교사에게 교직에 대한 자긍심을 안겨주기 위한 교육개혁을 전개해 갔다. 교사-학생-학부모가 교육의 실질적 주체로서, 그리고 학교를 아이들의 삶이 있는 행복한 공간으로 만들기 위한 혁신적인 아이디어에서 출발했다.

따라서 혁신학교는 윤리성, 전문성, 창의성, 민주성, 네 가지 기본 가치를 근간으로 학교를 운영한다. 윤리성은 교사-학생 구성원 상호 존중과 배려의 윤리공동체를 지향한다. 전문성은 교사 개인의 성장을 통해 교사와 학생, 그리고 학교 공동체 전체의 성장을 추구한다. 창의성은 학생의 성장과 계발을 돕기 위해 교육과정의 자율적 구성과 다양화를 추구한다. 마지막으로 민주성은 교사-학생-학부모의 자율적인 참여와 교류, 그리고 소통을 통해 수평적인 학교 문화의 정착과 민주적인 학교 공동체를 지향한다.

혁신학교운동, 2018년도에 전국으로 확산하다

2009년 경기도는 남한산초등학교를 비롯해 13개 학교를 혁신학교로 지정한 것을 시작으로 2011년엔 43개교로 확산되었다. 2022년 3월 1일 자로 경기도 교육청은 초등학교 298개교, 중학교 119개교, 고등학교 45개교 등 총 462개교를 혁신학교로 새롭게 지정했다. 이로써 경기도엔 전체 2,455개교 가운데 1,393개 학교가 혁신학교로 57%에 달한다. 이는 전국에서 전체 학교 가운데 과반 이상이 혁신학교인 첫 사례이다.[8] 혁신학교로 지정된 초등학교, 중학교, 고등학교 가운데 입시교육으로부터 어느 정도 자유롭고, 따라서 교육의 본질에 천착할 수 있는 초등학교가 53%로 절반을 넘는다.

더욱 주목할 만한 것은, 혁신학교에 대한 교육 주체의 만족도가 높다는 사실이다.[9] 서울형 혁신학교인 휘봉고등학교는 혁신학교 3기 재지정 투표에서 교사 93.6%, 학부모 90.8%의 동의를 얻을 정도로 절대적이었다. 2020년 올해 혁신미래학교 지정에 도전할 때도 교사 74%, 학부모 95.5%의 지지를 받았다. 고등학교로선 유일하게 혁신미래학교로 지정돼 민주적인 학교공동체의 기반 위에 미래지향적 가치를 추구할 수 있게 되었다.[10]

2009년 경기도를 시작으로 전개된 혁신학교 운동은 2010년 곽노현 진보교육감이 당선되면서 서울형 혁신학교운동이 시작되었다. 2011년엔 광주 빛고을 혁신학교가 탄생했고 2012년엔 강원도 혁신학교인 행복학교가 시작되었다. 2013년엔 전남 혁신학교인 무지개학교가 출발하였고, 2014년엔 전북 혁신학교가 탄생하였다. 2014년 세월호 참사를 겪으면서 학생들의 희생으로 진보교육감이 대거 탄생하였다. 전국 17개 시도교육청 가운데 13개 교육청에서 진보교육감의 탄생은 혁신학교 운동을 전국으로 확산시키는 계기로 작용하였다.

2018년 지방선거에선 보수적인 울산광역시를 포함해 14개 시도에서 진보교육감이 탄생하였다. 그런 흐름 속에 2018년도엔 보수교육감이 있는 대구, 경북조차 혁신학교 운동에 동참함으로써 전국 17개 시도교육청에서 모두 혁신학교를 운영하고 있다. 바야흐로 공교육을 개혁할 수 있는 진앙지이자 교육개혁의 거점학교로서 혁신학교 운동은 그 역할을 톡톡히 자임하고 있다.

혁신학교가 학생들의 학력을 저하시킨다는 주장은 근거 없는 가짜뉴스이다
물론 혁신학교 운동에 대한 반발과 저항도 만만치 않다. 혁신학교가 학생들의 학력을 저하시킨다는 근거 없는 주장이 바로 그것이다. 그런 연유로 입시경쟁이 치열한 대도시 고소득 계층이 몰려 있는 지역에선 혁신학교가 들어서는 걸 원치 않는다. 원치 않는 걸 넘어서서 혁신학교 지정이나 설립에 거세게 반발한다. 학군이 나빠지고 주변 아파트 시세가 떨어질 거라는 우려 때문이다. 실제로 2018년 11월 서울시 강남 3구의 하나인 송파구 주민들이 가락동 헬리오시티 단지 내 초·중학교 혁신학교 지정에 거세게 반발한 적이 있다.

혁신학교가 처음 시작한 2010년 전후엔 대체로 교육 소외 지역인 농산어촌 지역과 도시 변두리에 신설되는 대단지 아파트 내 학교가 혁신학교로 지정되는 경우가 많았다. 그들 지역에서 수행된 혁신학교 교육활동에 대해 교사, 학생과 학부모의 만족도는 높았다. 특히 전문성 신장을 위한 교원학습공동체 활동과 학생자치 활동에 대해 높은 평가를 받았다.

혁신학교 지정에 대한 집단 반발은 교육개혁에 대한 저항의 한 단면이다

무엇보다 서울형 혁신학교 운영 결과, 학교운영 혁신으로 학교를 민주적으로 운영하는 모습은 일반학교에 미친 영향 가운데 가장 컸다.[11] 그럼에도 고소득 계층 집단 거주지에서 보인 혁신학교 지정에 대한 거센 반발은 교육개혁에 대한 저항의 한 단면이 아닐 수 없다. 한국 사회에서 교육 개혁을 주도했을 때 항상 제기된 것이 학생들의 '학력 저하' 논란이었기 때문이다.

70년대 고교평준화 정책도 그러했고 80년대 초 도입된 대학 졸업정원제 시절에도 '학력 저하' 논란이 계속되었다. 90년대 교육 다양화 정책과 열린교육 정책 시절에도 그러했고 2000년을 전후해 여러 줄 세우기 교육개혁을 시도한 김대중 정부 이해찬 교육세대에도 '학력 저하' 논란은 반복되었다. 따라서 혁신학교 운동 10년이 지났지만 검증되지 않은 '학력 저하' 논란은 교육개혁 저항세력에 의해 지속될 것으로 예상된다. 그런 불필요한 논란에도 불구하고 혁신학교 운동은 공교육 개혁의 대안으로 확고하게 자리매김하고 있다. 교사-학생-학부모로 대변되는 교육 주체의 자발적 참여를 높이고 의사결정과정에서 민주성과 공개성, 그리고 학교운영의 투명성과 공공성을 크게 높였기 때문이다.

무엇보다 교육과정 구성의 자율성을 확대하고 학생 참여와 체험활동을 중시하며 학생들을 인격적으로 존중하는 학교문화 조성은 혁신학교 운동 이전에 '교육의 본질을 회복'하는 과정이기 때문이다. 수직적인 관료제 문화에 찌든 학교사회를 수평적인 대등한 관계로 정립해 나가고 학교라는 공간을 교사와 학생들의 '삶이 살아 숨 쉬는 민주적인 교육 공동체'로 재구조화하는 혁신학교 운동은 누가 보아도 교육 본래의 모습을 회복하는 과정이 아닐 수 없다.

학교장 1인에게 집중된 의사결정권을 교사회의의 토론과 의사결정으로 전환시키고 학생 참여형 프로젝트 수업과 학생 자치활동을 극대화하는 모습은 '교육의 본질을 회복'하는 과정이다. 따라서 혁신학교 운동은 근거 없는 '학력 저하' 논란을 잠재우는 순간, 전국 단위 모든 학교에 급속히 확산될 가능성이 충분하다. 한마디로 혁신학교 운동 10년의 성과는 토론이 있는 학교문화와 의사결정의 민주주의 실현, 그리고 학교구성원의 대등한 인간관계 구현과 존중과 배려의 학교문화를 정착시키는 데 소중한 교육적 성과를 일궈내었다.

더구나 2017년 문재인 정부는 국정과제로 '민주시민교육' 확대를 제시했다. 2018년 1월 교육부에선 교육부 직제를 개편해 '민주시민교육과'를 신설했다. 그리고 2018년 12월 13일 교육부는 '민주시민교육 활성화 종합계획'[12]을 발표했다. 그에 따라 2019년엔 '민주학교'를 지정해 운영하고 있다. 이른바 '민주학교'는 혁신학교 운동 10년의 성과를 바탕으로 민주시민교육을 전국적으로 확산시키기 위한 실험학교이다. 아이들이 행복한 공간이자 민주주의를 체험할 수 있는 공간으로 학교를 재구조화하기 위한 정책적 시도이다. 모두 혁신학교 운동 10년의 성과를 바탕으로 그 정신을 계승하려는 교육개혁 운동이다.

혁신학교의 궁극적 지향은 민주시민을 기르는 교육이다

혁신학교운동을 비롯해 교육개혁운동의 모델이 되는 덴마크의 경우, 정규 교육과정인 학교교육뿐만 아니라 방과후 교육 모두에서 추구하는 최고의 가치가 민주시민교육이다.[13] 방과후 교육의 경우, 대부분 수익자 부담이지만 학교를 매개로 이뤄지는 교육 전체가 민주시민을 길러내는 데 교육의 목적을 두고 있다. 따라서 2019년 혁신학교를 중심으로 시범학교로 지정된 '민주학교'의 전국적 확산은 혁신학교 운동을 토대로 한 교육개혁운동이 지향하는 궁극적 지점이다.

자사고, 자공고로 대표되는 학교선택제와 외고, 과학고, 국제학교 등 특권교육의 폐해를 일소하고 신자유주의 학교정책을 근본에서 뒤집는 교육개혁이 혁신학교 운동이다. 그 혁신학교 운동의 성과를 이어받은 실험학교가 '민주학교'이다. 대안학교 운동(1990년대)-작은 학교운동(2000년대)-혁신학교 운동(2010년대)-민주학교(2020년대)로 이어지는 공교육 전반을 개혁하고자 하는 장대한 흐름이 이제 국가 정책으로 구현되고 있다.

요컨대, 교육개혁의 선도적 역할을 하는 혁신학교 운동은 제도권 안팎에서 실천된 수많은 시행착오와 교육개혁 운동에 대한 성찰을 통해 획득한 역사적 산물이다. 따라서 혁신학교가 추구하는 교육철학과 교육과정, 학생활동, 학교운영과 학교문화의 측면에서 혁신학교 운동의 특징을 면밀하게 살펴보는 것은 교육개혁에 시사하는 바가 클 것이다. 다만 여기서는 혁신학교가 지향한 교육철학을 중심으로 혁신학교 성과를 고찰하되, 혁신학교가 안고 있는 한계를 교육운동 측면에서 살펴보고자 한다.

2. 혁신학교 교육철학과 운동의 성과

혁신학교는 교육의 본질인 자율성, 바로 자발성에 기초한다

혁신학교가 추구하는 교육철학은 자발성, 지역성, 창의성, 공공성이다.[14] 혁신학교는 교원의 자발성과 학부모의 참여로 운영되는 학교를 지향한다. 그리고 지역사회 여건과 실정에 적합한 학교교육을 추구한다. 또한 혁신학교는 소수의 수월성 교육에서 벗어나 다수를 위한 창의성 교육을 추구한다. 나아가 혁신학교 교육은 누구든지 어디서나 만족하는 공공성을 철학으로 지향한다.[15]

첫째로, 혁신학교가 추구하는 자발성은 민주적인 학교운영을 위한 전제 조건이다. 교육 3주체인 교사-학생-학부모의 자발적인 참여와 관심은 학교 네트워크를 형성하여 혁신학교에 역동성을 부여하기 때문이다. 토론이 있는 교직원회의가 일상화되고 의사결정 구조가 토론을 통해 수평적인 구조로 뿌리내리기 위해선 교사의 적극적인 참여가 전제돼야 한다.

교원학습공동체 역시 교사집단 스스로 자발성에 기초하여 구성된다. 교원의 전문성을 향상시킴으로써 "교사들 간 동료성을 강화하여 서로의 수업을 개방하고 교육활동에 대해 대화하고 협의하는 과정에서 교사가 함께 성장하는 원리와 철학을 담고 있는 게 전문적 교원학습공동체"[16] 활동이다.

학부모회 역시 형식화되기보다 학교운영에 주체적으로 참여하고 발언함으로써 학교운영을 민주적으로 혁신할 수 있다. 마지막으로 학생의 자치활동 참여는 민주주의를 체험하는 소중한 공간으로 학교를 인식하게 할 수 있다. 교육 3주체인 교사-학생-학부모의 관심과 참여라는 자발성에 기초하여 학교공동체가 발전할 수 있음은 자명하다.

따라서 혁신학교가 추구하는 제1의 교육철학, 곧 자발성은 학교를 민주적인 자치공동체로 탈바꿈시키는 민주성을 가리킨다. 학교운영에서 민주주의를 관철시켜 내는 활동은 교사-학생-학부모 모두에게 소중한 자기성장을 경험하게 만들기 때문이다.

혁신학교는 지역의 특성을 살린 지역사회문화센터를 지향한다

다음으로 혁신학교가 추구하는 교육철학은 지역성이다. 지역사회 여건과 환경에 적합한 교육을 추구함으로써 교육의 효능감을 최대한 끌어올리려는 생각이다. 도시와 농어촌, 도심과 주변부 등 지역마다 각기 다른 여건은 혁신학교에 색다른 교육환경으로 작용할 수 있다. 따라서 혁신학교는 각기 다른 지역 여건을 최대한 교육자원으로 활용하여 지역사회에 적합한 교육과정을 재구성함으로써 교육의 효능감을 최대치로 끌어올릴 필요가 있다.

경기도 양평군에 소재한 농촌 지역 혁신학교인 지평중학교에선 교사와 학생들이 함께 모내기를 하며 벼가 자라는 풍경을 일상에서 체험한다. 가을 추수기에 직접 수확하여 아이들이 지은 쌀로 떡도 해 먹고 밥도 지어 먹는다. 진정 살아 있는 교육이 아닐 수 없다. 아이들 스스로 농부가 되어 농사짓고 자신들의 노동으로 창조된 먹거리를 통해 노동의 가치와 삶의 가치를 몸소 체득한다.

혁신학교로 출발한 지 10년이 지나는 동안 지평중학교는 독특한 교육과정을 체계적으로 운영하고 있다. 학년별로 '삶을 담은 교육과정'으로 벼농사를 직접 체험한다. 그리고 '함께 맞는 비' 교육과정으로 서대문형무소 역사박물관을 체험하고 일본군 위안부 수요시위에 교사와 학생들이 함께 일본대사관 앞 집회에 참여하는 프로그램을 운영하고 있다. 또한 서울 종로구 북촌 가회동 '어둠 속의 대화Dialogue in the Dark 프로그램에 참여함으로써 아이들은 타인을 이해하고 공감하며 배려하는 색다른 체험을 한다.

나아가 교사와 학부모가 마을 카페를 매개로 교육 네트워크를 형성하여 교육문제를 공동으로 고민하고 해결해 나아간다. 따라서 혁신학교가 추구하는 지역성은 혁신학교로 하여금 지역사회 문화센터 역할을 수행할 가능성을 보여준다.[17]

그런가 하면 경기도 양평군 용문사 입구에 위치한 혁신학교인 조현초등학교의 경우, 2008년 학교 근처 자연휴양림을 활용해 다양한 숲 체험활동을 했다. 그리고 2010년엔 학교 앞 논에서 생태학습을 했다. 논에서 생산된 쌀을 조현초등학교 아이들에게 나눠주어 아이들은 그 쌀을 제사상에 올렸다. 생태학습을 통해 수확한 쌀 이야기는 조현초등학교 학부모들의 자랑거리로 회자되었다. 그 정도로 혁신학교에 대한 자긍심이 강했다.[18]

경기도 혁신학교의 쌍벽을 이루는 조현초등학교와 남한산초등학교는 혁신학교 운동이 시작되는 2009년 이전부터 자율학교로 지정돼 내부형 교장공모제를 실천해 왔다. 자율학교 지정은 '탈규제학교'라는 용어로 창안된 것으로, 2002년 고등학교를 시작으로 2004년엔 중학교, 그리고 2006년엔 초등학교로 확대되었다.[19] 바로 경기도 혁신학교 운동은 자율학교와 교장공모제에 기초하여 학교를 민주적으로 운영함으로써 일찌감치 언론의 관심과 교육운동가들의 주목을 받아온 조현초등학교와 덕양중학교, 그리고 남한산초등학교 등 경기도에서 앞서 실천했던 혁신학교 운동의 활동 성과와 그 운동경험에 영향 받은 바 크다.

혁신학교 운동의 시작은 교수-학습의 변화, 바로 수업의 혁신이다

혁신학교가 추구하는 교육철학으로 창의성을 빼놓을 수 없다. 혁신학교 운동에서 학교현장의 변화를 가장 먼저 추구했던 것이 교육과정, 바로 수업의 혁신이다. 혁신학교는 대부분 자율학교로 운영되는 측면이 크다. 따라서 수업시수의 20% 범위에서 교육과정 편성의 자율성을 보장받는다. 이를 바탕으로 혁신학교 교사들은 교사 스스로 바로 현장의 변화를 가져올 수업혁신을 시도했다.

자유로운 글쓰기 등 학생의 몰입을 토대로 학생 참여형 수업기술을 통해 학교를 민주적인 협동체로 기틀을 다진 프레네 교육이 그 한 유형이다. 그런가 하면 범교과 통합 학습을 주제로 모둠을 구성해 학생들 스스로 문제를 탐구하여 토론, 발표하는 프로젝트 수업도 학생들이 교육활동의 주체로서 자기주도성을 드높인 측면이 크다.

사토 마나부 교수의 '배움의 공동체 운동'은
혁신학교 운동의 철학적 토대로 작용하다

사토 마나부 도쿄대 교육학과 교수가 2000년대 초 주장한 '배움의 공동체 운동' 역시 학교를 혁신시키는 데 창의적인 아이디어를 제공했다. 사토 마나부는 교수로 부임한 후 30년 넘게 일본 내 유치원, 초등학교, 중학교, 고등학교를 2,000개 넘게 방문하고 견학했다.

수업사례 연구대상이 된 학교만 10,000개가 넘는다. 해외 학교도 21개 국가를 방문하여 교실 수업을 참관했다.[20] 이 과정에서 사토 마나부는 학생, 교사, 교장으로부터 깨달음을 통해 배움을 얻었다. 그는 일본 교육이 안고 있는 가장 큰 문제를 '학력 저하'보다 '배움으로부터 도망'이라고 진단했다.

이지메나 등교 거부 현상도 심각한 상황이지만 학령기 아동이나 학생 전체로 보면 1%에도 미치지 못한다. 오히려 '배움으로부터 도망' 현상은 60~70%에 이를 정도[21]로 교육의 위기라고 분석했다.

그것은 학년이 올라갈수록 '배움으로부터 도망'치는 아이들이 늘어, 그들 스스로 자신과 미래 사회에 대한 희망을 상실해 간다는 인식이다. 한국의 교육정책 가운데 적지 않은 것이 일본의 교육정책을 모방할 뿐만 아니라, 한국 교육 역시 아이들이 고학년으로 올라갈수록 공부에 흥미를 잃고 학업 궤도에서 벗어나려는 현상이 짙다.

신자유주의 학교정책은 '경쟁의 원리'에 의존한 최악의 교육정책이다

신자유주의 학교정책에 포획된 가운데 경쟁을 통해 수월성 교육을 추구하고 수준별 분반 수업을 시도한 것이 한국과 일본 모두 공통된 현상이었다. 실제로 일본은 한국과 마찬가지로 90년대 학교교육에 시장 원리를 새로운 경쟁 원리로 적극 도입했다. 교육 수요자에 기초한 학교선택제 도입은 일본이 유럽보다 앞섰다[22]고 볼 수 있다. 이미 경쟁에 기초한 고등학교 선택과 선발체제의 도입이 그러했다.

그러나 사토 마나부 교수는 시장 원리나 경쟁을 통해 학력이 신장되는 게 아니라 '배움으로부터 도망'을 초래했다고 주장한다. 나아가 수준별 분반 수업이 학력 저하와 학력 격차의 확산을 초래했다고 주장한다. 이러한 위험한 정책과 부정적 현상은 학력이 낮은 학생일수록 심각하다는 분석이다.[23] 그리하여 사토 마나부 교수는 학교라는 공간을 통해 교사와 아이들이 절망하기보다 자기성장을 경험하는 '배움의 공동체'로 변화해야 한다고 주장한다.

혁신학교 운동은 '경쟁교육의 원리'를 포기하고
핀란드 '평등교육의 원리'를 지향하다

이를 입증하기 위해 사토 마나부 교수는 핀란드 교육개혁 사례를 제시한다. 핀란드는 1970년대 이후 교육의 원리로 경쟁과 선별의 원리를 추구하기보다 이를 삭제하고 철두철미 '평등의 원리'를 지향했다. 국가교육위원회가 독점한 교육과정 편성 권한을 교사의 자율성에 맡겼다.[24] 나아가 장학감사제도를 폐지하고 교사의 자율성을 극대화시켰다. 그러자 교사 스스로 자기연찬과 연구에 몰입하고 전문성을 크게 신장시키는 성과를 이뤄냈다.

교사 연수에서 강제성이나 의무연수가 없음에도 핀란드 교사들은 거의 100% 자율적인 연구와 연수에 참여한다. 오늘날 핀란드 사회에서 교사에 대한 신뢰도와 존경심이 매우 높은 이유이다. 우리나라 혁신학교 운동에서 교사들 스스로 전문성을 향상시키기 위한 교원학습공동체 활동을 전개한 것은 사토 마나부의 '배움의 공동체 운동'에서 비롯되었다고 할 수 있다.

혁신학교 운동이 지향하는 궁극점은 '시민성'을 갖춘 공화국 시민을 양성한다

마지막으로 혁신학교 운동이 지향하는 교육철학은 공공성을 드높이는 것이다. 교육활동은 학교라는 공적 기구를 통해 수행되는 공적 활동이자 자라나는 아이들로 하여금 공공의 가치를 체득하게 하는 사회적 과정이다. 교육을 받을수록 시민성citizenship을 드높이고 공동체 문제에 관심을 갖고 참여하는 자세를 삶의 모습으로 뿌리내리며 연대와 협력의 정신을 발휘하게 만드는 공적 과정이다. 따라서 교육공동체인 학교라는 공간을 통해 미래세대인 아이들은 능동적 시민으로 주권자 의식을 발휘하는 민주시민으로 성장하게 하는 것이다. 여기에 학교의 존재 이유가 있다.

푸코M. Foucault의 비판처럼 21세기 학교는 더 이상 규율과 질서를 체득하는 공간이 아니다. 학교가 근대의 산물인 규율과 질서, 통제 속에서 산업사회에 적합한 기능인을 양성하는 시대는 지났다. 오히려 학교는 낡은 국가주의 교육질서에서 벗어나 개인의 주체성과 독립적 인격, 다양성을 존중받는 속에서 평등사회를 지향하는 자유인을 길러내는 공간이다. 그런 측면에서 혁신학교가 지향하는 교육철학인 공공성은 오늘날 민주시민교육과 부합하며 교육기본법에 명시된 교육의 목적에도 합치된다. 혁신학교를 통해 공동체 구성원 누구에게나 교육기회와 교육의 가능성을 차별 없이 실현하게 함으로써 '능동적 시민active citizen'으로 성장하게 만들기 때문이다.

혁신학교 운동은 10년이 갓 지났지만 일반학교에 미치는 영향이나 성과가 적지 않다. 이미 4년 전 '교원학습공동체' 활동이 일반학교에 적용되면서 혁신학교 흉내를 내기 시작했다. 그뿐만 아니라 '토론이 있는 교직원회의'가 공문으로 내려오고 학교현장에 미미한 파동을 일으켰다.

무엇보다 학교장 1인에게 집중된 권력에 조금씩 파열음이 들리기 시작했고, 상당수 일반학교에선 교직문화의 폐쇄성과 수직적인 성격에 대한 자성의 움직임이 일기 시작했다. 위계질서에 바탕을 둔 수직적인 인간관계와 권위주의 문화가 미세한 변화를 보이기 시작했다. 한마디로 학교현장의 관료성에 의문을 제기하고 동등한 시선으로 인간관계를 바라보기 시작한 것이다. 혁신학교 운동이 가져온 성과의 한 단면이다. 그러나 일반학교는 아직 갈 길이 멀다. 미동이 있을 뿐, 근본적인 변화의 흐름을 타고 있진 않기 때문이다.

따라서 혁신학교 운동이 공교육 개혁의 모델로 제대로 자리매김하기 위해선 혁신학교 운동 성과에 대한 객관적이고 실증적이며 과학적인 연구가 필요하다. 시간이 걸리겠지만 외부 정치적 환경에 영향을 받지 않고 혁신학교 운동의 공과를 냉정하게 평가해야 한다. 교육과정의 변화나 교육개혁의 이름으로 칼을 들이댄 역사를 보자면 다분히 정치적 환경이나 정치적 판단에 좌우된 측면이 컸기 때문이다. 몇 가지 역사적 사례를 살펴보자.

주지하다시피 60년대 학문중심교육과정이 미국에서 크게 부상한 이유는 경쟁상대인 소련이 먼저 쏘아 올린 우주선 스푸트니크 호의 충격이 절대적이었다. 경쟁에서 밀린 미국 사회가 '우린 뒤떨어졌다', '위기다', '큰일 났다', '모든 게 교육의 잘못이다'라며 호들갑을 떨어댔기 때문이다.

마찬가지로 1976년 영국에서도 학력 논쟁이 대두되었다. 결국 학생들의 '학력 저하'와 '환상적인 교육개혁 방향'을 이미지화한 보수당이 노동당을 거꾸러뜨렸다. 이건 우리나라도 매한가지다. 1995년 5·31 교육개혁을 앞두고 문민정부는 '촌지나 받는 자질 없는 교사', '왕따', '교육 이민', '학력 저하', '하향평준화'로 여론을 띄웠다.[25] 김영삼 문민정부의 신자유주의 학교정책은 그렇게 포문을 열었다.

이후 김대중 국민의 정부 시절, 이해찬 교육부 장관의 여러 줄 세우기 교육개혁에 대해 보수를 참칭한 언론들은 '학교붕괴', '교실붕괴'를 한목소리로 외쳐댔다. '교실붕괴'나 '학교붕괴 현상'이 아님에도 마치 붕괴될 것인 양, 호들갑을 떨었다.

거기다 신자유주의 학교정책인 7차 교육과정 도입이나 교원성과급제는 진보의 아이콘 전교조로부터 심각한 저항에 직면했다. 노무현 참여정부 시절엔 그 정도가 더욱 심해졌다. 신자유주의 시장의 원리를 학교 교육에 전면화하면서 노무현 참여정부 5년 내내 전교조와 대결적 자세로 팽팽한 기싸움이 계속되었다. 2003-2004 NEIS 도입 반대 투쟁과 2005-2006 교원평가제 반대 투쟁으로 민주정부 1기와 2기 내내 전교조와 대립각을 세웠다.

교육개혁이든 교육정책 변화든 정치적 환경이나 정치적 동기로 변화가 시작되는 것은 대단히 잘못된 것이다. 불행히도 한국의 교육정책이나 교육개혁은 정치에 너무도 휘둘려온 게 부인할 수 없는 사실이다. 교육과정 역시 정치적 환경과 정치적 판단에서 자유롭지 못했다. 대표적인 사례가 한국사 국정제 교과서를 추진했던 박근혜 정권의 '2015 개정 교육과정'이다. 박근혜 정권 교육부는 2014년 2월 업무보고를 통해 한국사 국정제 교과서를 노골화하였다. '통합형 교육과정 개발 및 교과서 체제 근본적 개선'을 내세우면서 겉으로는 다각적인 교과서 체제 개선방안과 역사적 사실에 입각한 균형 잡힌 한국사 교과서 개발 방침을 밝혔으나[26] 국정제 교과서를 발행하고자 하는 본색을 드러냈다.

2015 민중총궐기-역사교과서 국정화 반대 시위
2015년 11월 민중총궐기 당시 박근혜 정권이 강행한 한국사 국정제에 대해 전교조 교사들이 항의하는 피켓을 들고 시위하는 모습 (출처: 하성환)

한국사 국정제 교과서 추진은 교육과정에 대한 다양성과 창의성을 부정하는 반교육적인 정책이다. 그럼에도 2015 개정 교육과정의 목표는 '창의융합형 인재 양성'을 내걸었으니 이 얼마나 모순된 표현인가? 2015 개정 교육과정 시안이 발표되던 2014년 당시 중등교사 85%가 교육과정이 개정되고 있다는 사실 자체를 모르고 있었다. 더구나 초등교사의 95%, 중등교사의 77%가 2015 교육과정 개정에 반대하는 상황이었다.[27] 2012년 7월 수정 고시된 교육과정에 따라 2012년 2학기부터 학교현장에 도입된 학교스포츠클럽 활동 역시 1년 전인 2011년 10월, 이명박 정부가 학교폭력근절 종합대책의 일환으로 시행한 정책[28]이다. 따라서 학교스포츠클럽 활동은 교육과정 구성에서 다분히 정치적 판단에 따른 결과였다.

박근혜 정권 교육부는 2014년 9월 '한자교육 활성화를 위해 초·중·고 교과서에 한자 병기 확대'를 검토한다고 발표했다. 그 결과 2015년 내내 한글학회와 한글문화연대, 그리고 전교조 등 운동단체의 거센 반발에 직면했다. 그러자 박근혜 정권 교육부는 정책 연구를 통해 2015 개정

교육과정에 한자교육을 강화하려는 구체적인 방침을 2016년 말까지 1년 유예하였다.

2016년 박근혜 정권 교육부는 "한자 300자를 선정해 초등 5~6학년 교과서에 주요학습용어로 한자를 병기하겠다."고 발표했다. 발표 직후, 한글학회를 비롯해 전국 교대 교수들과 사교육 걱정 없는 세상 등 교육운동단체의 거센 반발에 또다시 직면했다. 결국 2017년 문재인 정부로 정권이 바뀌면서 초등 교과서 한자 병기 정책은 폐기되었다.[29] 교육과정 개정이 학생 발달단계 등 교육 논리에 입각하기보다 그간의 정치적 환경에 좌우된 측면을 여실히 보여준 것이다.

혁신학교 운동은 상처받은 공교육을 치유하고
교육의 본질을 회복하려는 교육운동의 산물이다

그런 이유로 혁신학교라는 교육개혁 운동에 대한 진지한 성찰과 평가 없이 정치적 환경의 변화에 따라, 또는 진영 논리에 따라 혁신학교 운동을 폄훼하거나 반대로 과대평가하는 행태는 학교 변화에 전혀 도움이 되지 않는다. 분명한 사실은, 이미 앞에서도 밝혔듯이 혁신학교 운동이 진보교육감이 등장하면서 성취한 즉자적 산물이 아니라는 점이다. 혁신학교 운동은 90년대 대안교육 운동-2000년대 초, 작은 학교 살리기 운동-2000년대 중반을 전후한 도시형 대안학교 운동 등 "제도교육권 안팎에서 실천한 교육개혁 운동에 대한 성찰 속에서 획득한 역사적 산물"[30]이라는 사실이다. 다시 말해 혁신학교 운동은 상처받은 공교육을 치유하고 교육의 본질을 회복하려는 지난한 교육운동의 산물이다.

따라서 혁신학교는 입시경쟁교육에서 승리하는 기능적 지식인을 양성해 온 기존 학교교육에서 탈피하여 전인全人교육, 바로 홀리스틱 교육holistic education 담론을 지향하는[31] 교육의 본질에 깊이 천착하는 학교이다. 여기에 혁신학교 운동의 교육적 의의나 성과가 존재한다. 학생 스스로 자율적 인격으로 성장하면서 전인적 발달을 꾀하고 '능동적 시민 active citizen'으로 성장하는 경험을 혁신학교는 교육과정으로 제공할 수 있기 때문이다.

3. 혁신학교 운동의 한계와 극복방안

교육개혁 운동의 일환으로서 시작된 혁신학교 운동이 그 교육적 성과를 일반학교로 확산시키는 데는 한계가 있다. 혁신학교 운동은 교육의 본질을 회복하려는 운동이자 학교라는 공간이 교사와 아이들이 함께 성장하는 '배움의 공간'으로 자리매김하는 교육개혁 운동이다. 그럼에도 혁신학교 운동은 다음과 같이 나름의 한계를 지닌다.

먼저 혁신학교는 학교구성원의 동의를 전제로 교육청이 지정해준 학교다. 따라서 혁신학교 운동은 교육개혁을 위한 열정과 학교혁신을 위한 자긍심을 토대로 '학교구성원의 자발적 동의'를 전제로 추진된 운동이다. 무엇보다 운동의 초기 주체는 교사집단일 수밖에 없다. 혁신학교 운동의 열정을 일반학교 교사들에게 과연 당위적인 성격으로 요구할 수 있을지 의문이다.

넘치는 잡무와 미친 듯이 돌아가는 일상의 분주함을 뛰어넘어 교사가 오롯이 수업혁신을 위한 수업연구와 학생생활 상담에 자신을 쏟아 부을 마음의 준비는 한국의 교육현실에서 쉽게 다가가기 쉽지 않기 때문이다.

혁신학교 운동 초기 중핵을 구성한 교사들은 전교조 교사들이었다

통상 혁신학교 운동이나 혁신학교 지정에는 선도적으로 교육운동에 종사했던 전교조 교사들이 혁신학교 운동 초기에 중핵을 구성하기 마련이다. 교육자로서 자신의 뜻을 펼치고자 일부러 혁신학교를 찾아가는 사례도 많다. 그러나 그런 사례는 교육모순을 이해하며 교육운동을 현장에서 실천한 교사들이 대부분이다. 혁신학교 초기에 전교조 교사들이 대거 혁신학교로 쏠린 현상이 그것을 반증한다.

그러나 요즘 혁신학교에는 교육운동 실천 여부와 무관하게 교육자로서 열정을 지닌 분들이 절대다수를 점한다. 교육의 본질에 깊이 천착해서 교육자로서 자긍심을 맛보고자 하는 분들이다. 그러나 그런 경우도 적지 않은 용기와 신념이 필요하다. 따라서 일반학교를 혁신학교로 전환시키는 운동에 교사 내부의 자발적 동의를 얻는 것이 생각만큼 쉽게 이루어질지 의문스럽다. 적어도 현재의 교육환경과 교육여건에서는 그러하다.

혁신학교 운동이 안고 있는 또 하나의 한계는 한국의 교육이 입시제도의 강고한 벽에 갇혀 있다는 냉혹한 현실에 있다. 혁신학교 지정에 대한 중상류계층 일부 학부모들의 강한 저항 역시 입시교육에 포획된 불안을 반영한 것이다. 한국 사회는 겉으로는 형식적 자유와 기회가 주어지는 사회이지만 내면을 들여다보면 현대판 신분제 사회가 공고화돼 가는 측면이 짙다. 그것이 고스란히 반영된 것이 대학 서열화이고 학교교육이 현실에서 입시경쟁교육으로 규정된 이유이다.

아이들에게 학년 초 글쓰기 과제로 '삶의 목적'을 물어본 적이 있다. 놀랍게도 아이들 상당수가 돈을 많이 벌어서 잘살고 싶다는 개인주의적인 욕망을 삶의 목적으로 표현하고 있었다. 충격적이지만 아이들 머릿속에도 삶의 목적은 성공이고 성공은 곧 돈을 많이 버는 것이다. 돈을 많이 벌기 위한 수단으로 대학입시도 준비하고 그 치열한 경쟁 속으로 자신을 내모는 것이다. 곧 '높은 학벌=금력=권력=성공적 인생'으로 등치된 현실에서 개별적으로 접근하여 사회 인식을 바꾸는 것은 불가능에 가깝다. 이미 아이들은 자본에 완전히 포획된 상태이기 때문이다.

한국 사회는 이미 물질이 정신을 압도한 사회이고 영혼마저 잠식당하는 사회이다. 시장의 자본 권력이 선출된 정치권력에 상당한 영향력을 행사하는 지경에 이를 정도로 위험 사회이다. 이재용 삼성전자 부회장의 재판 과정이나 불구속 기소된 상황을 보노라면 그런 의심을 지울 수 없다. 거대 자본 권력이 임기가 한정된 선출된 권력에 강한 영향력을 미치고 그것은 고스란히 법과 제도의 근간을 뒤흔드는 지경에까지 이르렀기 때문이다.

감옥에 가 있어야 할 사람이 어떻게 정치·경제·사회적으로 영향력을 행사하며 살아가는지, 자라나는 아이들은 어른들 못지않게 알 건 다 알고 있다. 전두환 같은 범죄자도 정치인들로부터 새해 세배를 받고 영향력을 행사하는 것을 보면서 자라난 아이들이다. 한국 사회는 역사정의가 바로 선 사회라고 보기 어렵다. 역사정의가 무너진 사회에서 사회정의를 세우기는 별을 따는 것만큼 불가능에 가깝다.

이러한 한계를 극복하기 위해선 선행조건이 있다. 먼저 학교를 교육공동체, 나아가 민주적인 교육공동체로 인식하고 규정하려는 강력한 법적·제도적 뒷받침이 있어야 한다. 학교장 1인에게 집중된 수직적인 학교문화와 권위주의적인 질서 속에선 아무리 혁신학교의 교육적 성과를 이식시킨들 무늬만 혁신학교를 모방할 개연성이 매우 높다.

경기도는 혁신학교 운동을 앞서갔지만 무늬만 혁신학교인 곳도 많다

실제로 혁신학교로 지정된 학교 가운데 혁신학교의 무늬만 띠었지 내면은 일반학교와 별반 차이가 없는 학교들도 있다. 혁신학교로 지정되는 순간 교육청으로부터 수천만 원에 이르는 많은 예산을 지원받는다. 일반학교에선 쉽게 따올 수 없는 큰 예산은 무늬만 혁신학교의 경우, 일회성 행사 위주 프로그램을 진행하는 경우가 적지 않다.

읽기, 쓰기 셈하기를 비롯하여 아이들 기초학력이 취약한 상태임에도 혁신학교의 이름으로 일회성 행사 위주의 교육활동을 강행하다 보면 아이들 기초학력은 더욱더 저하될 수밖에 없다.[32] 혁신학교 운동의 주체인 교사들이 내부적으로 자발적 동의과정이나 교사들의 열정을 수렴하는 절차를 거치지 않고 혁신학교 지정을 강행할 경우 특히 그러하다. 학교장이 주도하거나 교사승진과 관련하여 혁신학교를 신청한 학교일수록 무늬만 혁신학교인 경우가 현재 혁신학교 운동이 처한 현실이다. 특히 혁신학교 운동이 앞섰던 경기도가 그러하다.

혁신학교 운동의 성과로 주목받는 교원학습공동체 활동도 마찬가지다. 일반학교에 이식되어 4년째 시행되고 있는 '교원학습공동체'가 유명무실하다. 나아가 '토론이 있는 교직원회의' 역시 껍데기만 남은 것이 대다수 일반학교가 처한 모순된 현실이다. 교사의 자발성과 열정에 기초한 동의 과정이 없다면 혁신학교의 교육적 성과를 일반학교에 적용한들 실패할 확률이 매우 높다는 사실을 우리는 경험칙으로 알고 있다. 최소한 교사의 자발성을 끌어내기 위해서라도 교사회의를 의결기구로 전환하기 위한 법적·제도적 장치가 우선적으로 정비되어야 한다.

혁신학교처럼 교장이 혁신학교운동의 취지를 이해하고 교사의 자율성을 극대화하려는 민주적인 태도를 일반학교에선 거의 기대하기 어렵기 때문이다. 민주적으로 학교를 운영하며 성숙한 리더십을 보여주는 좋은 교장 한 명은 학교를 변화시키는 데 선결 조건이다. 따라서 학교장 1인에게 집중된 권한을 분산시키고 학교장을 교사의 교육활동을 실질적으로 지원하는 지원단위로 학교조직과 권한을 재정비하는 노력이 선행되어야 한다. 그러할 때 혁신학교 운동의 성과를 수용할 수 있는 환경을 마련할 수 있으며 일반학교의 혁신 또한 기대할 수 있기 때문이다.

학교교육을 왜곡시키는 제1 요인은
위계질서로 관료화된 학교구조와 승진제도이다

좀 더 솔직하게 표현한다면 오늘날 학교교육을 왜곡시키는 제1 요인은 위계질서로 관료화된 학교구조와 승진제도에 있다. 특히 승진제도는 "온갖 교육 비리의 시작점이자 학교 교육을 관료화시킨 주범"이다.[33] 승진에 목매는 이유는 위계적인 질서 속에서 맨 꼭대기에 들어가려는 비틀린 욕망 때문이다. 그런 비틀린 욕망들이 부딪히는 공간이 학교라면 얼마나 모순된 현실일까!

그러나 승진 점수에 연연하여 아이들을 위한 교육을 하기보다 업적 쌓기에 골몰하고 보여주기식 전시행정이나 1회성 행사에 집착한다면 그곳엔 교육이 존재하지 않는다. 그런 점에서 학교 건물에서 가장 중요한 자리를 차지하는 교장실을 없애고 학생용 카페로 바꾸는 사고의 전환이 필요하다. 하다못해 교장실을 없애고 그 자리에 도서실을 확장하는 게 학교혁신의 출발점이다. 힘 있는 교사들이나 교장을 위한 학교가 아니라 아이들을 위한 학교로 리모델링하고 소프트웨어 또한 민주적인 학교로 전환시키는 혁명적인 변화를 시도할 일이다.

오늘도 외로움 속에서 학교민주화 투쟁으로 하루를 보내는 교사들을 외면한 채 일반학교의 혁신을 기대할 순 없는 노릇이다. 이를 위해선 이명박 정부 시절 더욱 강화된 학교장 자율경영책임제를 폐기해야 한다. 오히려 교육공동체로서 학교를 민주적인 공간으로 새롭게 디자인하기 위해 교육 3주체인 교사-학생-학부모의 지위와 권한을 법적으로 제도화시켜야 한다. 그러할 때 일말의 학교혁신을 기대할 수 있기 때문이다. 혁신학교로 전환시키고자 할 경우, 그러한 환경이 제도적으로 보장되었을 때 다수 교사의 동의를 자연스럽고 쉽게 구할 수 있을 것이다.

혁신학교 운동 초창기처럼 교육운동 차원에서 학교에 남아 밤 9시가 넘도록 회의를 거듭하는 풍경이나 밤 12시까지 남아 수업준비를 하는 열정페이를 보통의 교사들에게 강요할 순 없다. 학교현장의 변화나 교육개혁이 그렇게 이루어져서도 안 된다. 변화의 물꼬를 트는 것은 법적·제도적 환경을 정비하는 것에서 시작해야 한다.

적어도 프랑스처럼 학생대표가 의결권을 갖고 학운위 위원으로 참여하는 방식을 생각할 수 있다. 독일처럼 학생대표가 교사회의에 참석하여 학생의 권익과 관련하여 발언권을 부여받는 걸 생각할 수도 있다. 하다못해 경기도 시흥시 혁신학교, 장곡중학교의 실천사례에 귀 기울일 필요가 있다.

장곡중학교는 학급회의와 학생자치회의가 명실상부한 의사결정기구로서 역할을 수행한다. 학급회의와 학생자치회의에서 의결된 학생의 목소리는 장곡중학교 '학생생활 인권규정'에 적극 반영한다. 학생자치회의는 전체 교실에 생중계 방송돼[34] 학생들의 관심과 참여도가 높다. 학생들 스스로 교육의 주체임을 확인하는 과정이 교육과정으로 녹아 있는 셈이다. 경기도 용인시 비평준화 인문계 혁신학교인 흥덕고의 경우도 마찬가지다. 학생 용의 복장에 대해 모둠 토론과 학생총회를 통해 학생들 의견을 그대로 수용한다.[35] 학생들 스스로 규정을 만들어 가는 셈이다. 다시 말해 혁신학교 운동은 교육3주체를 동등한 시선으로 바라보는 수평적 문화와 협력적 문화를 창출하는 것이다.

이를 위해 교사의 자율성을 극대화하고 학교운영의 민주화를 보장해야 한다. 나아가 학교행정 잡무로부터 교사를 해방시키고 평등한 인간관계를 구축할 수 있도록 법적·제도적 환경을 구축해야 한다. 경기도 부천시 혁신학교인 소명여중의 경우 행정실무사가 4명으로, 이분들의 지원 덕에 교사들이 공문 등 행정업무에서 해방되었다.[36] 학급당 학생 수 역시 현저히 줄어들어 교사들은 아이들 내면을 더 많이 들여다볼 수 있게 된 것이다. 다시 말해 교육부-교육청-학교-교사 순으로 위계화된 질서와 관료주의 문화의 두터운 벽을 부수고 학교혁신의 인프라를 구축한 상태에서 수업혁신과 학생 상담에만 전념할 수 있도록 교사가 처한 주·객관적 조건[37]을 개선해 주어야 한다.

그렇게 하였을 때 토론이 있는 교직원회의와 전문성 신장을 위한 교원학습공동체의 활성화, 그리고 학생자치활동의 전면적 활성화와 학부모의 자발적 참여 등 교육3주체의 혁신교육 네트워크를 구축할 수 있고, 학교현장은 스스로 변화할 것이다. 학교를 민주주의가 흘러넘치게 하고 아이들이 학교라는 공간을 통해 자기 성장을 경험하며 교사 또한 교육전문가로서 자기성장과 자긍심을 갖게 하기 위해선 법적·제도적 환경 정비가 선행되어야 한다.

국가주의 관료행정은 교육개혁의 최대 걸림돌이다

따라서 혁신학교 운동의 성과를 일반학교에 확산·적용하기 위해선 국가주의 교육행정이 관철되는 수동적 존재로서 일반학교가 처한 한계를 극복할 수 있어야 한다. 나아가 입시경쟁교육으로 포획된 환경을 극복할 수 있어야 한다. '토론이 있는 교직원 회의'나 '교원학습공동체 활동' 등 혁신학교 운동의 성과를 공문 몇 장으로 일반학교에 내려 보낸다고 학교현장의 변화를 가져올 순 없다. 민주적인 학교공동체는 저절로 탄생하지 않기 때문이다.

혁신학교 운동이 일반학교에 적용되어 성공적으로 안착하기 위해선 교사의 자발성과 열정에 기초한 동의의 과정이 필요하다. 나아가 선사고등학교의 사례처럼 일상에서 교사의 관계성을 돈독하게 형성하는 게 중요하다. 선사고는 가사실을 매개로 음식을 나누고 텃밭을 가꾸며 교사들에게 긍정의 에너지를 주며 마음을 연결하였다. 이를 바탕으로 교원학습공동체와 회복적 순환을 통한 학생생활지도 등 교사의 공동체성과 관계성을 유감없이 발휘했다. 코로나19라는 낯선 상황에서 온라인 수업을 지혜롭게 안착시킨 선사고의 사례 역시 교사의 공동체성과 관계성에 기초한 것이기에 소개한다. 이 모든 과정에 민주적인 학교공동체가 환경적으로 뒷받침되었음은 물론이다.

"선사고는 협력적 공동체성을 만드는 데 많은 에너지를 쏟았습니다. (중략) 코로나19 기간 휴업과 온라인 수업을 세팅하는 과정은 이제껏 경험하지 못한 새로운 도전이었지만 선사고에서는 그 과정이 특별하게 여겨지지 않았습니다. 부별 의견수렴을 하고, 대표회의를 통해 협의하고, 또 필요하면 TF를 구성해서 좀 더 전문적인 방법들을 모색하고, 최종적으로는 토론이 있는 교무회의를 거쳐 의사를 결정하는 것은 선사고의 일상입니다. 이 과정에 학교장은 리더십을 발휘합니다. 민주적인 의견수렴과 의사결정 과정을 통해 문제를 해결하거나 새로운 결정을 내리는 문화가 학교에 안착되어 있기에 온라인 수업 플랫폼을 결정하고 새로운 교육계획을 수립하는 과정이 평소대로 자연스럽게 이루어진 것입니다."[38]

혁신학교가 지속적으로 성장, 발전하기 위해서는 전문적인 교원학습공동체를 통해 교사 간 관계성과 공동체성을 높여감으로써 자발적으로 학교혁신을 위한 분위기를 개척해 가야 한다. 혁신학교 초기 단계에선 잡다한 행정업무로부터 교사를 해방시키고 학교운영에서 비민주적인 요소를 척결해 가는 게 선결과제였다.

그렇지만 혁신학교가 초기 단계를 지나 지속적으로 발전하기 위해선 교사들 스스로 자기성장을 경험하고 학교 교육력을 향상시키기 위한 전문적인 교사 커뮤니티가 절대적으로 필요하다.[39] 특히 장기 프로젝트로서 교과 교수-학습과정을 공동 연구하는 '공동수업연구'는 전문적인 교원학습공동체의 꽃[40]이라고 할 수 있다. 학생생활지도나 교수-학습 과정에서 교사의 전문적인 연구 활동을 가능하게 하는 교원학습공동체의 존속은 혁신학교의 성패를 좌우하기 때문이다.

덧붙여 혁신학교의 꽃인 '공동수업연구'를 위한 전문적인 교원학습공동체가 제대로 작동되기 위해선 현행 교원평가와 교원 성과급 제도를 즉시 철폐해야 한다.[41] 수업 전문성을 향상시키기 위해 함께 연구, 토론하며 협력해가는 민주적인 학교문화에 정면으로 배치되기 때문이다. 천박한 경쟁시스템을 도입해 점수와 성과급으로 교사를 경쟁시켜 교육력을 높이겠다는 발상 자체가 교육의 본질을 무질러버리는 천박한 것이기 때문이다.

교사의 자존심에 상처를 주는 현행 방식을 철폐하고 교사의 자율성과 자주성을 높여 교사들 스스로 전문성을 발휘할 수 있도록 정책을 전환해야 한다. 교육정책 전환은 교사의 삶을 변화시키고 교사의 자존감을 드높여 자발성을 이끌어낼 수 있게 한다. 그런 점에서 장학감사제도가 폐지되고 강제 연수가 사라졌지만 교사의 절대다수가 전문성 신장을 위한 자율연수에 참가하고 있는 핀란드 교육개혁은 많은 부분을 시사한다.

덴마크 '애프터 스콜레'는 개성과 자아를 추구하는 민주시민교육이다

다음으로 혁신학교 운동의 한계를 극복하기 위해선 제도교육과 제도권 바깥의 교육 간에 개방성과 유연성, 그리고 다양성을 허용하는 교육시스템으로 전환해야 한다. 이러한 노력에서 선구적인 나라가 덴마크다. 덴마크는 공립학교(폴케 스콜레)와 공교육의 틀에서 자유로운 '자유학교'(프리 스콜레) 간의 상호협력적 교육시스템을 구축한 국가다.

공교육의 틀에서 자유로운 '자유학교'의 역사는 1852년에 최초로 설립된 만큼, 100년이 훌쩍 넘어 150년에 가깝다. 국가가 규정한 교육과정을 교사가 주입식으로 끌고 가는 공교육 체제와 달리 자유학교는 학생을 능동적 민주시민으로 양성하는 것에 가치를 두고 있다. 일방적인 교수법 대신 교사와 학생 상호관계를 중시하고 일상생활에서 경험한 것과 실천한 것을 소통하는 교수-학습법을 중시한다.

공립학교(폴케 스콜레)와 '자유학교'(프리 스콜레)는 긴장관계를 유지하지만 상호협력적인 성격이 짙다. 개방성과 유연성이 특징인 덴마크 교육 시스템의 강점이 아닐 수 없다. 자유학교(프리 스콜레)를 마치고 중등교육 2단계에 해당하는 김나지움이나 직업학교로 진학할 수 있다.

놀라운 사실은 공립학교나 '자유학교'를 마치기 전 8학년부터나 졸업 후 청소년들이 자신의 자아를 찾아가는 교육을 받을 수 있다는 점이다. 이른바 '자유중등학교'(애프터 스콜레)의 존재다. 14세에서 18세 사이 청소년들에게 통상 1년이나 2~3년 동안 인격형성을 위한 기숙형태의 교육과정을 제공한다. 애프터 스콜레 기간 동안 교육법에 따라 공립학교 재학 기간으로 인정한다.[42] 덴마크 교육의 다양성을 엿볼 수 있는 대목이다.

애프터 스콜레는 '삶의 계몽'과 '보편 교육' 그리고 '민주시민교육'이라는 세 가지 가치를 지향한다. "청소년들의 개성과 관심사에 초점을 맞추어 교육과정을 운영하는 이른바 '중점학교'이다. 무엇에 중점을 두느냐에 따라 음악, 미술, 디자인, 연극, 영화, 스포츠, 항해, 여행, 국제교류, 종교, 프로젝트와 현장연구 등 다양하다."[43] 한마디로 진지하게 자아를 찾아가는 교육과정을 운영하며 성숙한 인격으로 성장하도록 돕는 학교다.

학생들은 애프터 스콜레를 통해 개성과 자아를 추구하기도 하지만 민주시민으로서 연대의식과 공동체성, 협력과 공존의식을 체득한다. 학생들은 애프터 스콜레를 통해 자신과 세계를 인식하는 안목을 기르고 역사와 사회공동체에 관심을 가지며 참여하는 삶을 체득한다. 하나의 진정한 인간으로 성숙해 가는 과정에 덴마크 사회에서 교사와 학부모, 그리고 국가와 지자체는 혼연일체가 된다.[44]

부유한 사회복지국가 덴마크와 달리 경제적으로 형편이 어려운 러시아의 '아름다운 학교'도 혁신학교의 한계를 극복하는 데 시사점을 준다.

"어떤 학교는 학교에 보건교사가 배치되어 있는 게 아니라 열 개 정도의 큰 방으로 이뤄진 병원 자체가 존재했다. 아이들은 종종 신경증에 시달리기 때문에 수업 중 아프거나 피곤하면 이곳에 와서 치료받고 쉬기도 한다 … (중략) … 택시운전사와 청소부도 푸시킨의 시를 즐기고 소설을 이야기하며 철학을 논한다. 나아가 저녁이 되면 극장에 가서 연극이나 오페라를 감상하는 것이 러시아 인민 대중의 일상사가 되어 있다."[45]

학교가 어떻게 변화해야 하는지 덴마크의 '프리 스콜레'와 '애프터 스콜레', 그리고 러시아 '아름다운 학교'는 혁신학교운동의 한계를 극복하는 데 적지 않은 시사점을 준다.

평가방식을 바꾸면 아이들 삶이 바뀐다

마지막으로 혁신학교운동의 한계를 극복하기 위해선 입시교육을 비롯해 수업평가 방식을 획기적으로 전환하는 발상의 전환이 필요하다. 먼저 입시교육으로부터 해방되려면 최저임금을 12,000원 이상으로 높이고 의료복지와 교육복지를 비롯해 사회복지 수준을 북유럽 수준으로 대폭 강화하면 된다. 그러면 대졸-고졸 간 임금격차가 나더라도 누구나 품위를 유지하며 인간답게 살아갈 수 있는 환경이 조성된다. 그 결과 학문적 호기심이 아니라면 굳이 대학을 가려고 하지 않을 것이고, 학교교육도 입시교육의 틀에서 벗어날 수 있다.

거기다 무상교육·무상의료 체계를 제도화함으로써 국민 누구나 삶의 질을 높인다면 노르웨이처럼 대학입시 자체가 없어질 수 있다. 지적 호기심이나 학문에 대한 열정이 아니라면 굳이 대학에 진학하려고 하진 않을 것이다.

현재 한국 사회는 무모하다 못해 야만적이다. 7교시 법정 수업시간도 모자라 아이들은 학원으로 내몰리는 게 일상적이다. 정책이 바뀌면 삶이 바뀐다. 교육개혁이라고 볼 수도 없는 정책을 개혁정책이라고 내세우는 것 자체가 국민 기만이다.

숙명여고 사태 직후 일군의 세력들이 학생부 종합전형(이하 학종)을 '깜깜이 전형'으로 몰아붙이고 선발의 '공정'을 내세우며 정시전형 확대를 주장했다. 광화문 광장에는 정시전형 확대를 촉구하는 피켓 시위가 등장하기도 했다. 일부 언론과 여론도 수능성적으로 선발하는 게 '공정한 게임'이라고 날을 세웠다.

그러나 이미 판명 났듯이 수능시험은 고교 학력 평가에서 타당도가 낮은 시험이다. 오히려 장기적이고 거시적인 관점에서 보면 학생의 잠재 가능성을 가늠하여 선발하는 학종 전형이 세세한 부분을 보정하면 훨씬 교육적이고 아이들에게 적합할 것이다. 그러나 역사정의가 무너져 사회정의를 세우기가 어려운 우리사회에선 학종 전형이 시기상조이다. 그 부작용이 교육의 본질을 잠식할 정도로 크기 때문이다.

미국교육에서 끌어온 학종 전형이 미국 사회 내 '위선'의 교육을 초래했음은 이미 연구 결과로 나와 있다. 연대를 위한 사회활동 참여가 아니라 대학 입학을 위한 스펙으로 사회활동에 참여한다는 비판[46]이 이미 제기되었다. 다시 말해 삶의 미덕으로서 봉사활동에 참여하고 삶의 자연스러운 과정으로서 공동체에 참여하는 것이 아니라 대학입학에 유리하기에 그에 초점을 맞춰 봉사활동경력을 쌓고 있다는 지적이다. 둘의 차이는 하늘과 땅만큼 차이가 크고 엄연히 다르기 때문이다.

마찬가지 논리로 미국식 제도를 모방한 한국의 학종 전형 역시 세칭 명문대 입시교육 현실 앞에서 우리교육을 왜곡시키는 강력한 요소로 작용하였다. 삶의 과정으로서 교육활동을 중시하기보다 학생들은 대학 입시에 유리하니까 학교생활기록부에 어떻게 기술되는가에 관심이 쏠려 있다. 학교 또한 어떻게 잘 기술해 주는가를 놓고 고민을 하는 게 일상적 풍경이다. 제도 도입의 취지를 망각한 채, 목적과 수단이 뒤바뀌어 학교현장에선 종종 '위선의 교육', '반교육'을 연출하곤 한다.

무엇보다 혁신학교 운동이 안고 있는 구조적 한계를 극복하는 최적의 방안은 '평가방식의 혁신'이라고 생각한다. 학생의 자기주도성을 높이는 프로젝트 수업 등 수업혁신도 중요하지만 더욱 중요한 것은 평가방식의 전환이다. 평가방식이 바뀌면 아이들 삶이 바뀌고 수업형태도 바뀐다. 일방적인 교수법이나 강의식-설명식 수업이 아니라 아이들에게 자발성과 학문적 호기심을 끌어낼 수 있다.

아이들에게 지적인 자극을 주고 학업에 대한 동기를 부여하는 수업만큼 효능감 높은 수업은 없다. 따라서 프랑스 바칼로레라 시험처럼 절대평가방식의 논술형 시험으로 전환하는 것이다. 그렇게 된다면 책 읽고 토론하며 사색하는 게 학교 수업의 일상적 모습으로 자리 잡을 것이다. 최근 논란이 된 국제 바칼로레아IB 시험은 우리 현실에선 적합하지 않다. 프랑스처럼 고교 교사들이 출제하고 고교 교사들이 채점하는 방식으로 평가의 혁신과 수업혁신을 가져오는 것으로 충분하다.

학교는 입시경쟁교육의 승리자를 길러내기보다
사람을 만드는 교육공동체로 탈바꿈해야 한다

삶의 좌표를 상실한 시대! 학교는 입시경쟁교육에서 승리자를 길러내는 공간이 아님에도 그러한 현상이 계속되고 있다. 결핍된 지성과 기능적 지식으로 도배된 아이들에게서 한국사회의 미래를 전망할 수는 없다. 마찬가지로 객관적 수치에서 사교육이 공교육을 4배나 압도하는 한국 교육의 현실을 '정상'이라고 하는 것 또한 황당하기 그지없다. 더욱이 교사를 학원 강사와 비교해가며 실력을 갖춰야 한다고 방송에서 훈계하던 교육부 수장도 있었다.

교육의 본질을 망각한 채 교육개혁을 이야기하며 혼란만 가중시켜 온

게 우리네 교육의 현실이다. 교육개혁의 방향을 가늠할 수 없을 정도로 한국 교육은 길 잃은 미아처럼 혼돈 속에 갇혀버렸다. 슬프고 참담한 현실이지만 그 속에서도 혁신학교 운동은 절망을 뛰어넘어 희망을 일궈내었다. 혁신학교 운동에 대한 저항세력의 도전도 만만찮지만 이젠 혁신학교 운동의 성과를 일반학교로 확산시킬 시점이다. 교육운동에 관심 있는 교사들과 진보교육감들이 혁신학교에 주목하는 이유이다.

■ 주석

1. 황현정(2014), 「혁신학교 이야기」, 『역사와 교육』, 역사교육연구소, 149쪽.
2. 김용기(2017), 「전남 혁신학교의 효과성 분석」, 『한국 콘텐츠학회 논문집』 제17권 4호, 561-563쪽 참고.
3. 김광철(2020), 「혁신학교, 굳어있는 학교들 뒤흔들 진앙지 역할 기대」, 『한겨레 온』, 2020. 6. 16.
4. 송순재(2006), 「한국에서 '대안교육'의 전개과정, 성격과 주요 문제」, 『신학과 세계』, 2006년 6월, 160-161쪽.
5. 우종훈(2019), 「택시 타고 학교 가요… 전남 작은 학교 살리기 운동」, MBC 뉴스투데이, 2019. 11. 25.
6. 이윤미(2014), 「혁신학교의 성과와 과제」, 『교육비평』 제33권, 16쪽.
7. 임영희 외(2017), 「발도르프 교육에서 바라본 혁신학교, 과연 가치로운 교육인가」, 『움직임의 철학』 제25권 제2호, 한국체육철학회지, 36쪽.
8. 이형우(2021), 「경기도 교육청, 내년 3월 신규 혁신학교 462개교 지정」, 경기도 교육청 보도자료, 2021. 10. 7.
9. 혁신학교 운영에 대한 만족도 연구로는 다음을 참고하라.
   김용기(2017), 「전남 혁신학교의 효과성 분석」, 『한국 콘텐츠학회 논문집』 제17권 4호; 성기선(2014), 「혁신학교에 대한 비판적 성찰과 과제」, 『교육비평』 제33권; 김희규(2018), 「혁신학교의 운영 성과 및 과제」, 『홀리스틱 융합교육연구』 제22권 4호; 김은수 외(2019), 「일반학교와 혁신학교 학생들의 학교생활만족도에 관한 연구」, 『수산해양교육연구』, 제31권 제1호.
10. 안혜정(2020), 「코로나19, 더욱 성숙해지는 학교민주주의와 협력적 교사문화」, 『혁신학교와 참교육운동 제5차 토론회 자료집』, 전교조 서울지부, 2020. 7. 23, 5쪽.
11. 안혜정(2019), 「혁신학교와 학력: '학교교육 제4의 길'과 '사토 마나부, 학교개혁을 말하다'의 교육개혁과 학력논의를 중심으로」, 『교육비평』 제44권, 209쪽.
12. https://www.gov.kr 정부24시, 「포용적 민주주의를 실현할 성숙한 민주시민 양성」, 2018. 12. 13.
13. 홍태숙 외(2020), 『혁신교육지구 현장을 가다』, 서울: 살림터, 147쪽.
14. 성기선(2014), 「혁신학교에 대한 비판적 성찰과 과제」, 『교육비평』 제33권, 137쪽.
    혁신학교 교육철학으로 자발성, 지역성, 창의성, 공공성은 '2009 경기도 교육청 혁신학교 추진 계획'으로 표현된 내용이다.
15. 2009 경기도 교육청 혁신학교 추진 계획; 성기선(2014), 「혁신학교에 대한 비판적 성찰과 과제」, 『교육비평』 제33권, 137쪽에서 재인용.
16. 경기도 교육청(2012), 「혁신학교 기본문서」, 1쪽.
17. 경기도 양평군 혁신학교인 지평중학교 사회교사 하헌종 선생님이 실천하고 체험한 내용이다.
18. 김광철(2020), 「9단계 교육과정에 의해 운영되는 양평 조현초」, 『한겨레 온』, 2020. 6. 22.

19. 김민조(2014), 「혁신학교 교육거버넌스의 특징과 과제」, 『교육비평』 제33권, 78쪽.

20. 김광철(2020), 「수업(授業)인가 학습(學習)인가? 혁신학교와 '배움의 공동체'」, 『한겨레 온』, 2020. 7. 1.

21. 사토 마나부(2000), 양달섭 옮김, 「아이들은 왜 배움에서 도주하는가: 학력저하, 일본사회의 문화적 위기」, 『교육비평』 제4권, 209쪽.

22. 사토 마나부(2000), 손우정 옮김, 「일본의 교육개혁과 신자유주의 레토릭」, 『교육비평』 제2권, 228쪽.

23. 사토 마나부(2006), 최종순 옮김, 「열악한 학교교육을 어떻게 개혁할 것인가-경쟁시키면 학력은 신장되나」, 『우리교육』 2006년 7월호, 40쪽.

24. 사토 마나부(2006), 위의 글, 39쪽.

25. 송경원(2005), 「교육에 불어 닥친 마녀사냥의 광기」, 『교육비평』 제18권, 137-138쪽.

26. 「2014년 2월 교육부 업무보고」; 진영효(2020), 「2015 개정 교육과정의 비판적 이해와 새로운 교육과정의 모색」, 『민주시민교육 월례포럼』, 성공회대 민주주의 연구소, 2020. 5. 30. 11쪽에서 재인용.

27. 진영효(2020), 위의 글, 2쪽.

28. 진영효(2020), 위의 글, 16쪽.

29. 김미향(2018), 「교육부, 초등교과서 한자 병기 정책 폐기」, 『한겨레』, 2018. 1. 10.

30. 강민정(2013), 「혁신학교 발전을 위한 제언」, 『교육비평』 제32권, 111쪽.

31. 김희규(2018), 「혁신학교의 운영 성과 및 과제」, 『홀리스틱 융합교육연구』 제22권 4호, 16쪽.

32. 경기도내 혁신학교로 지정된 어느 초등학교의 경우 아이들 기초학력이 저조함에도 일회성 행사 위주로 교육프로그램을 진행한 경우가 있었다.

33. 이부영(2011), 「혁신학교, 무엇을 혁신하고 경계해야 하나?」, 『우리교육』 2011년 3월호, 119쪽.

34. 백원석(2012), 「학생부를 바꿔봐, 행복지수가 높아져: 혁신학교 장곡중 학생자치부 들여다보기」, 『우리교육』 2012년 3월호, 87-88쪽.

35. 이만주(2012), 「조마조마 두근두근 우리를 설레게 하는 아이들: 혁신학교 흥덕고 2년의 빛과 그림자」, 『우리교육』 2012년 3월호, 47쪽.

36. 이민영(2018), 「우리는 계속 따뜻한 학교를 만들 수 있을까-소명여중 혁신학교 이야기: 아이들의 온기로 살아남기」, 『우리교육』 2018년 6월호, 100쪽.

37. 강민정(2014), 「교육정상화를 위한 학교업무조직 개편론」, 『교육비평』 34권, 172쪽.

38. 김현주(2020), 「코로나19, 더욱 성숙해지는 학교민주주의와 협력적 교사문화」, 『혁신학교와 참교육운동 제5차 토론회 자료집』, 전교조 서울지부, 2020. 7. 23. 2쪽.

39. 서우철(2014), 「혁신학교와 전문적 학습공동체」, 『교육비평』 제34권, 226쪽.

40. 이영(2018), 「보평 초등 혁신학교 이야기: 보평, 행복한 학교로 가는 다리」, 『우리교육』 2018년 9월호, 85쪽.

41. 이창열 외(2016), 「이른 봄 피어 날아가는 민들레 홀씨들: 서울 신은초등학교 이나리 교사 대담」, 『우리교육』 2016년 3월호, 138쪽.

42. 송순재(2016), 「덴마크 교육의 개방성, 유연성, 다양성에 대하여」, 『우리교육』 2016년 12월호, 96쪽.

43. 송순재(2016), 위의 글. 101쪽.

44. 송순재(2016), 위의 글, 102쪽.
45. 송순재(1999), 「러시아 교육기행-'아름다운 학교'를 찾아서」, 『초등 우리교육』 1999년 8월호, 99-100쪽.
46. 정하윤 외(2019), 『해외학교 민주시민교육 교육과정 및 교과서 분석』, 교육부 민주시민교육정책중점연구소 보고서, 197쪽 참조.

2) 교육모순 해결을 위한 운동론적 성찰

1. 거대담론의 허구성과 교사의 정치세력화

가치를 지향하는 교육은 사회변화를 위한 초석이다. 인간적 성숙을 기하고 바람직한 방향으로 사회를 변혁하려는 교육은 사회변화의 요체다. 반면, 역사적으로 교육은 낡은 질서와 비인간적 가치를 재생산하는 기능도 하였다. 근대사회가 자본주의 체제로 전환된 후 숙련된 노동력 수요가 급증한다. 결국 수세대에 걸쳐 불평등한 계급구조를 재생산하는 데 학교는 점점 더 중요한 기능을 해왔다.[1] 학교교육이 교육의 미명하에 자라나는 세대를 불평등한 사회질서에 통합시키는 기능을 함으로써 학교는 불평등을 바로잡기보다는 불평등을 정당화하고 재생산했다.[2]

따라서 학교는 근대사회 자본가의 이익을 위한 기능에 충실했다. 억압적인 자본가 사회에서 요구되는 가치들과 인성들을 재생산하였다. 지시에 순응하고 효율적인 성인노동력을 확보하기 위해 다양한 방식으로 학생들을 강제하였고 그 역할을 수행하였다. 그리하여 자본주의 체제에서 교육시스템은 그 사회의 계급불평등을 강화했다.[3] 직업적 역할에 필요한 지식과 기술을 가르치지만 학교는 확고한 지배 이데올로기에 종속시키는 방식으로 학생들을 가르쳐왔기 때문이다. 알튀세르의 표현처럼 학교는 지배 이데올로기를 보급시키는 데 가장 중요한 국가의 이념적 기구[4]

인 셈이다.

신자유주의에 포획된 한국 사회에서 교육은 지배계급이 추구하는 가치를 확대재생산한다. 경쟁의 가치를 당연시하고 경쟁 속에서 승리와 독점, 계급 지배와 계급 차별에 정당성을 부여한다. 한국 사회 지배세력은 교육 정책과 교육 활동, 교육의 전 과정을 독점적으로 주도한다. 지배세력에 대항해 한국 사회 교육운동세력이 지향하는 가치는 경쟁보다 협력이다. 승자독식의 경쟁과 차별이 일상화된 사회가 아니라 학생들이 자신의 꿈과 재능을 발현하며 함께 성장하는 협동 사회다.

왜냐하면 협동 사회는 구성원 모두의 삶이 존중되고 잠재성을 발현시키며 지속적인 발전을 가능하게 하기 때문이다. 한국 사회 독보적인 교육민주화운동 단체인 전교조 역시 그러한 이상을 꿈꾼다. 따라서 오늘날 전교조는 한국 사회 주요 모순의 숙주인 신자유주의를 해체시키기 위해 노력한다. 사회 양극화를 심화시키고 계급 지배를 영속화하는 신자유주의를 해체시키기 위해 신자유주의 학교정책과 교육모순에 전교조가 깊이 천착하는 이유이다.

학교는 특정 정치세력의 지배이데올로기를 보급, 확신시키는 국가의 이념적 도구이다

특정 정치권력에 예속돼 도구적 기능을 하는 교육은 지배계급의 이익을 정당화한다. 나아가 신자유주의 정치권력에 예속된 교육은 계급지배를 영속화하는 통제기제로 작동한다. 신자유주의 광풍에 포위된 한국 사회에서 교육운동이 계급적 관점을 견지해야 한다는 거대담론이 정당성을 부여받는 이유이다.

우리의 경우 2014년 3분기 고소득층(소득 10분위) 사교육비가 저소득층(소득 1분위)보다 16.6배 많았다.[5] 그런 현상은 소득계층 간 사교육비 지출 격차가 그대로 교육 격차로 이어지고 교육 격차는 빈부 격차, 바로 빈곤의 대물림 현상을 고착시킨다. 경제 형편과 학업성취도의 상관성이 매우 높기 때문이다.

그런 현상은 신자유주의가 전면화한 1980년대 이후 영국과 유럽연합 그리고 미국 사회에서 연구된 '빈곤과 학업실패의 높은 상관관계'가 이를 증명한다.[6] 실제로 서울의 노른자위 땅 강남에 사는 자퇴생은 대부분 '조기 유학'을 위해 학교를 떠난다. 반면 가난한 강북의 자퇴생은 대부분 '학교 부적응'이 원인이다.[7] 한국 사회 교육 불평등 현실은 교육이 계급 재생산 통로이자 계급 지배의 영속화를 초래하는 도구로 기능하고 있음을 여실히 보여준다.

구체적인 사례를 보자. 2000년 서울대학교 학생생활연구소가 조사한 자료에 따르면 서울대 신입생의 아버지 직업에서 전문직과 관리직 비율이 49.8%로 거의 절반에 이른다. 당시 한국 사회 경제활동 남성 가운데 전문직·관리직 종사자가 평균 9.1%임을 볼 때[8] 서울대 입학생 아버지의 1/5 수준에 미치지 못한다. 이 수치는 고학력이거나 고소득 계층의 부잣집 자녀가 서울대에 입학한다는 사실을 말해준다.

2015년 국회 국감 자료인 「2009-2015 서울대 로스쿨 입학생 출신 고교, 대학 현황」도 이를 뒷받침한다. 서울대 로스쿨 학생 90%가 이른바 SKY대 출신이고, 로스쿨 입학생의 절반이 서울지역 고교 출신이며, 15.6%는 강남3구에 집중돼 있다.[9]

한국 사회 주요 모순은 계급모순이자 계급불평등으로 학교현장도 예외는 아니다

한국 사회를 분석하는 도구로서 신자유주의, 불평등한 교육 현실, 계급 재생산 등 계급적 관점은 그런 의미에서 매우 중요하다. 한국 사회를 관통하는 핵심 키워드는 신자유주의이기 때문이다. 신자유주의가 특정 사회에 도입되면서 처음 직면하는 문제는 계급관계의 두드러진 변화다. 신자유주의가 최초로 전면화한 국가는 영국과 미국인데, 이들 국가의 공통점은 북서유럽 국가들과 달리 노동의 힘이 자본에 비해 약했다는 점이다.[10]

따라서 신자유주의 사조가 확산되면 될수록 노동계급은 더욱더 빈곤의 나락으로 추락하고 자본계급은 부유해진다. 경제적 불평등이 심화하면서 민주주의 역시 후퇴할 수밖에 없다. 거창한 구호인 '작은 정부론'은 자본가에게만 해당하고 노동자에겐 여전히 철퇴를 휘두르는 막강한 정부로 기능하기 때문이다. 그런 측면에서 한국 사회 계급모순, 계급불평등 문제는 가장 주요한 모순임에 틀림없다.

그런데 교육모순이 중첩된 채 교육현실의 민낯이 드러나는 곳은 학교현장이다. 그곳에서 계급적 관점이라는 거대담론은 다분히 관념적이다 못해 허구에 가깝다. 낡은 교육질서를 해체시키려는 현장의 치열한 교육운동에 아무런 힘으로 작용하지 못하기 때문이다. 오히려 계급적 관점의 이름 아래 일상의 교육모순을 소소한 것으로 간과하기 일쑤다.

정작 학교현장의 계급모순이 주요 사안으로 떠올랐을 때도 적절한 대응을 못 한다. 상부 단위 정치 환경에서 거대 모순덩어리인 신자유주의에 균열을 가하고 해체하는 것만이 그동안 전교조 투쟁의 관건이었다. 오히려 신자유주의가 미세하게 관철되는 하부단위 학교현장에서 학교민주화를 위한 저항과 투쟁은 관심과 주목을 받지 못했다.

1) 계급적 관점의 관념성

1999년 합법화 당시 1만 조합원에서 2003년 10만 조합원 시대로 정점을 찍은 후 전교조는 줄곧 내리막길을 걷고 있다. 합법 노조 활동 시기인 민주정부 시절 4년 동안 2만 명에 이르는 조합원이 전교조를 떠났다. 네이스(교육행정정보시스템, NEIS. 교육부에서는 나이스라고 칭함) 반대 투쟁 시기(2003-2004)와 교원평가 반대 투쟁 시기(2005-2006)로, 자유주의 정권에 의해 탄압이 집중되거나 권력에 의해 침탈이 자행되던 시절이 아니었다. 노무현 참여정부 시절 10만 조합원 시대 정점을 찍은 이후 역시 노무현 참여정부 시절 2만 명이 조직에서 이탈한 것은 분명 노동운동에 대한 자기성찰이 필요한 대목이다.[11]

2010년 6만 명에서 2013년 4만 8천 명으로 조합원이 계속 이탈했지만 2014년 박근혜 정권에서 소폭 증가하였다. 2013년 법외노조 탄압 국면과 2014년 세월호 특별법 투쟁국면을 거치면서 조합원 수가 늘었기 때문이다. 전교조 활동가들 사이에서는 교육노동운동의 위기를 오래 전부터 감지해 왔다. 그러나 그에 대한 고민과 실천적 논의를 지속해 왔음에도 뚜렷한 대안을 제시하지 못한 채 논쟁이 겉돌고 있는 형편이다.

객관적 지표상으로 '분명한 위기'임을 부정할 수 없는데도 노동운동 과정에서 흔히 있을 수 있는 일시적 현상 정도로 치부하는 견해도 있음을 알고 적이 놀랐다. 교육노동운동의 성장과 쇠락은 전체 변혁 운동의 그것과 맥을 같이 한다. 그럼에도 교육모순이 중첩된 학교현장은 사회·계급모순을 끝없이 재생산하는 합법공간이라는 측면에서 더욱 철저한 분석이 요구된다.

교육노동자라는 계급적 관점만으로 교육모순을 바라보는 것은 사변적이고 관념적 태도이다

우리의 예측과 달리 한국 사회 교육모순을 단순히 계급모순으로 설명할 수 없다. 계급적 관점에서 교육노동운동을 이해하고 성찰하려는 시도는 일견 의미 있는 활동이다. 그렇지만 그것이 교육노동운동, 즉 교육민주화 운동의 진로를 설정하기에는 미약하다.

한국 사회는 역사청산이 없는 사회이기 때문이다. 봉건적 잔재와 식민지 잔재가 뒤섞인 채 군사문화의 잔재까지 뒤범벅이 되어 학교현장에 덕지덕지 깔려 있다. 그런 현실에서 교육노동자라는 계급적 관점만으로 교육모순을 바라보는 것이 얼마나 사변적이고 관념적인 태도인가는 어렵지 않게 관측된다.

따라서 교육을 직접 담당하는 교사 대중에게 계급적 관점에 입각해서 교육노동운동을 주문하는 것은 매번 실패할 수밖에 없다. 전교조 운동의 경우, 구호로는 계급적 관점을 언급하면서도 투쟁의제는 시민운동의 마인드에 묶여 있음을 종종 목격한다. 2003~2004년 NEIS(교육행정정보시스템) 반대 투쟁은 그 대표적인 사례다. 교사 대중이 학교현장에서 고통 받고 있는 문제를 외면한 채 진행되는 관념적인 투쟁은 노동운동이 아니라 시민운동에 지나지 않기 때문이다. 결국 NEIS 반대 투쟁은 조합원이 전교조에 일정한 거리를 두는 결과를 자초했다.[12]

교사 대중의 사회·경제적 권익을 향상시키고 근무조건을 개선시키기 위한 노동조합의 존재론적 목적에 부합하는 모습을 외면한 탓이다. NEIS 반대 투쟁은 결과적으로 한국 사회 양심세력으로서 전교조의 존재감을 부각한 관념적인 투쟁으로 그쳤다. 이러한 투쟁은 1989년 민주 대 반민주 대립 구도가 확연히 드러나는 상황에선 심정적 지지를 받을 수 있는 투쟁이었지만 2000년대에는 대중적 지지를 받을 수 없었다.

NEIS 반대 투쟁은 합법 노조, 전교조가 해를 넘기면서까지 총력 투쟁할 제1의 의제는 아니었다. 90년대 이후, 특히 2000년대 들어서서 한국 사회 전체 운동은 시민운동이 단연코 운동의 중심으로 자리 잡았다. 그리고 학생운동, 노동운동, 사회운동은 변방의 부문운동으로 밀려난 지 오래다. 시민운동에 포섭된 운동 형태만으로는 교육노동운동이 되살아나는 데 한계가 있을 수밖에 없다.

놀라운 사실은, 전교조가 계급적 관점을 강조하는 교육노동운동을 표방하면서도 학교현장의 비정규직 문제에 운동의 관심을 그다지 집중시키지 않는다는 점이다. 단위학교 분회장을 역임하면서 느낀 현실은 비정규직 교사에 대한 심각하다 못해 모욕적인 수준의 차별이다. 오늘날 학교현장에서는 비정규직 교사에 대한 차별이 계속 심화되고 노동 강도가 강화돼 왔다. 거기에는 정규직 교사들의 침묵과 방관도 한몫했음을 부인할 수 없다.

갑-을의 횡포가 예전처럼 학교장-교사로 단순화한 일면적 구조가 아니다. 오히려 학교장-정규직 교사를 넘어서서 정규직 교사-비정규직 교사, 기간제 교사-시간 강사로 다시 층층이 차별화되고 구조화돼 왔다. 문제는 전교조가 교육모순의 현실에 눈을 감거나 외면한 채, 적어도 비정규직 차별에 대해 자신의 일처럼 투쟁하지 않는다는 데 있다.

2014년 3월 35세의 나이로 스스로 목숨을 끊은 박은지 노동당 부대표의 사례를 들어보자. 그 역시 비정규직 교사 시절, 학교사회에서 벌어지는 계급적 차별에 대해 전교조의 도움을 전혀 받지 못했다. 박 부대표는 대학 졸업 후 서울의 한 중학교 비정규직 교사로 근무했다. 그러다 임신했다는 이유만으로 계약기간을 온전히 채우지 못한 채 학교를 떠나야 했다.

문제는 그 과정에서 전교조에 도움을 청했음에도 전교조는 박 부대표의 처지를 외면했다는 점이다. 임신했다는 이유로 기간제 교사가 계약기간을 채우지 못하고 쫓겨나는 학교현장의 암울한 현실 앞에 전교조는 그 이름자가 무색할 정도로 무기력했다. 아니, 학교마다 공·사립 가리지 않고 기간제 교사에게 방학 기간 월급을 주는 게 아깝다며 7월말이나 12월말에 계약 해지를 일방적으로 통보하는 갑의 횡포는 수십 년 지속돼 왔다.

기간제 교사는 학교사회의 약자다. 대부분 학교에서 담임 업무 등 정규직 교사의 힘든 업무를 기간제 교사가 똑같이 맡고 있다. 따라서 동일노동-동일임금이 지급돼야 하는데도 사립학교를 비롯해 수많은 공립학교에서조차 비용절감을 이유로 갑의 횡포가 이어져 왔다. 기간제니까 방학 때 월급을 줄 수 없고 2월 수업은 값싼 시간강사로 대체한다. 그게 수십 년 동안 교육청 관료와 학교장의 머릿속을 지배해온 논리다.

교육을 살찌울 책무가 있는 교육청 관료와 단위학교 장학활동가인 학교장의 입에서 나온 이야기로는 너무 천박하다 못해 씁쓸할 지경이다. 자라나는 아이들에게 타인에 대한 이해와 동정, 배려를 가장 우선적으로 솔선하여 가르치고 모범을 보여야 할 학교 공동체에서 비용-편익의 경제적 관점으로 기간제 교사를 대해 왔던 사실은 결코 온당하지도 교육적이지도 않다.

그것은 학교가 이윤을 중시하는 기업체가 아니기 때문이다. '비용'과 '예산 낭비'라는 식의 논거는 비인간적이고 때에 따라선 상식 밖의 태도이다. 진심으로 학교장이나 교육청 관료들이 국가예산 낭비를 줄일 생각을 했다면 불요불급한 항목을 줄여서 예산을 아끼려 했어야 마땅하다.[13] 교사의 생계와 관련된 민감한 부분을 손댈 생각을 한다는 것 자체가 갑의 횡포가 아니고서는 이해할 도리가 없는 것이다.

전교조는 거대담론으로 포장된 집회 동원의 대상으로 교사를 바라보기보다 교사의 교육권과 사회경제적 권익을 위해 투쟁해야 할 노동조합으로 위상을 재정립해야 한다

교사의 사회·경제적 권익을 보호하기 위해 최우선으로 투쟁해야 할 전교조가 싸워야 할 상황에서 싸우지 않았다. 오늘날 단위학교 분회 활동이 거대담론으로 포장된 집회 동원 대상이나 거의 동호회 모임 수준으로 전락한 것은 뼈아프게 반성해야 할 대목이다.

기간제 교사의 계약은 교육공무원법 32조와 교육공무원 임용령 13조, 그리고 교육청 「기간제 교사 계약에 대한 운영지침」[14]에 나와 있듯이 부당노동행위로 규정하여 전교조가 교육노동운동 차원에서 얼마든지 치열하게 맞서 싸워야 했다. 학교사회의 약자인 기간제 교사에 대한 권리 침탈은 정규직 교사에 대한 권리 침탈로 이어질 수 있는 구조이기 때문이다.

그럼에도 기간제 교사의 실질적 고용자인 학교장의 횡포에 무관심하거나 남의 일처럼 외면했다. 나아가 교육청 관료들의 횡포에 저항하고 분노하지 않았던 사실은 왜 그동안 전교조의 외연이 확대되기는커녕 거꾸로 조합원 이탈이 가속화돼 왔는지를 설명해 주는 중요한 단초이다.

2) 전교조-교육노동운동의 정치세력화

교사의 정당 가입 등 초보적인 정치기본권을 통해 교사의 정치세력화로 교육모순을 해결할 수 있다.

한국 사회의 교육모순은 분단이라는 정치사회모순, 신자유주의라는 경제·계급모순, 봉건성·식민지성·군사문화를 청산하지 못한 역사모순과 중첩돼 있다. 따라서 교육모순의 해결은 교육노동운동만으로 또는 전교조 독자적인 노력만으로 해결될 수 없는 문제다.

한국 사회 교육개혁은 사회변혁의 틀 속에서 논의돼야 하되, 교육노동운동의 출발은 현장의 교육모순을 해체시키는 데서 시작하여야 한다. 무엇보다 전교조가 학교현장에 제대로 뿌리내리기 위함이다. 그뿐만 아니라 현장 교사 대중의 강력한 지지를 얻기 위함이다. 나아가 교육노동운동이 정치세력화해야 하는 이유는 교육개혁의 근본적 변화가 한국 사회 구조의 변혁을 통해 해결이 가능하기 때문이다.

2004년 총선에서 국회의원 10석 획득이라는 민주노동당의 선전이 진보정치세력에 큰 희망을 준 것은 사실이다. 합법적인 정치공간에서 진보의 가치를 뿌리내릴 수 있는 토대가 마련되었기 때문이다. 민주노총의 합법적인 정치조직인 민주노동당의 존재에 전교조 교사 천여 명이 민주노동당 당우로 가입한 것은 교육노동운동의 정치세력화를 위한 첫걸음이었다.

그러나 당시 학교현장은 '교사가 정당에 가입하는 게 옳은가'라는 고

답적인 반발과 '교육의 정치적 중립'이라는 이름으로 들어올 탄압에 대한 현실적 두려움'이 혼재해 있었다. 그리고 '교육노동운동의 정치세력화가 아직 이르다'는 시기상조론 등 여러 의견이 뒤섞인 채로 혼란스러웠고 전교조 내부의 조직 방침도 없었다.

당시 전교조가 조직 방침으로 정치세력화를 표방하지 못한 데는 조합원 대중의 정치의식 고양을 위한 교육과 선전이 절대적으로 부족했다. 무엇보다 그것을 적극적으로 견인해야 할 전교조 지도부의 사회변혁에 대한 의식과 정치세력화에 대한 준비가 미미했다. 당시 민주노총에 상당한 정치적 지분과 영향력이 있던 것이 전교조의 위상이었다. 그럼에도 민주노동당의 비약적 발전에 다들 놀라워했을 뿐, 교사 대중을 정치세력화 할 준비는 낮은 수준에 머물렀다.

당시 단위학교 분회장으로서 교사 대중의 정치적 의식의 편차가 다양함을 인정함에도 전국 차원의 교육과 선전이 거의 전무했던 것에 크게 실망했던 기억이 있다. 교육노동운동의 정치세력화 없이 교육개혁, 나아가 사회변혁은 불가능하다. 모든 운동은 정치로 통한다. 그런 측면에서 노동조합으로서 전교조는 일상적인 정치선전과 조합원 정치교육에서 매우 소홀한 느낌을 지울 수 없다.

1997년 IMF 이후 '민주 대 반민주'라는 정치지형이 '진보 대 보수'로 전환되었다.[15] 그때 전교조는 진보 대 보수라는 이분법적인 전략을 도식적으로 설정하였다. 김대중-노무현 민주정부를 신자유주의를 선도하는 보수정권으로 규정한 것이다. 김대중-노무현 민주정부에 협력할 것은 협력하고 비판할 것은 비판했어야 했는데 신자유주의 분쇄투쟁으로 일관한 것이다. 민주정부에 대해 협력과 비판을 8:2로 설정하기보다 진보 대 보수라는 관점에서 0:10으로 설정한 탓이다.

민주정부 10년 내내 대정부 정치투쟁으로 일관한 전교조 등 민주운동 진영의 경직된 노선은 과거 반민족세력, 반민주세력에게 기사회생할 수 있는 발판마저 던져주었다. 급기야 그들로 하여금 기사회생하여 한국 사회 지배세력으로 여전히 군림하도록 만들었다. 수십 년 동안 물적 토대를 강고하게 구축한 반민족·반민주 친일세력(=분단세력)을 청산할 기회를 놓쳐버렸다. 현실에서 할 수 있었던 것은 김대중-노무현 민주정부에 적극 협력하여 과거사를 일정 부분 청산하고 제도적 민주주의혁명을 완수하는 것이었다.

낡은 법질서와 퇴행적인 제도를 개선하여 형식적·절차적 민주주의를 완성하도록 민주정부와 협력관계를 돈독히 유지했어야 했다. 민주정부는 진보정치의 마중물 정부이기 때문이다. 실제로 진보정치의 토양이 척박한 환경에서 김대중-노무현 민주정부의 성공 없이 진보정당의 미래도 가늠할 수 없다. 그런 측면에서 전교조와 민주노동당은 김대중-노무현 민주정부와 유연하게 전략적 연대를 설정하는 데 실패했다. 오히려 한국 사회 변화를 열망하는 진보세력의 사랑을 한몸에 받았던 전교조와 민주노동당은 민주정부 10년 동안 대립각을 세웠을 뿐이다. 정치대중에 대해 정책적 비전도 없이 신자유주의 반대를 전면에 내세우며 대중을 정치투쟁으로 내몰았다.

사회당과 사회당의 외곽조직 일교조의 몰락은 지지기반인 노동계급의 사회경제적 이슈를 외면한 채 정치투쟁으로 치달은 데 있다

우리나라는 이웃 일본과 수십 년 동안 정치 환경이 비슷했다. 미국의 동아시아 전략 및 대對한반도 냉전 정책기조 속에서 한국과 일본 모두 극우 보수 정당이 일당 독주하는 형태로 장기간 지배세력으로 군림한 점에서 그렇다. 극우 보수 정당인 자민당에 맞서 수십 년 동안 우경화를 견제해온 사회당은 일본교직원조합(약칭 일교조)의 든든한 정치적 기반이자 외곽 정치조직이었다. 일본 공산당보다 더 급진적인 사회당이 90년대 후반 정치적 몰락의 길을 걸을 당시 일본 교사 대중의 노동조합인 일교조 역시 고스란히 몰락의 길을 걷게 된다.

일교조의 예를 좀 더 살펴보자. 1975년 일본 사회 '교직의 분열과 관료적 지배'를 공고히 하기 위해 집권 자민당은 '주임 수당'을 신설하려고 했다. 1958년 교장들의 일교조 탈퇴를 의도해 교장에게 '관리직 수당'을 주는 것과 같은 맥락이었다. 교육에 대한 자민당의 지배를 분쇄하기 위해 일교조는 1958년 '관리직 수당 신설 반대 투쟁'과 마찬가지로 투쟁하였다. 1975년 12·10 파업투쟁, 문부성 시위를 통한 '주임 제도 저지 투쟁', '주임 수당 반대 투쟁'을 전개한 역사가 그러한 사례들이다. 1957~1958년 '교사근무평정 전국 실시 반대 투쟁', 도덕과 특설 '교육과정 개악 반대 투쟁', 중학교 일제고사 등 '학력고사 반대 투쟁'(1961~1965), '베트남 반전운동'(1966), '일숙직 폐지 투쟁', '초과근무 수당 지급 투쟁'(1967), '임금 투쟁', '오키나와 반환 및 핵 기지 철거 투쟁'(1969) 등 일교조는 국가의 교육 지배 반대와 교사의 근로조건 개선을 위해 치열하게 싸워왔다.

그들은 오후 수업 거부, 1일 파업, 아침 1시간 파업[16] 등 다양하고 격렬하게 싸워온 자랑스러운 투쟁의 역사를 간직하고 있다. 일교조는 한국 사회 전교조와 비교가 안 될 정도로 교장을 포함한 절대다수가 가입하여 높은 조직률과 정치세력화에도 성공했다. 그럼에도 오늘날 일교조의 존재는 미미하기 그지없다. 일교조가 공식적으로 지지한[17] 사회당의 몰락과 함께 일교조의 존재감을 느낄 수 없는 게 오늘날 우경화된 일본의 현실이다.

사회당의 몰락은 서구 좌파보다 더 좌파적인 사회당의 경직된 사회주의 노선도 문제지만, 무엇보다 1960~70년대 일본이 고도 경제성장을 구가하던 시기에 정책적 비전을 제시하지 못한 데 원인이 있다. 당시 사회당은 노동계급의 사회경제적 이슈에 반反성장, 반反복지의 태도를 취한 채[18], 군사안보투쟁, 정치투쟁에 지나치게 집중함으로써 핵심 지지기반인 노동계급으로부터 멀어져갔다. 사회당 일당 지지를 표명한 일교조 역시 마찬가지다. 교육노동운동의 정치세력화를 꿈꾸는 전교조와 진보정당이 반면교사로 삼을 대목이다.

2. 교육민주화를 위한 초석
- 국가주의 교육이데올로기의 해체

한국 사회는 1987년 6월 시민항쟁 이후 특히 90년대 들어 사회 전 분야에서 개인주의가 확산되고 다양성이 존중되는 다원화된 사회로 급속히 변모해 갔다. 매일 오후 5시에 전국적으로 거행됐던 '국기강하식'이 폐지되고 영화관에서 '대한뉴스'와 '국기에 대한 경례'가 사라졌다. 더구나 모든 국정 교과서 첫 장에 실렸던 '국민교육헌장'조차 1994년을 전후해 조용히 사라졌다. '국기에 대한 맹세'도 국가주의 냄새가 짙다는 이유로 수정되었고, 매주 월요일 1교시 '애국조회' 시간도 사라졌다.

일반 국민은 물론 교사 대중도 자신이 의식하든 의식하지 못하든 국가주의 이데올로기가 해체되는 집단적 경험을 한 것이다. 분명 87년 6월 민주항쟁은 한국 사회를 근본으로부터 변화시킨 거대한 역사적 격변이다. 국가 파시즘에서 자유민주주의로 한국 사회가 첫걸음을 떼고 걸음마를 하던 시기였으니까. 교사 노동조합의 전국 단일조직인 전교조의 탄생 역시 그런 사회변화의 흐름에서 이해할 수 있다.

1) 권위주의 교육행정과 국가주의 교육의 폐단
교육개혁은 헌법 가치인 교육의 자주성, 교사의 자율성을 구현하는 데서 시작해야 한다.

민주주의 교육을 강령으로 하는 전교조가 출범한 지 30년이 지났지만 교육현실, 특히 학교현장에는 여전히 국가주의 교육행정이 관철되고 있다. 교육의 자주성과 교사의 자율성, 전문성이 헌법적 가치임에도 역사청산이 없었던 한국 사회의 교육현실은 수직적인 관료체계에 기초하여 상명하복으로 일관한다. 장학사의 기능은 장학활동, 즉 단위학교 교사의 수업을 돕는 장학獎學 기능보다 일제 식민지 시대와 군부독재 시절 교사의 교육활동을 관리, 감독하는 시학視學의 기능에 더 가깝다. 해방된 지 77년이 지나갔지만 학교사회의 변화는 더디기 그지없다. 해방 이후 교도소, 군대, 학교사회 가운데 가장 변화의 속도가 더딘 곳이 학교이지 싶다.

'교사는 학교장의 명령에 따라 학생을 지도한다'는 내용의 교육법이 수십 년 지속되다가 1997년 폐지되었다. 대신 1997년 제정된 초중등교육법(20조 4항)에 의하면 '교사는 법령에서 정하는 바에 따라 학생을 교육한다.' 그럼에도 교육부는 교육통제부, 교사통제부처럼 군림하는 게 오늘의 현실이다. 학교장은 말단 통제지휘관이고 교사는 그 통제 속에서 알량한 권위로 아이들 앞에 군림한다.

2013년도 서울지역 초·중·고교는 근무시간 중 10분에 1.4건의 공문을, 학교마다 연간 1만 6천여 건의 공문을 생산하거나 접수했다. 학교가 '공문 공장', 학교장은 '공문 공장' 공장장으로 전락[19]한 현실이다. 해방된 지 77년이 됐지만 번문욕례繁文縟禮처럼 학교는 수많은 공문에 파묻혀 있다. 학교현장은 공문서 처리 기관을 벗어나지 못했고 교사는 공문처리에 허덕인다. 교수-학습활동이 중심이어야 할 학교에서 공문 작성하고 결재 올리는 것이 중심이 되어버린 모순된 현실이다. 본말이 전도된 권위주의 교육행정의 폐단을 교사들은 매일 마주한다.

김대중 국민의 정부 시절 교육개혁을 주도한 이해찬 교육부 장관은 서울대학교 입시제도의 변화를 통해 성적으로 한 줄 세우기가 아니라 학생들의 꿈과 재능으로 여러 줄 세우기를 처음 시도하였다.[20] 교실을 확충하고 교원 수를 늘리면서 학급당 학생 수가 크게 줄어들었다. 그뿐만 아니라 2000년부터 보수 세력의 반발을 뚫고 중학교까지 무상교육이 확대, 시행되었다. 그러나 이에 대해 당시 조·중·동 등 보수 언론은 하나같이 '학교붕괴', '교실 붕괴'를 언급하며 교육개혁에 제동을 걸었다. 당시 주류언론들은 이해찬 교육세대에 대해 '교실 붕괴'니 '학교붕괴'니 요란을 떨면서 온 사회를 떠들썩하게 했다.

그러나 요즈음 매스컴에서 그런 이야기를 별로 들어보지 못한다. 진행형인 교실 붕괴가 중단된 상황인지 아니면 교실 붕괴가 처음부터 존재하지 않았음에도 당시 언론에서 호들갑을 떨었던 것인지 헷갈린다. 매일 아이들과 만나는 교사로서 곰곰이 생각해 보면 교실 붕괴나 학교붕괴는 애초부터 없었다. 있었다면 수십 년간 지속된 국가주의 교육에 찌든 교사의 일방적인 권위와 권위주의적인 학교문화에 금이 갔을 정도이지 무너지지는 않았다. 2010년 최초의 진보교육감인 곽노현 교육감 시절 '학교체벌 금지' 조치는 국가주의 교육이 만들어 준 기존 권위의 공식적 해체다.

체벌을 통해 교사의 권위를 세워야 한다는 생각은
국가주의 교육행정이 낳은 낡은 이데올로기이다

나아가 그것은 수십 년 동안 교육의 이름으로 자행된 학교폭력을 학교현장에서 영구히 추방시키겠다는 결연한 의지가 담긴 선언이다. 보수언론들은 체벌 금지로 교권이 추락했다고 엄살을 떨기도 했지만 기실 그 교권이란 것의 실체는 아이들에겐 '권력'이었다. 수십 년 동안 체벌은 학생의 반항을 잠재우고 최종적으로 정리하는 도구[21]였던 셈이다. 진정 교사의 권위가 아이들로부터 나온다는 단순한 상식을 받아들인다면 아이들이 인정해주는 교사의 권위는 오늘도 여전히 살아있다. 그래서 무수히 많은 이 땅의 선생님들이 오늘도 아이들로부터 사랑과 존경을 받고 있지 않은가?

교사의 권위를 세워야 한다는 생각은 국가주의 이데올로기가 낳은 낡은 산물일 뿐이다. 아이들이 선생님에 대해 감동을 받았다면 교사의 권위는 이미 그곳에 존재한다고 봐야 한다. 교사이기 때문에 어떤 상황에서도 권위를 인정받아야 한다는 생각은 교육의 본질에 대한 이해가 부족한 탓이다. 아이들 앞에서 권위를 세운다고 세워지는 게 아니기 때문이다. 권위를 세울수록 목이 뻣뻣해지고 아이들과 관계 맺기가 어려워질 뿐이다. 일제 식민지교육의 잔재인 교단이 일제히 교실에서 사라진 이유를 생각해보라! 강제로 선생님을 올려다보게 하는 것이 교사뿐만 아니라 얼마나 아이들의 목을 뻣뻣하게 만들었는지를.

이제 와서 생각하면, 당시 언론에서 떠들었던 '교실 붕괴'나 '학교 붕괴' 현상은 다분히 이념적 성격이 짙고 정치적이었다. 그 까닭을 살펴보자면, 공정택 전 서울시 교육감이 2010학년도부터 시행한 학교선택제가 특목고-자사고-자공고-일반고 등으로 고등학교를 서열화하면서 인문계 고등학교가 가파르게 슬럼화하였다. 그렇지만 어느 보수 언론에서도 '교실 붕괴'나 '학교붕괴'를 비중 있게 기사화하지 않았다. 슬럼화된 인문계 고등학교에서는 수업 중 학생들이 교실을 이리저리 오가고 엎드려 자는 풍경이 일상화되었다.

그뿐만 아니라 교사에게 쌍욕을 하거나 교사를 폭행하고 여교사가 정신과 치료를 받는 등, 예전에 비해 상상할 수 없을 정도로 교권침해가 심각하게 발생하고 교권이 추락하였다. 그런데도 거대 보수 언론들은 신자유주의 학교정책인 「학교선택제」의 폐해에 대해 '교실 붕괴'를 언급해야 함에도 모르쇠로 일관한다.

국민의 정부 시절, 이해찬 교육부장관의 교육개혁에 대해 당시 전교조는 이해찬 장관의 교육정책이 시장주의 마인드로 진행된 것에 반대하는 목소리로 일관했다. 이와 달리 한교총 등 보수교육단체들과[22] 보수 언론들은 일제히 교실 붕괴와 학교붕괴를 언급하며 학력 저하와 함께 이해찬 장관의 교육개혁을 맹비난[23]했던 기억이 생생하다. 나아가 보수 정당(한나라당)과 보수 언론들은 교육의 본질을 외면한 채, 민주정부의 교육개혁에 대해 정치 공세로 일관했다.[24]

그것은 민주정부가 들어서고 '다양한 줄 세우기' 교육 등 교육의 본질에 뿌리내리려 애쓰던 당시 교육정책을 외곽에서 흔들어대면서 곧 학교가 붕괴될 것처럼 호들갑을 떨었던 것에서 알 수 있다. 한마디로 '교실 붕괴'나 '학교붕괴'에 대한 언론 보도 행태는 불순한 동기에서 시작되었고 다분히 정치적인 성격으로 진행되었다. 민주정부에 대해 정권 흔들기가 끝나자 보수 언론들은 약속이나 한 듯이 일제히 교실 붕괴와 학교붕괴에 입을 닫았기 때문이다.

민주정부가 들어서면서 일사불란한 권위주의 학교문화에 균열이 생긴 현상을 보수 언론들은 '학교붕괴'니 '교실 붕괴'니 하며 공격했던 것이다. 그런 의미에서 '교실 붕괴'나 '학교붕괴'는 수십 년간 지속된 국가주의 교육시스템이 삐걱거리는 과정으로 해석해야 할 것이다. 따라서 '교실 붕괴'나 '학교붕괴' 현상은 당시 보수 언론들이 '국민의 정부' 초창기 개혁에 저항하려는 정치적 동기에서 주목을 끌게 한 사건에 지나지 않는다. 오늘날 아이들은 여전히 착하고 순수하다.

한국 교육의 근본 문제는 교육을 정치의 도구로 악용해 온 데 그 역사적 원인이 존재한다

한국 교육이 안고 있는 문제의 근본 원인은 본질적으로 역사적인 데 있다. 뒤틀린 한국 현대사, 바로 교육을 통치 수단으로, 수십 년간 정치 도구로 전락시킨 '국가주의 교육'에 있다. 교육이념과 교육의 전 과정을 독점해 온 국가주의 교육은 일제 식민지 시대엔 천황의 충성된 '황국신민의 인간형'을 강요하였다.

해방 후 50~60년대엔 냉혹한 '반공투사의 인간형'을 주입시켰다. 그리고 1970~80년대 산업화 과정에선 자본의 이익에 순치된 '기능주의 인간형'을 잘 교육받은 표상으로 부르짖고 양산해 왔다. 90년대 들어 한국 정치사회의 민주화와 다원화에 힘입어 국가주의 교육 시스템이 제대로 작동되지 않자 보수 언론들은 이를 '교육의 위기'로 진단하였고 이를 공론화·대중화한 것이다. '교실 붕괴'는 없다. '국가주의 교육시스템'이라는 낡은 틀이 붕괴되고 있을 뿐이다. 낡은 시스템이 균열되고 붕괴의 조짐이 보이는 그 빈자리를 오로지 학벌주의 이데올로기로 채워 가며 아슬아슬하게 줄타기를 하고 있는 것이 오늘날 한국이 처한 초·중등교육의 현실이자 위기이다.

2) 봉건성·식민지성·군사문화에 갇힌 학교잔재

한국의 학교사회는 봉건적 요소가 많이 배어 있다. 17개 시·도 교육감 가운데 여성교육감은 2명에 지나지 않는다. 교육감은 선출직이기에 그렇다고 하자. 전국 42만 교사 가운데 여교사 비율이 65%에 이른다. 그러나 여교장 비율은 전국 평균 15%대에 머물고 있다.[25] 초등학교의 경우 90%가 여교사인데도 여교장은 20%도 안 되는 현실! 그리고 중등학교 보직교사 중에서 여교사의 비율이 현저히 낮은 점은 분명히 여성을 차별하는 봉건성이 짙기 때문이다. 전체 가부장적인 한국 사회와 별반 차이가 없는 것은 역사청산이 없었기 때문이다.

무엇보다 남녀평등의 가치를 지향하는 학교사회에서 여성을 차별하고 수동적 위치에 고정시키는 봉건적 문화는 비교육적이다. 자라나는 아이들을 생각하면 비교육적인 환경을 넘어 오히려 반교육적인 환경으로 작용한다.

해방된 지 77년! 교감, 유치원, 수학여행, 반장, 주임 등
식민지 교육용어들은 여전하다

올해는 일본 제국주의자들로부터 해방된 지 77년이 되는 해이다. 그러나 학교사회는 여전히 식민지 잔재가 남아 있다. 교사를 감독, 통제하는 '교감校監' 제도가 정작 일본 사회에서는 전후에 사라지고 '부교장'으로 바뀌었지만 한국 사회에는 여전히 살아있다. '충량한 황국신민'을 양성하는 '국민國民학교'[26]가 '초등학교'로 바뀐 것이 1996년이니까 한국의 교육은 뼛속 깊이 친일의 냄새가 짙다.

100m 달리기를 할 수 있을 정도로 긴 일자형 학교건물, 단속 위주의 교문지도, 액자 속 태극기, 조·종례, 빈번히 발생한 학생 체벌, 학교현장에서 쉽게 접하는 반장, 간담회, 진급사정회, 수학여행, 소풍 등 아직도 남아 있는 일본식 교육 용어들, 1997년도까지 있었던 주임교사 제도, 아직까지 학교현장에서 통용되는 교과주임 등 식민지 흔적은 어렵지 않게 눈에 띈다.

특히 '유치원'이라는 명칭은 1897년 부산에 체류하던 일본인들이 자신의 어린 자녀들을 가르치기 위한 기관을 '유치원'이라고 명명한 데서 유래했다. 독일식 유치원 표기인 '킨더가르텐Kindergarten'(어린이들의 정원)[27]을 일본 학자들이 일본식으로 이름을 붙인 데서 비롯한 것이다. 일제 잔재인 '유치원'을 '유아학교'로 바꾸기 위한 법안 제출이 몇 차례 시도되었지만 무산되었다. '사관학교' 역시 우리나라에서는 쓰지 않던 용어다. 대한제국 무관학교, 이회영의 신흥무관학교에서 알 수 있듯이 '무관학교'라는 명칭은 있어도 '사관학교'라는 명칭은 없다.[28] 명백히 일본 제국주의 시기 일본육군사관학교에서 따 온 식민지 용어다.

소프트웨어로 가면 한국 교육계 친일의 냄새는 매우 강렬하다. 미군정 당시 선임된 교육계 인사들 가운데 이극로, 백남운, 안재홍, 최현배 등 몇몇 인사를 제외하고는 대부분이 일제 치하에서 식민지 정책에 저

일제 잔재 용어

예	이유(근거)	순화어
반장, 부반장	일제 강점기 급장, 반장은 학급에서 성적이 가장 우수한 학생으로 주로 담임교사에 의해 지명되어 담임교사의 대리자로 활동함. 일본에도 급장이 있었으나 패전 이후 명칭이 학급위원으로 바뀜. 학교현장에서 회장, 부회장으로 대부분 교체되었으나 습관적으로 일상 용어로 사용 중인 경우가 다수 있음.	회장, 부회장, 학급대표
훈화	상사가 부하에게 '훈시'한다는 일제강점기의 군대 용어로 감시와 통제를 위해 사용함.	덕담, 도움 말씀
파이팅	학생들이 응원할 때 많이 쓰는 '파이팅'은 일본군 출전 구호. 그 유래는 권투 경기 시작을 알리는 'Fight'를 일본이 제2차 세계 대전 때 '화이또'라는 군인 출전 구호로 부른 데서 찾을 수 있음.	잘하자, 힘내 아리아리
방위, 순서 표시 들어간 학교 이름	일제는 1914년 4월 1일 〈경기도 고시 제7호〉(경성부의 동, 정의 명칭과 구역 공포-186개)를 중심으로 당시 서울지역에 해당하던 경성부의 지명을 식민통치에 유리하도록 대대적으로 개편, 일제 강점기 방위작명법이란 식민지 통치 편의를 위해 학교 이름에 동서남북의 방위명을 사용한 것.	학교 이름 바꾸기
간담회	일본식 한자어(懇談會: こんだんない)를 한글로 표기한 낱말	정담회(情談會)
사정회/ 사정안	일본어식 조어 표현으로 생겨난 용어	평정회, 평가회/ 평정안
-계 (결석계, 휴학계 등)	학사운영에서 자주 사용하는 일본식 한자 표현으로 일본에서 공문서를 지칭하는 'とどけ'를 그대로 옮긴 표현	신고서/신청서, 결석신고서, 휴학신청서 등
차렷, 경례	'차렷/경례'는 군대식 거수경례로 일왕에게 충성을 바친다는 일제 흔적	공수-인사/ 바른 자세-인사/ 인사-안녕하세요/ 인사-고맙습니다
수학여행 (소풍, 수련회)	'수학여행, 소풍, 수련회'는 일본에 조선인 학생들을 보내 일본 문화를 익혀 민족정신을 없애려는 목적으로 메이지 유신 이후 1907년부터 행해진 활동, 학교 현장에서는 문서상으로 '문화탐방', '문화 체험 활동' 등 여러 가지 대체 용어로 많이 바뀌었으나 교사나 학생들의 구어상 용어로 여전히 잔존하고 있음.	문화탐방, 문화 체험활동 (현장 체험 학습/ 리더십캠프)
백지동맹, 동맹휴학	우리나라 학생들의 일제에 대한 저항을 처벌했던 항목	삭제

명칭, 용어, 언어 영역: 우리 민족 정체성을 말살하고 황국신민화 정책을 확산하기 위한 방법으로 한글 사용을 금지하고 일본어를 국어로 사용하도록 강요하면서 다수 존재함.
〈학교생활 속 일제 잔재〉 관련 용어들 (서울시 교육청 공문 참조)

김활란 동상

미군정 통치 기간 〈한국교육위원회〉 위원으로 참여한 김활란의 동상. 이화여대 본관 옆에 세워져 있다. 김활란은 친일인명사전에 등재된 친일부역자로, 반민족 행위를 서슴지 않은 인물이다. 그의 친일 행적으로 이 동상 철거가 제기되는 등, 논란의 중심에 놓이기도 했다. (사진: 하성환)

항하지 않고 친일 행위를 서슴지 않은 인물들이 많다.[29] 해방 직후 1945년 9월 16일 구성된 한국 교육위원회Korean Committee on Education[30]는 당시 김성수, 김활란, 백낙준[31], 현상윤, 최규동, 유억겸[32] 등 위원 절대다수가 친일파였다.[33] 진보적 인사는 단 한 명도 없었다.

미군정청 산하 최초의 한국인 학무국장 역시 일제시대 친일파 유억겸(유길준의 아들)이다. 1945년 11월 14일 미군정청 학무국 자문기구로 출범한 '조선교육심의회' 역시 안재홍(교육이념 분과), 이극로(초등교육 분과), 최현배(교과서 분과), 백남운(고등교육 분과)을 제외하고 조동식(중등교육 분과), 유억겸(교육제도 분과), 최규동(교육행정 분과) 등 대부분이 친일 전력을 지닌 인사들로 채워졌다.[34] 진보적인 인물은 고등교육분과 백남운이 유일하다.

특히 최규동은 2015학년도 3월 교육부 선정 '이달의 스승'으로 뽑혀 논란이 된 인물이다. 교육부는 최규동을 "민족의 사표, 조선의 페스탈로

치로 불린 분"이라고 홍보했다.[35] 최
규동은 60년대 박정희 정권 시절
대한민국 정부로부터 독립훈장 건
국장이 추서된 교육계 인물이다. 그
렇지만 그는 일제강점기 시절, '죽
음으로 일본 천황의 은혜에 보답
하라'며 '황군 복무야말로 황국신
민교육의 완성'임을 역설하고 조선
청년들을 전쟁터로 내몰았다.[36] 일
제강점기 초기 계몽운동을 전개했
던 교육자로서 최소한의 양심을 저

최규동
박근혜 정권 교육부가 한교총의 도움으로 선정
한 '조선의 페스탈로치' 최규동. 그러나 최규동은
친일 반민족 행위를 일삼은 교육자로, 결코 홍보
할 인물이 아니다. (출처: 교육부 홍보포스터)

버린 채, 조선 신궁 발기인, 조선임전보국단 평의원을 비롯해 민족을 배
반한 죄가 너무 컸던 인물이다. 중동학교 교장 출신 최규동이 해방 직후
서울특별시 교육회장, 조선교육연합회장, 서울대학교 총장을 지냈다 해
서 그 죄가 감해지는 것은 아니다.

조선교육연합회는 일제강점기 친일교육자 단체인 '조선교육회' 후신이
고 이는 이승만 정권하 어용교육자단체인 '대한 교련'으로, 그리고 오늘
날 '한교총'으로 변신하며 우리 사회 최대 교육자 단체로 영향을 미치고
있다. 지난 시절 교과서에 수록된 친일인사들은 셀 수 없을 정도로 많다.

그렇지만 희망도 보인다. 대구교육청은 대구지역 초중고 50여 곳에 일
본 향나무가 심어진 것을 파악하고 일본 향나무가 교목일 경우 무궁화
로 교체하라는 공문을 보냈다. 그리고 학교 상징물과 국기게양대 주위
에 심어진 일본 향나무를 우선 제거하고 무궁화를 심도록 하였다.[37] 박
정희-전두환-노태우로 이어지는 군사독재 30년간 한국의 학교사회는 병
영화되었다. 특히 1970년대 유신체제 기간 동안 학도호국단 단장은 학교
장, 연대장은 학생회장, 그리고 이하 대대장-중대장-소대장 등 군부독재

권력은 학교사회마저 철저히 병영화시켜버렸다.

'교련'과목이 1970년대부터 2000년대 초반까지 학교교육과정으로 버 젓이 등장하였다. 군인들이 학교 교사로 편입돼 인적 구성 면에서 학교 사회는 군대 문화에 버금갔다. 운동장은 연병장을 연상하게 했고 구령 대는 사열대를 떠올렸다. 70년대 목총을 메고 각반 차고 분열과 사열을 당했던 어두운 기억과 눈 깜짝할 시간에 총기분해와 결합을 했던 광경 이 아직도 기억 언저리에 또렷이 남아 있다.

3. 이념에 순치된 기능적 교사를 넘어서서
사회적 삶을 실천하는 교사

일타 강사들이 우상시 되는 작금의 한국 교육현실은 정신적으로 타락 한 모습이다.

학교사회는 이데올로기로 가득하다. 학교의 지배 이데올로기는 걸러 지지 않은 생경한 모습으로 자라나는 아이들 영혼 속으로 빨려들어 간 다. 아이들은 쉽게 가부장제 이데올로기를 체득하고 생활 속에서 맹목 적 애국주의를 드러내며 경쟁 이데올로기 속에서 승자의 오만함과 패자 의 열패감을 동시에 경험한다.

경쟁의 공정성에 대해 회의懷疑할 만도 한데 그럴 시간도 정신적 여유 도 없다. 주어진 경쟁의 틀 속에서 오직 이겨야 한다는 승리주의 이데올 로기에 사로잡힐 뿐이다. 아름다운 것을 바라볼 시간, 아름다움을 생각 할 마음의 여유도 없다. 생각하는 것을 멈추고 기계적으로 사고하고 답 을 내는 것에 익숙해진다. 삶에 대한 성찰과 인문학적 교양이 빈약한 현 실이 공부 잘하는 아이든 공부와 담쌓은 아이든 학교 현실에 만연해 있다.

생각하기를 멈춘 곳에서, 그리고 글쓰기를 멈춘 지점에서 학교사회 지성의 성장은 실종된다. 학벌 이데올로기만이 학교사회를 지배하고 작동시키는 거대한 힘이다. '입시교육=교육'인 것처럼 한국 사회는 지성의 실종과 야만을 향해 저돌적으로 달려갈 뿐이다. 문제는 그런 야만적 교육 환경에 방치된 어린 영혼들에게 끝없이 기능적 지식을 주입하며 교육이 마치 입시교육인 것처럼 규정하는 기능적 교사들의 교육활동에 있다. 그러한 행위는 교사의 자기 존재를 기만하는 행위로, 교육활동을 뿌리째 갉아먹는 자기 파괴 행위다.

학벌주의 이데올로기에 순치된 교사들이 학교사회의 다수를 점하고 학벌주의 이데올로기의 결정판인 입시교육의 최전선에 서 있는 유명 학원 강사들이 우상시 되는 작금의 한국 교육현실은 우려스럽다 못해 지극히 위태롭다. 그런 맥락에서 수년 전 교육부 장관의 입을 통해 '오늘날 학교 교사들이 학원 강사들보다 실력이 없다'는 말이 나올 수 있었던 것이다. 돈이 지배하는 세상에서, 물질이 인간의 정신을 압도하는 현실에서 기형적으로 비대화한 사교육 시장을 이상한 눈으로 쳐다보기보다 연봉 수십억을 벌어들이는 잘 나가는 학원 강사를 선망하는 것이다. 그런 세태가 한국 사회의 지배적인 흐름이자 타락한 정신적 풍조다.

국가주의 이데올로기에 순치되고 학벌주의 이데올로기에 저항은커녕 의심 없이 추종하는 절대다수의 기능적 교사들에 의해 아이들 영혼이 피폐해지고 삶이 강퍅해지는 것이다. 학생들에게 무심코 던지는 '열심히 공부하라'는 말이 경쟁에서 패배한 아이들에게 좌절과 절망을 자기 책임으로 받아들이게 만드는 언어기제로 작동할 수 있다는 사실을 성찰하지 않는다. 그래서 기능적 교사들은 오늘도 무심코 아이들에게 '열심히 살고 있지?', '열심히 살아라'라고 격려하기보다 '열심히 공부하라'고 독려한다.

1) 국가주의·학벌주의 이데올로기에 갇힌 기능적 교사의 자화상

서울대학교 탄생은 부끄러운 한국현대사의 자화상이다

한국 사회에서 고등학교와 대학의 서열화된 시스템을 해체시키려는 노력은 없다. 해방 후 77년이 되는 오늘날 대학은 폭발적으로 팽창하여 양적으로 증가하였다. 그러나 서울대를 정점으로 하는 피라미드형 서열 체제는 더욱 공고화하였다.

역사적으로 서울대는 자랑스러운 교육의 산물이 아니다. 일제가 1920년대 민립대학 설립운동을 방해하고 세운 경성제국대학처럼 해방 후 미군정이 전 국민의 반대에도 불구하고 '국대안' 사건을 강행하여 등장한 대학이기 때문이다.[38] 초대 서울대학교 총장이 미군정청 대위였다는 사실은 충격적이다 못해 황당하기까지 하다. 사실 한국 사회 학벌주의의 대명사인 대학 간 서열은 대학 간 경쟁에서 형성되었다고 보기 어렵다. 대학들이 서열을 매기는 경쟁에 참여해서 생긴 것이 아니라 외부적 요인에 의해 서열화가 고착된 것이다. 외부적 요인 가운데 국가의 고등교육 정책에 책임이 크다.

수십 년 동안 국가는 한정된 교육예산을 서울대에 집중적으로 투입하여 서울대를 부동의 '일류' 대학으로 조성[39]하는 데 일조하였기 때문이다. 서울대를 정점으로 하는 서열화 된 학벌주의 시스템에서 승리자를 길러내는 능력 있는(?) 교사, 능력 있는(?) 강사가 되지 못해 안달하는 모습은 아수라장과 다를 바 없다.

교육은 가치를 지향하는 행위이고 교사는 그 중심에 서 있다. 교사가 바로 서지 못하고 흔들리면 교육은 무너진 것이나 마찬가지다. 기능적 지식을 학생들에게 주입하는 것으로 교사로서 할 일을 다 했다고 위안 삼는 기능적 군상들은 지배 권력의 충직한 '노예교사'에 지나지 않는다.

경쟁적인 입시교육은 잘못된 이데올로기를 맹신하는 기계적 군상들을 붕어빵 찍어내듯이 대량으로 재생산하기도 한다. 반면, '삶을 위한 교육'은 삶을 윤택하게 하고 이웃을 돌아보는 연대의 정신으로, '기품 있는 민주시민'을 길러낸다. 교육의 위대한 힘은 피를 흘리지 않고 사회를 변화시키는 데 있다. 교육은 인간의 영혼을 다루는 정치精緻한 예술이기 때문이다.

아이들에게 지시하고 명령하며 학생을 대상화시키는 교사에게 '교육자'라는 말은 적합하지 않다. 교육의 이름으로 자행되는 지시와 통제, 그리고 문제 푸는 훈련만 반복하는 교사는 학벌주의 이데올로기에 충직할 뿐, 교육활동과는 거리가 멀다. 학벌주의 이데올로기에 매몰된 교사는 교육자라기보다는 동물 조련사나 훈련소 조교라는 명칭이 적합할 것이다.

교육은 영혼의 울림이자 감동을 교류하는 상호작용이기 때문이다. 사고가 정지된 채, 아이들을 기계적으로 다루고 답을 채근하는 교사에게서 아름다움을 느낄 수 있는가? 사색하기를 멈추고 기계적인 답을 요구하며, 국가주의 이데올로기 안에서 교칙 준수와 모범적인 학교생활을 강요하는 교사에게서 민주주의의 희망을 볼 수 있는가?

오늘날 아직도 학교현장에서 버젓이 목격되는 '아침 교문지도'를 생각해 보라! 아이들을 통제의 대상으로 여기는 국가주의 교육의 전형이 아닐 수 없다. 그럼에도 학생지도의 편의상 절대다수의 학교에서 묵인되고 있다. 그뿐만 아니라 그런 교문지도 행위에 대해 일부 교사들은 '수고하신다'는 격려의 언어로 그들의 행동을 강화한다.

21세기는 학생의 인권을 존중해야 할 민주주의 시대다. 교육행정도 달라야 한다. 아침에 학교에 오는 모든 학생을 잠재적인 규칙 위반자로 바라보는 근엄한 얼굴은 교육적이지 않다. 100년 넘게 지속된 아침 교문지도는 폐지해야 마땅하다. 아이들 복장지도가 정말 필요하다면 학교생활 가운데 얼마든지 가능하기 때문이다.

성찰 없는 교육과 그런 관성적인 교육을 매일 되풀이하는 교사들의 교육활동이 그동안 학교의 풍경을 왜곡시켜 왔다. 나아가 수십 년 동안 학교를 학교답지 않게 만들고 교사와 학생의 살아있는 생동감 넘치는 관계를 매순간 방해해 왔다. 배움은 즐거워야 하고 학교는 호기심 어린 신나는 공간이 되어야 하는데도 학생들의 인권은 늘 교문 앞에서 발을 멈추게 한 것이다.[40]

교직원회의 때 일제히 약속이나 한 듯이 벌떡 일어나 국기에 대해 경례를 하고 학교 행사에서 국기에 대한 맹세를 생각 없이 반복한다. 그 모든 국가주의 이데올로기를 관철시키는 모든 행위 앞에 교육은 설 자리를 잃고 만다. 매일 반복되며 마주하는 학교 풍경을 이제는 끝내야 하지 않겠는가? 전교조는 그런 미시적인 정치, 일상의 모순에 왜 저항하지 않는가?

학벌주의 이데올로기에 갇혀 어린 영혼들이 채 피지도 못한 채 스스로 목숨을 끊는다. 초등학교 5학년 아이가 '바닷속 물고기처럼 자유롭게 살고 싶다'고 절규하며 아파트 베란다 가스관에 목을 매 자살했다.[41] 초등학생은 어른인 아빠가 20시간 일하고 28시간 쉬는데 어린이인 자신은 27시간 30분 공부하고 20시간 30분을 쉰다며, 왜 어른보다 어린이의 자유시간이 적은지 이해할 수 없다고 일기에 썼다.[42] 그런가 하면 서울과학고를 중퇴한 사수생은 서울대 입시에 떨어지자 서울대 근처 여관방에서 음독자살했다. 이 학생은 서울대 다음으로 힘들다는 ㄱ대 경영학과에 합격한 상태였다.

'행복은 성적순이 아니잖아요'를 외친 어린 여중생의 절규는 36년이 지난 오늘도 우리를 부끄럽게 한다

서울대를 정점으로 하는 한국 사회 학벌주의의 폐단이 얼마나 심각한지 반증하는 일부 사례들이다. 매년 수능 시험을 전후로 되풀이되는 '죽음의 교육'을 이제는 끝내야 한다. 아이들을 죽음으로 내모는 교육을 하면서도 죄의식은커녕 부끄러움조차 느끼지 못한다면 이미 양심이 마비된 '로봇교사'로밖에 볼 수 없기 때문이다. '행복은 성적순이 아니다'며 36년 전에 절규한 어린 중학생의 절규가 지금도 기억에 생생하게 살아있다. 그럼에도 우리 교사들이 깨닫지 못한 채 매년 그 일을 반복하면서 아이들에게 '열심히 공부하라'는 주문만 되풀이한다면 얼마나 끔찍한 일인가?

'열심히 공부하라'고 생각 없이 내뱉는 격려(?)의 언어는 아이들 의식 깊은 곳에 열등감을 당연시하게 하고 좌절감을 심어준다. 어차피 승자는 한정돼 있는 정해진 입시게임에서 95% 절대다수가 패자의 위치에 설 수밖에 없다. 그런 잔인한 현실에서 '열심히 공부하라'고 격려 아닌 격려를 한다는 것은 교사로서 모순된 행동이자 잔인한 교육현실에 눈 감고 때로는 학생을 기만하는 행동이 될 수도 있다.

참교육을 실천해 온 어떤 교사는 그런 구태의연한 교사의 모습을 보고 구역질 난다고 토로했다. 상위 1% 또는 5%를 위한 입시교육을 '교육'으로 포장해서 99% 또는 95% 아이들을 대상화하고 소외시키는 '위선의 교육'을 당장 멈춰야 한다고 역설했다. 참교육을 지향하는 전교조 교사들은 그런 현실에 깊이 참회해야 한다고 주장했다.

최근 공공의대 설립 논쟁에서 위선적인 교육의 민낯이 고스란히 드러난 사실은 참교육을 추구하는 교사라면 자기성찰이 절실히 필요한 대목이 아닐 수 없다. 좁은 세계관에 갇혀 아이들을 '괴물'로 키우는 것은 아닌지 깊은 자기성찰이 요구된다. 공공의대를 설립해 매년 의사정원을 늘려 OECD 수준으로 의료서비스의 질을 높이겠다는 법안에 대해 대한의사협회와 전공의들이 파업하는 등 거세게 반발한 사건이 바로 그러하다.

그 와중에 대한의사협회 산하 의료정책연구소가 SNS에 제시한 선전물은 그들 엘리트 계층이 그동안 어떤 의식을 간직한 채 살아왔는지, 비틀린 선민의식의 단면을 여과 없이 노출하였다. "매년 전교 1등을 놓치지 않기 위해 학창시절 공부에 매진한 의사"와 "성적은 한참 모자라지만 그래도 의사가 되고 싶어 추천제로 입학한 공공의대 의사" 중 누구에게 진단을 받겠느냐는 질문이 바로 그러했다.[43]

학벌주의 이데올로기에 갇힌 부르주아 교육문법에 포섭된 채 교육활동을 해선 안 된다

양식 있는 시민들은 그 문구에 경악했고, 부끄러움을 상실한 지배 엘리트를 계속 양산한 기존 학교교육에 깊이 회의하며 반성을 촉구했다. 따라서 교사는 학벌주의 이데올로기에 갇힌 부르주아 교육문법에 포섭된 언어 사용을 자제해야 한다. 나아가 소수 지배 엘리트를 양산하는 입시경쟁교육을 전면 거부하고 구성원 누구나 평등하게 교육받을 수 있는 '참교육'을 지향해야 한다. 그것이 오늘의 시대! 양식 있는 '참교사'가 걸어가야 할 교사의 길이지 않겠는가!

오늘날 교육을 통해 사회변혁을 열망하는 교사라면 억압과 좌절, 열패감이 강제된 언어 사용을 거부하는 게 옳다. 나아가 아이들이 내몰린 경쟁 현실과 숨 막히는 세계를 직시하고 이해할 수 있는 성찰적 언어, 바로 감성적 언어를 사용해야 한다. 나락으로 떨어진 아이들의 처지를 이해하고 왜곡된 교육현실을 기만하지 않는 교사의 정직한 언어는 아이들에게 감동을 줄 뿐 아니라 아이들과 관계 맺기에도 유효하다.

결국 교사는 지배계급이 은연중 강요하는 언어가 아니라 교사 자신의 주체적 사고와 성찰적 삶이 배어있는 감성적 언어를 사용해야 한다. 그것만이 아이들로 하여금 따뜻한 인간이 되는 상이한 방식, 삶과 주변의 만물과 관계를 맺는 상이한 방식에 상응하며 긍정적인 영향을 미치기

때문이다.[44]

매년 입시철이 끝나고 학교 정문마다 크게 내걸리는 입시 성적 플래카드를 보면서 오늘날 한국 교육이 너무 천박하고 무책임하다는 생각마저 드는 것은 글쓴이만의 생각은 아닐 것이다. 공교육이 지향하는 교육 목표인 '시민성citizenship을 갖춘 민주시민'을 양성하는 교육은 오늘날 과연 불가능한 일일까?

2) 세월호 슬픔에서 얻는 교육에 대한 성찰

세월호 참사는 희생된 학생들의 부모님들뿐 아니라 이 땅의 생각 있는 모든 사람의 삶을 근본으로부터 성찰하게 했다. 물질이 영혼을 질식시키고 인간성의 밑바닥을 보게 한 끔찍한 슬픔과 분노 앞에 모든 사람은 할 말을 잃었다. 그래도 '2014 0416'을 기억하며 원통하게 스러져간 아이들의 죽음을 의미 있게 승화시키려는 노력은 우리의 투쟁 속에 지속돼야 한다. 무엇보다 죽음의 공포를 직감한 아이들이 부모와 가족을 향해 마지막으로 '사랑해요', '사랑한다'는 문자[45]와 부모를 안심시키려는 '지상에서 가장 슬픈 메시지'[46]를 남겼다. 그리고 자신의 구명조끼를 벗어 건네며 서로를 위로한 장면은 아무것도 하지 못한 어른들을 마냥 부끄럽게 했다.

안타깝지만 아름답고 숭고한 희생도 잇달았다. 배가 기울어진 상황에서 가까스로 갑판 위로 빠져나와 구조될 수 있었음에도 배 안에 갇힌 친구를 구하기 위해 선실로 들어간 아이들도 많았다.[47] 특히 선생님들의 희생이 제일 컸다.[48] 최혜정, 유니나, 전수영 선생님 등 여교사들은 가장 안전한 객실인 5층 로열층에 머물렀음에도 배가 침몰하는 순간 제자들이 머물렀던 4층으로 내려가 아이들을 안심시키며 함께 머물다 희생되었다. 그리고 유니나 선생님 등 일부 여선생님은 식당이 있는 3층으로 내려가서 제자들을 구하다가 희생되었다.[49] 배 난간에 매달린 제자를 구하고 거세게 바닷물이 들이치는 상황에서 선실로 다시 들어갔던 남윤철, 고창석, 이해봉 선생님 등 젊은 교사들도 그렇게 산화했다고 생존 학생들은 전한다.[50]

그렇지만 세월호의 슬픈 희생들 속에서 이 땅의 교사로서 꼭 기억해야 할 죽음이 있다. 그것은 절체절명의 순간에 빛을 발한 유니나 선생님(2-1반)의 주체적 사고와 판단이다. 10개 학급 가운데 가장 많은 19명이 생존한 반이 2-1반이기 때문이다. 유 선생님은 배가 침몰하자 5층에서 4층 선실로 내려왔다. 곧바로 아이들을 불러 모아 객실 바깥으로 탈출시켰다.[51] '객실이 안전하니 이동하지 말고 안전한 객실에서 대기하라'는 수차례 선내방송을 믿지 않고 내린 주체적 판단이 빛나던 순간이다.

3층 일반 승객의 생존율이 71%인 것에 비해 상대적으로 안전한 4층 학생들이 머물렀던 객실의 생존율은 절반에도 미치지 않은 23%였다. 이는 지시와 복종, 통제 등 위계적인 한국 사회의 학교문화에 익숙한 탓으로 볼 수 있다.[52] 객실에 '가만히 있으라'는 안내 방송을 교사들과 학생들이 그대로 믿고 따랐던 것이다. 그리고 무엇보다 학생들은 교사의 지시와 통제를 믿고 따를 수밖에 없었을 것이다.

세월호 이후 낡은 학교질서를 거부하는 선언으로부터
한국 교육을 변화시켜야 한다.
그 길이 아이들의 죽음을 사회적으로 승화시키는 첫걸음이다

세월호 이후 한국 교육은 달라야 한다. 지시와 복종, 통제와 지도가 아니라 자율과 협동, 주체적 사고와 배려로 패러다임을 전환해야 한다. 따라서 관료적 행정과 수직적인 학교문화에 익숙한 오늘의 교육현실에 대한 성찰이 우선해야 한다. 나아가 학교현장에서 벌어지는 부당한 지시에 저항하고 부조리와 형식주의에 빠진 소소한 잡무, 나아가 낡은 학교질서를 교사 스스로 거부하는 자기선언으로부터 교육운동을 시작해야 한다.[53] 그것이야말로 세월호 슬픔이 이 땅의 교사들에게 가르쳐주는 가장 의미 있는 교훈을 실행에 옮기는 길이다.

3) 교육민주화운동—낡은 질서를 해체시키는 저항의 시작

이 땅의 교사들은 중간, 기말고사 기간에 '교육공무원법' 41조 규정에 따라 '연수'를 쓰고 조퇴를 한다. 공무원 신분을 강조하다 보니 방학 때도 '41조 연수'를 쓰고 결재를 올려야 자기 연찬에 몰두할 수 있다. 한반도 전체가 방학인 것을 다 아는데 권위주의 교육행정과 학교 관료들은 계속 감사에 걸릴 수 있다는 식으로 겁을 주면서 결재를 올리라고 채근한다. 심지어 자비로 국외여행을 할라치면 사전 결재를 받고 여행계획서와 사후 연수보고서를 제출하라고 강요한다. 참으로 황당하기 그지없다. 학교현장에서 교장, 교감 등 관리자들은 법 규정을 들이대며 겁을 주는 것에 익숙하다. 그러나 「교육공무원법」 41조(연수기관 및 근무 장소 외에서의 연수) 규정은 간명하다.

> "교원은 수업에 지장을 주지 아니하는 범위에서 소속 기관의 장의 승인을 받아 연수 기관이나 근무 장소 외의 시설 또는 장소에서 연수를 받을 수 있다."

위 규정은 전문 법률가에게 자문해야겠지만 '수업에 지장을 주지 않는 범위에서'라는 문구에서 알 수 있듯이 방학이 아닌 학기 중에 해당하는 규정으로 볼 수 있다. 따라서 학생들 수업에 전혀 지장을 주지 않는 방학의 경우 위 규정의 적용을 받을 이유가 없다. 백번 양보하여 위 규정을 따른다 하더라도 한반도 전체 국민이, 나아가 조선 천지가 초·중·고 방학임을 다 알고 있는데 왜 굳이 모든 교사로 하여금 '41조 연수' 결재를 올리라고 겁박하는가? '41조 연수' 결재 없이 방학 때 집에서 자기 연찬의 시간을 갖는 것에 학교권력자들은 왜 감사 지적 사항이나 위법적인 행동인 것처럼 교사를 위축시키는가?

41조 연수 결재 강조는 국가주의 관료행정의 낡은 폐해다

역사 청산을 하지 못한 한국 사회는 학교현장에서 음으로 양으로 교사들을 불편하게 하는 게 많다. 그중 하나가 '41조 연수'를 쓰고 나가라는 학교관리자의 줄기찬 요구다. 방학 때도 시험 기간에도 빠지지 않고 들려오는 이야기다. 문제는 권위주의 교육행정에 찌든 학교관리자의 태도이겠지만 더 나아가 '시키면 시키는 대로 하는' 절대 다수 교사의 순응적 태도다. 교사들은 대체로 시키면 시키는 대로 잘 따라 한다. 괜히 '41조 연수'를 달지 않았다가 문제가 되거나 낭패를 볼지도 모르니까. 그러다 보니 상당수 학교에서 시험 기간에 특정 연수 장소에 가지도 않았고 활동하지도 않은 것을 모두 같이 한 것처럼 '41조 연수'를 올리는 풍경을 적잖이 목격한다.

전교조 활동가들조차 단협안이니까 그렇게 쓰고 나오면 된다고 한다. 지난 법외노조 국면이었던 2014년 1학기 기말시험 기간 당시 서울시내 적지 않은 중학교에서 학교장과 갈등(?)을 빚거나 혼란이 있었다. 그러나 세월호 이후 우리의 교육은 달라야 한다. 무엇보다 교사 스스로 주체적인 변화가 있어야 한다. 왜 굳이 방학에 41조 연수를 써야 하는가? 심지어 자비로 국외 여행가는 것조차 왜 학교장에게 연수계획서를 사전에 승인받고 NEIS 승인을 또 받아야 하는가?

출입국 기록에 다 나올 터인데도… 국외여행 후 보고서까지 제출하라는 학교도 있었다니, 국가주의 교육행정이 아니고서는 도저히 이해할 수 없는 장면들이다. 전인교육을 실행해 전국적으로 유명해진 경남 거창고등학교는 학교 담벼락도 없고 교사 출퇴근 시간도 없는 학교라고 한다. 대신 교무실 선생님들 책상 위에 책이 가득가득하다. 아이들이 교무실 오는 것을 즐거워하는 학교! 교사를 감시하고 통제하는 시스템이 사라진 학교! 교사의 자율성을 존중하고 전문성 신장을 최대한 보장해주는 학교! 그런 학교가 21세기 경쟁력과 교육력을 갖춘 학교다.

2011년 진보교육감 시절 서울시 교육청과 노동조합 간 체결된 단체협약 8조 규정[54]에는 '교사의 업무 부담 경감' 차원에서 방학 중 교사의 자기 연찬 시간을 보장할 것을 1차적으로 규정하고 있다. 그럼에도 대부분 학교에서는 방학 중 근무를 학교장이 명하고 교사들은 대체로 순응하는 현실이다. 진보교육감이 교육개혁의 멍석을 깔아주었는데도 학교가, 교사가 변화하지 않는다면 학교와 교사는 개혁의 대상이 될 수밖에 없다.

권력자들 말대로 교사가 노동자가 아니고 전문직이라면 더더욱 교사에게 자율성을 부여해야 하는 것 아닌가? 21세기 민주주의 교육행정이 뿌리내려야 할 오늘날, 41조 연수에 대해 다시 생각해 보아야 한다. 교육에 자율성과 전문성을 조금이라도 인정한다면 교사를 통제하는 불필요한 낡은 규제는 마땅히 사라져야 한다. 학교현장에서 교사를 통제하고 옥죄는 낡은 질서가 없어지지 않는다면 교사들 스스로 없애고 저항해야 옳지 않은가? 2000년대 초반 출근부를 없앴듯이….

교원평가제도 가운데 동료평가 영역에서 모두 높은 점수를 주는 형식적인 관행들! 그리고 매년 연말에 교사 스스로 자기평가서를 작성하여 교감 책상에 내라고 요구하는 낯간지러운 교육현실들… 41조 연수 조항은 정말이지 이 땅의 모든 교사로 하여금 자괴감을 갖게 만드는 통제기제이자 국가주의 교육행정의 낡은 질서. 역사청산이 없었던 학교현실에서 낡은 질서는 도처에서 목격된다. 지긋지긋한 공문처리는 어제오늘 일이 아니다. 교사를 말단 행정직 부리듯이 지시하고 통제하는 권위주의적인 태도는 일제 식민지 시대나 군사독재 시절이나 21세기 오늘이나 별반 달라진 게 없다.

현행 교원평가제도, 국가주의 교육행정이라는 타율적 행정의 산물

입학사정관 전형(학생부 종합 전형)이 적용되는 입시 현실에서 교사는 무의미할 정도로 생활기록부에 매달리는 게 오늘날 교사가 처한 또 다른 기막힌 현실이다. 대학입시에서 학생부 종합전형이 크게 확대된 오늘날 교사추천서 역시 그렇다. 대학마다 1500자에 이르는 분량을 작문하여 입력하는 일은 보통의 노동 강도가 아니다. 학생 1명당 6개 대학을 지원하는 현실에서 한 학생이 6개 대학 전부를 학생부 종합전형으로 지원했을 때 교사의 노동 강도는 가늠하기 어렵다. 해가 갈수록, 컴퓨터 통신기술이 발달할수록 노동 강도는 세지고 교사 잡무는 늘어났다.

교육행정정보시스템, 즉 NEIS 초기 화면에 '교직원 업무의 경감'이라는 창이 뜨지만 30년 전과 비교하면 학교생활기록부의 업무 강도는 경감되기는커녕 몇십 배로 강화되었다. 불필요한 내용들을 생활기록부에 잡다하게 기록하다 보면 내가 과연 교사인지 워드 기계인지 구분이 안 될 정도다. 담임교사는 가끔 수금도 해야 한다. 잡무는 셀 수 없이 많고 산더미처럼 쌓여 있다. 장학사가 왜 존재하는지, 나는 30년 교직 생활 동안 그들에게서 교육활동 관련하여 단 한 번도 도움을 받아 본 적이 없다. 한국의 교육 현실에서 장학사는 교감-교장으로 승진하는 지름길일 뿐이다.

그들은 계속 학교현장에 공문을 내려보내고 공문 생산을 주문한다. 장학활동을 하기는커녕 일선 교사의 수업연구 시간을 빼앗고 교육활동을 방해한다. 해방 후 미국식 민주주의 껍데기를 걸친 채 한국 교육은 일제 식민지 교육 그대로 온존해 왔다. 해방 후 77년 동안 학교사회는 민주주의 교육이라는 외피 속에 식민지 국가주의 교육이라는 내피를 둘러쓴 채 이중구조를 유지하며 이것을 교사와 학생에게 강요하였다.

21세기 교사는 낡은 질서와 부조리에 저항하는 내부고발자로서 그 사명을 다해야 한다

시대의 불의와 부조리가 횡행하는 절망의 시대, 교사는 무엇이어야 하는가? 시대의 불의와 부조리에 저항하는 지식인은 다양한 모습으로 존재한다. 가장 고전적이면서 돋보이는 모습은 고발자로서의 지식인이다. 교육이라는 도덕적 담론의 배후에 숨겨진 이해관계를 폭로하며 소외되고 조작당하는 학생과 학부모, 그리고 교사들의 고통을 소리 높여 외치는 역할이다.[55] 그 역할이 학교 민주화를 한 단계 진전시키고 한국 사회 발전에 밑거름이 될 것이다.

19세기 봉건적인 차르 체제에 저항하고자 러시아 혁명 당시 학생들과 거리로 뛰쳐나가 시위를 벌인 안톤 마카렌코를 기억해야 한다.[56] 적어도 이 시대 교사는 낡은 교육질서에 저항하는 몸짓으로 살아가야 한다. 18세기 스위스 시민 혁명의 내전 가운데서 '교육을 통해 인간을 구원하겠다.'[57]는 원대한 꿈을 향해 낡은 교육질서에 저항하며 '스위스 교원노동조합의 아버지'[58]로 우뚝 선 페스탈로치처럼 살아가야 한다. 그 길만이 '위에서 시키는 대로 가만히 있도록' 통제당한 채 억울하게 죽어간 세월호 교사와 학생들의 원통한 희생을 사회적으로 의미 있게 승화시키는 출발점이 될 것이다.

■ 주석

1. 사무엘 보울스, 강순원 역(1983), 「불평등한 교육과 사회적 분업의 재생산」, 『교육과 사회구조』, 서울: 한울, 148쪽.
2. Samuel Bowles and Herbert Gintis. 1976. Schooling in Capitalist America. New York: Basic Books. p102.
3. Christopher J. Hurn. 1985. The Limits and Possibilities of Schooling. Massachusetts: llyn and Bacon. pp 64-65.
4. 이건만(1994), 『마르크스주의 교육사회학』, 서울: 교육과학사, 152쪽.
5. 「뉴시스」, 2015. 01/07.
6. 닉 데이비스, 이병곤 역(2007), 『위기의 학교』, 서울: 우리교육, 46-48쪽.
7. 이세영, 「강남자퇴생은 '조기유학', 강북 자퇴생은 '희망 없이 알바'」, 『한겨레』, 2014. 10. 15.
8. 『문화일보』, 2000. 11. 14., 김상봉, 『학벌사회』(한길사, 2004) 87쪽에서 재인용.
9. 「연합뉴스」, 2015. 10/06.
10. 강상구(2000), 『신자유주의의 역사와 진실』, 서울: 문화과학사, 116쪽.
11. 하성환(2014), 「교육노동운동, 성찰과 전망」, 『진보평론』 62호, 106.
12. 하성환(2014), 위의 글, 107쪽.
13. 하성환. 「진보교육감 시대, 비정규직 교사부터 존중하라」. 『오마이뉴스』, 2014. 10. 15.
14. 서울시 교육청, 2002, 「기간제 교원 등 계약제교원 운영지침」, 정책81801-602. 2002. 3. 6.; 서울시 교육청, 2013, 「공립학교 계약제 교원 운영지침」, 교원정책과 36016. 2013. 12. 9.
15. 진보연구소 정세분석팀(2010), 「전교조 운동 위기인가」.
16. 교육출판기획실(1986), 『교육노동운동』, 서울: 석탑, 150-248쪽.
17. 교육출판기획실(1986), 위의 책, 171-173쪽.
    일교조는 1960년 안보투쟁 이후 1961년 6월 미야자키시에서 열린 일교조 정기대회를 통해 '정당지지의 자유'라는 이름 아래 공산당을 지지하려는 일교조 내 움직임에 쐐기를 박고 사회당 지지를 공식적으로 선언하였다. 일교조는 베트남 반전운동, 오키나와 복귀 투쟁, 평화와 민주주의 수호 등 정치투쟁에서 공산당을 위시한 혁신 정당과 공동투쟁을 조직하기도 했지만 96년 사회당 몰락 직전까지 일교조의 정치노선은 사회당 일당 지지였다.
18. 권순미(2004), 「일본 사회당의 실패가 한국 진보정치에 주는 함의」, 『노동사회』, 통권 제88호, 107-108쪽.
19. 윤근혁, 「10분마다 공문 1건… 교장은 '공문 공장' 공장장?」, 『오마이뉴스』, 2014. 12/05.
20. 조호연, 「고교교육 혁명적 변화, 서울대 무시험전형 확대의미」, 『경향신문』, 1998. 7/25.
21. 박복선 외(2012), 『가장 인권적인 가장 교육적인』, 서울: 교육공동체 벗, 18-19쪽.
22. 홍성철, 「교총, 이(李) 교육장관 퇴진 운동」, 『동아일보』, 1999. 4. 19.

23. 조근호. 「이해찬, 공교육 붕괴 단초 제공 장본인」, 『CBS 노컷 뉴스』, 2004. 6. 9.; 윤근혁. 「'명문고의 추억', 그대 아직 꿈꾸고 있는가」, 『오마이뉴스』, 2003. 11. 6.

24. 황봉현. 「학교붕괴 이대론 안돼」, 『매일경제』, 2001. 4. 12.; 이인철, 「발등 찍힌 '이해찬 1세대'」, 『동아일보』, 2001. 11. 9.; 정명진, 「도쿄대생은 바보가 되었는가」, 『파이낸셜뉴스』, 2002. 11. 14.

25. 염지은. 「여교사 절반 넘는데… 여성교육감 한 명도 없어」, 『NEWS 1』, 2014. 6. 5.

26. '국민(國民)학교'는 1941년 2월 28일 일본왕 히로히토(裕人)의 칙령 148호에 의해 공포되었는데 그 칙령에는 '황국신민을 기르는 것이 목적'이라고 분명히 밝히고 있다.

27. 송우일, 「광복 70년 생활 속 식민교육현장, 곳곳 일제 잔재」, 『경기일보』, 2015. 8. 7.

28. 곽우신, 「나치·일제·유신의 공통점, 대통령은 그렇게 부러운가」, 『오마이뉴스』, 2015. 9. 15.

29. 이명화 외(1994), 『일제 잔재 19가지』, 서울: 가람기획, 61-70쪽.

30. 허대영, 『오천석과 미군정기 교육정책』(한국학술정보, 2009), 87쪽.
해방 직후 구성된 미군정청 교육자문기구인 '한국 교육위원회'는 처음에는 자문기관으로 출발했다. 그렇지만 학무국장 라카드 대위가 한국에 대한 지식이 부족하고 한국 사정에 어두운 만큼 상대적으로 오천석의 역할이 커지면서 「한국 교육위원회」는 의결기구의 역할을 수행했다.

31. 친일인명사전편찬위원회, 『친일인명사전』(민족문제연구소, 2009), 200-202쪽.
백낙준은 연희전문학교 교수로서 일제 말기 조선임전보국단 발기인, 조선예수교 장로회 애국기 헌납기성회 부회장을 맡아 미영 타도, 동아 신질서 건설을 위한 성전 참여를 독려하였다. 특히 『기독교 신문』에 기고한 「내 아버지의 집」이라는 글에서 조선 민중은 천황 폐하의 적자로서 황은에 보답하기 위해 일본을 결사 수호하고 천황의 위엄을 전 세계에 떨치자고 역설했다. 해방 후 경성대학(서울대학 전신) 법문학부 부장, 연희대학교(연세대학교 전신) 총장, 이승만 정권 문교부 장관을 역임하였다. 친일파인 이병도, 신석호와 함께 독립유공자 심사회 위원으로 활동하였고 국민훈장 무궁화장을 받았으며 1985년 사망 후 국립묘지 국가유공자묘역에 묻혔다. 연세대 교정에 기념 동상이 세워져 있다.

32. 친일인명사전편찬위원회, 『친일인명사전』(민족문제연구소, 2009), 601-603쪽.
유억겸은 일제 치하 연희전문 부교장, 조선체육회 회장을 역임한 자로 조선임전보국단 이사, 조선기독교연합회 평의원으로 참여하여 황국신민으로서 총후보국의 정성을 다할 것을 강조하였다. 1943년 전황이 악화되어 학도병제도가 실시되자 윤치호, 한상룡, 이광수, 박흥식, 주요한 등과 함께 학병을 권유하는 선전활동과 강연에 나섰다. 유억겸은 해방 후 미군정청 학무국장, 문교부장이 되어 「국대안」 사건을 강행하였고 대한체육회 회장이 되어 각종 국제회의에 한국대표로 참석하였다. 1947년 사망하였다.

33. 김용일(1994), 『미군정청하의 교육정책 연구: 교육정치학적 접근』, 고려대 박사논문, 90-91.

34. 허대영, 앞의 책, 94-95쪽.
미군정은 「한국 교육위원회」회의를 개최하면서 위원회가 친일파로 구성되었다는 비판에 직면했다. 교육사학자 손인수의 연구에서도 「한국 교육위원회」와 「조선교육심의회」에 친일파가 많이 포진하고 있음을 제시했다.

35. 윤근혁, '천황 위해 죽자'는 이가 민족의 스승? 교육부, 최규동 초대 교총회장 선정 논란 『오마이뉴스』 2015. 3. 7.; http://encykorea.aks.ac.kr 이 말은 최규동이 일제 관변지 1942. 6월 『문교의 조선』에 쓴 표현이다. 최규동은 『친일인명사전』(민족문제연구소, 2009)에 등재된 인물은 아니다. 그렇지만 친일 행적을 보자면 오히려 추후 등재되고도 남을 인물임에 틀림없다.

36. 윤근혁, 위의 글에서 인용.
"조선동포에 대한 병역법 실시가 확정돼 반도 2400만 민중도 마침내 쇼와 19년부터 병역에 복무하는 영예를 짊어지게 됐다. 역대 천황은 반도의 민초들에게 갓난아기처럼 애무육성하심으로써 오늘의 영예를 반도 민중에게 짊어지게 하신 성스러운 배려에 감격한다. 반도동포는 남녀노소 한결같이 이 광영에 감읍해 한 번 죽음으로써 임금(천황)의 은혜에 보답해드리는 결의를 새로이 해야 한다. 군무에 복무하는 것이야말로 참으로 황국신민교육의 최후의 마무리로 완성된다고 할 수 있다."

37. 이광호, 「'뿌리박힌' 일제잔재들: ②일본보다 더한 한국문화」, 『일요시사』, 2015. 8. 13.

38. 김동훈(2001), 『한국의 학벌, 또 하나의 카스트인가』, 서울: 책세상, 88-89쪽.

39. 정진상(2004), 『국립대 통합네트워크: 입시지옥과 학벌사회를 넘어』, 서울: 책세상. 29쪽.

40. 하성환, 「진보교육감 시대, 학교사회 낡은 관행과 질서부터 개선하자」, 『오마이뉴스』, 2015. 1. 25.

41. 김상봉(2004), 『학벌사회』, 서울: 한길사, 49/87쪽.

42. 김상봉, 앞의 책, 50쪽, 『중앙일보』, 2002. 11. 11. 재인용

43. 조경건(2020), 「의협 의료정책연구소, "전교 1등 vs 공공의대" 홍보자료 수정해 재공개」, 『부산일보』, 2020. 9. 2.

44. 미할리스 멘티니스. 서창현 옮김(2009), 『사빠띠스따의 진화』, 서울: 갈무리, 348쪽.

45. 김기성, 김일우, 「방송작가를 꿈꾸던 유혜원」, 『한겨레』, 2014. 12. 17. 참조.
유혜원 양은 세월호가 침몰하던 4/16일 오전 10시 7분에 90도 이상 선체가 기울어진 상황에서 죽음을 의식한 듯 어머니께 '사랑한다'는 문자를 보낸다.

46. 김기성, 김일우, 「소설가를 꿈꾸던 최성호 군」, 『한겨레』, 2014. 11. 6. 참조.
-최성호 군은 세월호가 침몰하던 4/16일 오전 10시 7분에 배가 상당히 기운 급박한 상황이었지만 엄마를 안심시키기 위해 '전파가 잘 안 터져, 걱정하지마 살아서 갈게'라는 문자를 보낸다.
김대희 군도 '배가 침몰한다. 나는 괜찮다' 『한겨레』, 2014. 11. 17. 참조.
-김건우 군도 4/16일 9시 50분경 초등학교 6학년 담임 선생님한테는 '무섭다'고 당시 두려움을 표현했지만 비슷한 시각 어머님과 통화할 때는 "엄마, 난 안전하니까 걱정하지 마. 구조대 다 왔어. 소리도 들려. 나가서 전화할게."라고 안심시켰다. 『한겨레』 2014. 11. 25. 참조.
-박준민 군도 4/16일 9시 40분에 엄마에게 건 26번째 전화 통화에서 가까스로 연결된 후 "나, 구명조끼 입고 있고 곧 배 밖으로 나갈 거야"라며 엄마를 안심시켰다. 『한겨레』 2014. 8. 26. 참조.

47. 김기성, 김일우, 『한겨레』, 2014. 11. 10. 참조.
-정원석 군(2-6반)은 4월 16일 아침 다른 친구들과 함께 선실을 빠져나와 갑판에 도착했다. 탈출만 하면 자신을 기다리는 가족의 품으로 돌아갈 수 있었다. 그러나 원석

이는 잠을 자고 있던 친구를 데려나오겠다며 다시 배 안으로 뛰어 들어갔다.
김기성, 김일우, 『한겨레』, 2014. 7. 17. 참조.
-2학년 1반 김주아(17) 양은 세월호 사고 사흘째인 4월 18일 엄마의 품에 돌아왔다. 사고 당시 갑판까지 나왔다가 캐비닛에 깔린 친구를 구하려고 다시 배 안으로 들어갔다가 숨진 것으로 알려졌다.
김기성, 김일우, 『한겨레』, 2014. 6. 17. 참조.
-음악심리치료사가 되고 싶어 했던 단원고 2학년 2반 반장 양온유(17) 양은 세월호가 기울고 있을 때 간신히 갑판 위로 빠져나왔다. 때문에 이미 갑판 위에 있던 다른 학생들과 함께 곧 구조될 수 있었다. 하지만 반장이었던 양온유 양은 친구를 구하겠다며 배 안으로 다시 들어갔다가 돌아오지 못했다.
김기성, 김일우, 『한겨레』, 2014. 6. 15. 참조.
-2-4반 정차웅(17) 군은 세월호 침몰사고가 난 4월 16일 오전 10시 25분께 침몰 해역에서 전남도 201호 어업 지도선에 의해 발견됐다. 정군은 구명조끼를 입지 않고 있었다. 침몰하는 배에서 자신의 구명조끼를 친구에게 주고, 또 다른 친구를 구하기 위해 맨몸으로 바다에 뛰어들었기 때문이다.
48. 김토일, 「세월호 희생자 누가 많았나」, 『연합뉴스』, 2014. 5. 6.
5/5일 현재 공식 집계된 사망자 262명, 실종자 40명 기준으로 생존율의 경우 일반인 71%, 교사 21%, 학생 23%로 교사의 희생이 제일 컸다.
49. 김기성, 김일우, 『한겨레』, 2014. 7. 16.
50. 이태영, 「세계일보」, 2014. 4. 22.; 현석훈, 「민중의 소리」, 2014. 4. 22; 4. 26.; 김기성. 김일우, 『한겨레』,. 2014. 4. 30.
51. 김기성, 김일우, 『한겨레』, 2014. 6. 24.
52. 구정은, 「경향신문」, 2014. 4. 30.
53. 하성환, 「'세월호' 이후의 교육은 달라야 한다」, 『오마이뉴스』, 2014. 6. 16.
54. 2011 서울시 교육청-노동조합 단체협약 제8조(교원의 업무 부담 경감): 「방학 중 교사의 자기 연찬의 기회를 보장하고 학사운영 및 학생지도 상 필요한 경우에 교사의 의견을 수렴하여 근무시간, 근무방법, 근무형태를 정하여 시행한다.」 이 규정에서 보듯이 방학 중 교사의 자기 연찬 시간을 보장하는 게 1차적으로 가장 중요하다. 부득이 학생지도가 필요한 특별한 경우에만 방학 중 근무를 하는 것이다. 전교조에서 나온 단체협약 규정 해설서에도 그렇게 나와 있다.
55. 알랭 투렌, 고원 옮김(2000), 『어떻게 자유주의에서 벗어날 것인가』, 서울: 당대, 208쪽.
56. 敎師養成硏究會(1962), 『近代敎育史』, 東京: 學藝圖書, 101쪽.
57. 長田 新, 『페스탈로치 傳』(東京: 岩波書店, 1954, 제2판), 5쪽. 김정환, 『교육의 철학과 과제』(박영사, 1974), 51쪽에서 재인용.
58. 김정환(1997), 『전인교육 어떻게 할 것인가』, 서울: 내일을 여는 책, 136쪽.

3) 한국 교육을 살리는 길, 교육운동이 나아갈 길

교육문제 해결은 교육복지와 동시에
사회복지를 강화하는 사회정책을 동반할 때 가능하다

교육 문제는 협소한 교육 운동만으로 풀 수 있는 문제는 아니다. 아이들과 부모들이 기를 쓰고 엄청난 사교육비를 쏟아붓는 이유는 학벌 위주 시스템과 경쟁 논리가 일상화된 풍토에서 낙오되지 않기 위한 처절한 몸부림 때문이다. 이 문제에 정부가 결단을 내리고 좋은 정책으로 개입한다면 한국 사회에 만연한 학벌주의 시스템과 경쟁 논리를 깨트릴 수 있다.

덴마크처럼 조세정책을 통해 대졸-고졸 간 임금 격차를 근소한 차이로 줄이되, 그게 여의치 않으면 공무원과 공기업 사회만이라도 임금 격차를 줄이거나 임금 상한제를 적용하여 격차를 완화해야 한다. 다시 말해 고등학교만 졸업해도 품위를 유지하며 인간답게 살 수 있는 복지 시스템을 전 방위적으로 구축하는 게 중요하다. 영구 공공임대주택을 전면적으로 시행하고 출산과 양육 과정에 국가가 적극적으로 개입해 주거 문제와 육아 문제를 다층적으로 지원해야 한다. 출산장려금뿐만 아니라 임신과 보육의 전 과정을 국가가 무상으로 책임지는 시스템을 구축해야 한다.

학교와 직장마다 병설 어린이집과 유아학교를 설립해 출산과 보육 과정 전반에 국가의 세심한 배려와 복지환경을 완비해 가야 한다. 나아가 출산과 양육으로 인한 경력 단절 등 차별을 없애고 이를 법적으로 제도화해야 한다. 유·초·중 의무교육을 실현하고 고등학교를 넘어서 대학교까지 무상교육을 실현해야 한다. 그러면 적어도 덴마크, 노르웨이를 비롯해 북유럽 국가들처럼 지적 호기심이 있는 학생들만 대학을 갈 것이다.

공부 못하는 아이를 어떻게든 대학에 보내려고 안간힘을 쓰는 부모도 없을 것이며, '대학을 가지 못하면 사람 취급받지 못한다'는 슬픈 통념에 구속받지도 않을 것이다. 나아가 공부 못하는 아이가 대학을 가고자 할까 봐 오히려 부모가 걱정하는, 덴마크 같은 사회 분위기가 형성될 것이다. 참고로 우리나라 25~34세에 해당하는 청년층 대학교육 이수율은 2019년 기준 69.8%로 OECD 최상위권이다.[1]

대학을 진학해서 전공을 공부해도 전공대로 직업을 선택하는 경우는 그리 높지 않다. 대학 간판을 비롯하여 대학교육이 학벌 위주 시스템에서 하나의 스펙을 쌓는 정도에 지나지 않기 때문이다. 대졸-고졸 간 임금 격차를 줄이는 정책적 개입은 학벌 위주 시스템을 깨뜨리는 작업이며, 나아가 경쟁 논리를 허물어뜨리는 중대한 계기로 작용할 것이다.

무엇보다 고졸 임금으로도 품위를 유지하며 살아갈 수 있도록 다방면으로 사회복지정책을 강화해야 한다. 청년 공공임대주택을 전면적으로 보장함으로써 주거문제를 말끔히 해결해야 한다. 나아가 최저임금을 현실화하고 노동시간을 획기적으로 단축해 '삶이 있는 저녁'을 보장한다면 입시경쟁은 자연스레 해소될 것이다.

교도소보다 교실의 인구밀도가 더 높은 게 우리교육의 현주소이다

다음으로 학급당 학생 수를 혁신적으로 줄여야 한다. OECD 평균치인 2019년 기준 초등 21명, 중등 23명을 넘어 학급당 15~20명 이하로 줄여야 한다. 교육선진국처럼 공교육 재정지출을 GDP 대비 6% 수준으로 늘리는 게 급선무다. 출산율 자연 감소에 기대어 교사 증원을 꺼리는 현행 교원정책은 대단히 근시안적이고 퇴행적이다.

출산율을 높이는 정책과 함께 교사 증원을 통해 교육의 질을 높여가야 한다. 사물함 놓을 공간도 없을 만큼 비좁은 교실은 실상 교도소보다 인구밀도가 훨씬 높다. 교도소가 평당 1.3명인데 반해, 교실은 평당 1.5명이거나 더 높은 곳도 있기 때문이다. 교실이 한 20평 정도이니 생각해 보자! 학교를 수용소 수준 이하의 공간으로 만들어 놓고 인성교육이나 학교폭력 문제를 논하는 자체가 지독한 탁상행정이 아닐 수 없다.

학급 당 학생 수가 과학고처럼 16명 정도면 교사들은 아이들 이름을 전부 기억할 수 있고 인격적 관계를 맺을 수 있다. 그랬을 때 아이들의 일탈과 비행은 월등히 감소한다는 사실을 기억해야 한다. 교육환경을 개선하고 아이들 삶의 질을 높여갈 때 인성교육, 학교폭력 문제는 상당 부분 해결될 수 있기 때문이다. 과밀학급을 해소할 생각도 없이 극심한 입

학급당 학생 수 20명 상한 법제화
2021년 6월 1일 국회 앞에서 〈학급당 학생수 20명 상한 법제화〉 10만 입법청원 돌입을 선언하는 전교조 기자회견 장면 (출처: 전교조 홍보국 제공)

시경쟁 논리를 아이들에게 끊임없이 주입하면서 어떻게 학교폭력 문제를 해결하려 하는지 교육 관료들의 탁상행정에 어안이 벙벙할 따름이다.

따라서 교사가 아이들의 이름을 부르며 〈관계 맺기〉를 적극적으로 시도할 수 있도록 교육환경을 혁신적으로 개선하는 게 시급하다. 이를 위해선 공교육에 대한 투자가 GDP 대비 6%를 넘도록 법제화함으로써 공교육체제를 강화하는 게 선행돼야 한다.

더불어 교사가 수업과 상담에만 전념할 수 있도록 모든 행정업무와 잡무에서 벗어나게 해야 한다. 이를 위해 교육 관료들이 존재하고 행동해야 한다. 그렇지 않다면 교육 관료는 차라리 없는 게 낫다. 왜냐하면 학교현장 교사들에게 끊임없이 지시공문, 협조공문을 요구하는 교육 관료와 교육부는 '교육통제부' 그 이상도 이하도 아니기 때문이다.

자라나는 아이들에게 숲이 우거진 학교환경까지는 제공하진 못하더라도 최소한 삭막한 교육환경에서 벗어나게 해야 하는 것은 이 시대 위정자의 일차적 소명이다. '방과 후 교육 활성화'를 통해 그럴듯하게 사교육을 흡수, 사교육비를 경감시키는 효과가 있다고 통계를 발표하거나 사교육비를 줄이는 시늉을 하지 말아야 한다. 그것 또한 교육현실을 '기망하는 위선'이다. 학벌과 입시에 종속된 채 진행되는 현행 방과 후 교육 활성화로는 일정 부분 사교육비를 경감시킬 수 있을지 몰라도 중증을 앓고 있는 한국 교육의 현실을 외면하기는 매한가지이기 때문이다.

예산 타령을 하지 말고 부유세를 도입해서라도 북서유럽처럼 대학교까지 무상교육을 실현해야 한다. 멕시코나 체코공화국처럼 국공립대학교만이라도 우선 무상교육을 실현해서 사학의 공공성을 강화해가야 한다. 멕시코나 체코공화국은 우리보다 가난한 나라다. 정책 의지의 문제이자 위정자들의 정치적 판단력의 문제다. 백번 양보해 재정 부담이 너무 커서 무상교육이 힘들다면 대학교 반값등록금만이라도 당장 실현해야 한다.

핀란드 교육이 세계 최고인 이유는 '평등주의 교육'의 산물 때문이다

'2014년 박근혜 정권 반값등록금 설계'에 따르면 연간 7조 원[2]이면 전국 대학생 반값등록금을 실현할 수 있었다. 사회복지정책을 강화하여 평등주의 마인드로 다져진 핀란드의 교육력이 세계 최고임을 잊지 말아야 한다. 학력만 세계 최고가 아니라 '사회와 세상을 향한 따뜻한 마인드를 간직한 인재'를 길러낸다는 점에서 그러하다. 경쟁 논리는 실상 교육의 본질과는 상극의 논리이다. 교육은 인간성을 아름답게 가꾸는 일인데 삶을 가꾸는 논리는 '협동의 논리'이지 '경쟁의 논리'가 아니기 때문이다.

우리나라 청소년들은 중·고교 시절 대부분을 세계 최장의 학습노동에 시달리며 보낸다. 수십 권의 각종 수험교재에 갇힌 채, 자율적인 삶과 비판적 사고가 제한된 생활을 강요받는다. 끝없이 입시교육으로 내몰린 채 개인적으로, 국가적으로 불행하다. 제대로 된 교양서적을 읽거나 사색의 시간을 가질 여유조차 없다.

철학의 빈곤을 넘어서서 정신적으로 황폐화된 상태로 아이들을 내몰지 않아야 한다. 수능 찍기 시험에 능숙한 아이들이 나중에 행복하게 인생을 살아갈지도 의문이거니와 '수시충'이란 용어를 만들어 낸 그들의 빗나간 우월의식이 우려스러울 지경이다. 비틀린 엘리트의식으로 세상을 향한 따뜻한 마인드를 간직하기를 기대한다는 것도 어려운 일이다. 아빠의 노동시간보다 초등학교 아이 자신의 학습노동 시간이 많음을 한탄하며 '물고기처럼 자유롭게 살고 싶다'고 절규한 어린 초등학생의 죽음을 기억해야 한다.[3]

페스탈로치는 낡은 교육질서와 맞서 싸운 전투적인 교사였다

이 시대 교사들에게 호소한다! 봉건적인 차르 체제를 붕괴시키기 위한 시위행렬에 철도학교 노동자 학생들과 함께 참여한 마카렌코를 기억해야 한다.[4] 적어도 낡은 교육질서에 맞서 싸우며 '전투적인 교사'[5]로 각인된 페스탈로치를 기억하며 살아가야 한다. 실제로 페스탈로치는 스위스 교원노동조합을 건설한 인물이기 때문이다. 잘못된 현실에 순응하며 그것이 교육인 양, 아이들에게 쉴 시간도 없이 밤낮으로 입시교육으로 내모는 교사들을 보노라면 안타까운 마음을 넘어 분노가 일어난다.

제발 아이들을 방과후 사교육으로, 입시교육으로 내몰지 말아야 한다. 아이들에게 학습을 강요하기보단 좋은 인문교양서적이나 자연과학 교양서적을 권해 주는 교사와 부모가 필요하다. 가난한 영혼을 살찌우고 꿈을 간직한 채 듬직한 인격을 지닌 어른으로 성장해 가는 모습을 상상해 보자! 그것이 진정한 교육이자 아이들이 행복한 삶을 살아가게 하는 정직한 길일 것이다.

교육 관료들에게 호소한다! 자신의 승진을 위해 대단한 입시제도 개혁인 양, 교육정책을 제시하려 애쓰지 않아야 한다. 그것보다 교사의 잡무를 혁명적으로 줄이려고 노력하는 정책과 행정이 우선이다. 교육청이나 외부 기관에서 내려오는 공문의 90%는 교육활동과 직접 관련이 없기 때문이다. 나아가 법으로 정해진 법정교원 수를 채우고 학교당 전문상담교사와 영양교사, 그리고 사서교사를 정규직으로 발령을 내야 한다. 아이들의 삶의 질이 현격히 달라질 것이기 때문이다. 특히 전문상담교사를 학교당 학년별로 3명씩 배정해야 한다. 학교폭력이 줄어들 뿐만 아니라 아이들이 정신적으로 건강하게 살아갈 수 있기 때문이다.

교직 생활 30년이 넘도록 교육청 장학사로부터 교육활동에 요긴한 장학활동을 제대로 지원받은 적이 없음을 고백한다. 징계하기 전에 문답서를 받으러 왔던 기억밖에 없기 때문이다. 혹시 예산이 부족하여 법정교원 수를 채울 수 없다면 교육지원청이라고 이름만 바꾸지 말고 장학사들을 학교현장으로 돌려보내서 수업을 하게 해야 한다. 교장, 교감도 주당 5시간이든 10시간이든 수업을 맡게 해야 한다.

현장감이 떨어진 학교관리자가 어떻게 단위학교 일선 교사의 어려움을 이해할 것이며 단위학교 장학활동가로서 소임을 다할 수 있겠는가? 이를 위해선 점수를 차곡차곡 쌓아야 가능한 현행 교장자격증제를 폐지해야 한다. 대신 교장선출보직제를 전격 도입해 학교현장에서 학식과 덕망이 있는 평교사 가운데 2년 임기로 학교장을 선출하되 임기가 끝나면 다시 평교사로 순환하는 풍토를 건설해야 한다.

중요한 점은, 교장선출보직제 도입과 함께 현행 학교장에게 집중된 권한을 교무회의로 이관하여 민주적인 학교문화를 조성하게 하는 것이다. 학교장에게 집중된 온갖 권한을 그대로 둔 채 교장선출보직제를 시행할 경우 이전투구장이 될 우려가 매우 높기 때문이다. 학교장은 교사의 교육과 학생의 학습을 지원하는 지원단위로 재배치하여 의사결정단위에서 배제시켜야 한다. 교육의 주체는 교사와 학생이기 때문이다.

수평적이고 평등한 학교문화를 건설해 내지 못한다면 교육 역시 왜곡되기 쉽다. 현행 관료제에 기반한 권위주의 교육행정으로는 교육개혁은 커녕 단위학교 학교개혁도 불가능하다. 가장 우선적으로 관료제 형태인 교무-연구-학생 등 부서별 편제를 지양하고 교육활동, 학생활동 중심으로 교사사회를 재조직해야 한다.

다음으로 사교육기관인 학원이 공교육기관보다 4배[6]나 많은 기형적인 한국 교육의 현실을 바로 세우는 일은 학벌 위주의 사회시스템을 개혁하는 것임을 잊지 않아야 한다. 교육개혁을 성공시키려면 복지정책을 강화하는 사회복지정책과 교육복지정책을 동시에 집행해야 한다. 마지막으로 지역 전용 청소년회관을 전국적으로 건립하길 촉구한다. 다시 말해 복지를 강화하는 방향으로 정책을 전환시키면 된다. 전국적으로 3,000개에 가까운 '청소년 교육문화회관'이 건립된다고 상상해 보라! 이를 위해 경제주체인 국가의 적극적인 정책 전환이 시급하고 절실하다.

인근 4개 학교 학생들만 이용할 수 있는 지상 20층 지하 4층 정도 규모의 청소년회관을 건설하자! 청소년회관에는 음악감상실/영화감상실/

북 카페/도서관/소모임 회의실/그룹 스터디실/수영장/테니스장/클라리넷·피아노·해금·대금 등 악기 연습실/소규모 공예작업실/대강당/소강당/상담실/동아리별실/헬스장 등, 특기 적성을 다양하게 살릴 수 있는 공간이 배치될 것이다. 나아가 지도교사를 채용해야 한다. 그러면 아이들의 삶의 질이 높아지고 행복한 학창시절을 보내며 꿈을 키울 것이다.

더불어 사회·교육복지 분야 일자리 증대는 청년 세대의 실업문제를 상당 부분 해소하고 소비지출을 증대시켜 내수경제를 진작시킴으로써 경제성장의 동인 역할을 할 수 있다. 이는 출산율 증대로 이어져 멀리 보면 인구문제와 사회경제문제 해소에도 중요한 동인으로 작용한다. 잊지 않아야 할 점은, 학교마다/기관마다/기업체마다 병설 어린이집을 세우고 정규직 유아학교 교사를 채용한다면 분명히 시너지 효과를 가져올 것이다. 한국 교육을 살리는 길은 그리 복잡하지도 그리 멀리 있지도 않다.

다음으로 교육운동이 나아갈 방향에 대해 생각해 보자. 2018년 12월 7일, 19대 전교조 위원장과 시도 지부장 선거 결과는 교육운동이 나아가야 할 방향에 대해 하나의 지표를 제시했다. 박근혜 정권에 맞서 2013년 법외노조와 2014년 세월호 투쟁, 그리고 2015년 한국사 국정제 반대 투쟁 등을 이끌어 온 당시 집행부가 물러났다. 당시 집행부는 2015년 11월 백남기 농민이 참여한 민중 총궐기 대회와 2016년 11월~2017년 3월까지 지속되어 박근혜 정권을 무너뜨린 촛불시민혁명에 전 조합원의 참여를 주도적으로 이끈 빛나는 업적을 남겼다. 다른 운동단체가 감히 따라올 수 없는 높은 투쟁성과 헌신성, 그리고 사회변혁을 향한 열정에 일선 활동가 교사들은 절로 머리가 숙여진다.

그럼에도 전교조 집행부가 교체된 현상에 대해 우리는 고민해야 한다. 교육노동운동의 지속가능한 발전을 위해 전교조 선거 결과에 주목하지 않을 수 없다. 그리고 그 모든 것을 넘어서서 한국 교육을 근본적으로 개혁하기 위해 우리는 전교조 선거 결과를 해석해야 한다. 전교조는 한국 사회 교육개혁을 가장 앞장서서 이끌어 갈 수 있는 핵심 동력이자 5만 조합원을 포괄한 자주적인 거대 교육운동단체이다. 따라서 전교조가 어떻게 활동하는가에 따라 한국의 교육개혁은 성공을 가늠해 볼 수 있기 때문이다.

전교조 교사들, 노회찬의 민주노동당 당우로 가입한 것은 북서유럽 사민주의 정치를 열망한 때문

역사적으로 민주주의 발전은 노동운동의 발전과 궤를 같이해 왔다. 노동의 힘이 자본의 힘을 견제할 수 있는 북서유럽의 역사가 그것을 반증한다. 세계 최상의 복지사회를 구축한 북유럽의 경우, 수십 년 동안 사민주의 정당이 집권했다. 사민주의 정치세력은 노동계급의 정치·경제적 요구를 대변해 왔기에 오늘날 수준 높은 복지사회를 이룩한 것이다. 2000년대 초반, 노동자의 정치세력화를 이끈 노회찬의 민주노동당에 전교조 교사 천여 명이 당우로 가입하고 후원했던 것도 북유럽형 사민주의 복지국가를 열망한 때문이다. 소득격차와 빈부격차가 크지 않고 누구나 인간답게 살 수 있는 수준 높은 '평등사회' 실현은 당시 선진적인 전교조 교사들의 절절한 염원이었다.

불행히도 내부 분열과 이명박근혜 정권의 진보정당 탄압으로 전교조 교사들 천여 명이 형사처벌을 받는 것으로 끝났다. 그렇지만 북유럽형 사민주의 복지사회를 열망했던 교사들은 오늘도 꿈을 간직한 채, 꿈을 현실화하기 위해 분투하고 있다. 국제학력평가PISA 등에서 세계 최상의 교육력을 자랑하는 핀란드의 '평등교육', '협력교육'을 우리는 배워야 한다. 또한 세계 최상의 복지평등사회를 구현한 북유럽 국가들에 관심을 갖고 열정적으로 공부해야 한다.

가끔 언론에 소개되는 덴마크 교육과 핀란드, 노르웨이, 스웨덴의 교육 현실에 눈길이 쏠리는 이유이다. 2019년도 미래교육포럼이 주최한 핀란드 교육세미나가 서울에서 열리기도 했다. 4차 산업혁명 시대, '아이들이 행복한 학교', '교사가 자긍심을 느끼는 교육'을 이 땅에서도 열어젖히고 싶은 소망은 교육자라면 누구나 간절할 것이다.

그러나 한국의 공교육은 오늘날 절체절명의 '위기'에 처해 있다. 2019년 교육통계연보에 따르면 전국 초중고 학교가 11,000개가 넘는다. 반면 입시 관련 사설학원은 40,000개가 넘는다. 서울시교육청 2017 교육통계[7]에 따르면 서울에 입시 관련 사설학원이 12,000개에 육박한다. 강남 3구에 3,500개가 밀집해 있고 강남구 한 곳에만 1,700개가 넘는다. 제일 적은 행정구역보다 무려 20배 넘게 사설 입시학원이 있는 셈이다. '대치동 학원가'가 그냥 나온 말이 아니다. 서울시내 초중고 전체 학생 수가 102만 명인데 입시학원에 다닌 학생 수는 120만 명이었다. 글자 그대로 사교육이 공교육을 압도하는 현실이다. 사교육비는 연간 20조 원에 다다를 정도로 천문학적 단위이다.

핀란드를 비롯한 북유럽은 입시 사설학원이 없다. 모든 교육을 공교육 기관인 학교에서 감당하기 때문이다. 그리고 대학교 마칠 때까지 교육비가 없다. 대학원 박사과정까지 무료다. 박사과정을 마칠 때까지 국가의 재정지원도 받는다. 고등학교까지 무상급식이고 대학생들도 급식보조금을 매달 끼니당 2,000원 넘게 받는다. 심지어 고등학생, 대학생은 국가로부터 주거수당도 받는다. 교육의 공공성에 깊이 천착한 결과일 것이다. 우리 헌법에 명시된 교육권을 사회권적 기본권으로 인식하고 국가가 이를 적극 실천해야 마땅하다.

다시 전교조 선거 결과로 돌아가 보자! 민주주의를 압살해 온 이명박 근혜 정권의 탄압에 맞서 교사노동조합인 전교조는 최전선에서 가장 치열하게 싸워왔다. 실제로 주중, 주말 집회를 통해 정권을 붕괴시키는 데 일조했다. 그러나 촛불정부 들어서서도 법외노조 문제로 대립과 갈등 관계를 지속했다. 문재인 정부는 법원의 판단을 기다려보자고 해법을 제시했다. 그러나 전교조는 박근혜 정권이 낳은 최대의 교육노동적폐인 법외노조 통보를 직권으로 취소하지 않는 문재인 정부의 태도에 크게 실망했다.

여기에는 문재인 정부와 전교조 간 소통과 신뢰가 결여된 점이 큰 문제라고 생각한다. 산적한 교육난제를 해결하고 북유럽형 교육개혁을 성공적으로 안착시키기 위해선 서로 소통하고 협력해도 부족할 지경이다. 그럼에도 문재인 정부 5년이 다 끝나가도록 제대로 된 소통도 없었고 신뢰도 구축하지 못했다. 그런 측면에서 문재인 정부 교육개혁은 실패했다.

경제민주화와 경제개혁조차 불투명한 상황에서 검찰개혁, 언론개혁 그리고 교육개혁조차 제대로 밑그림을 그리지 못한 채, 문재인 정부는 무대에서 사라졌다. 진보정치를 뿌리내릴 수 있는 마중물 정부가 될 수 있었지만 문재인 정부는 5년 내내 전교조를 비롯해 민주노총과 관계정

전교조 30주년 기념 행진(종로구 우정국로 부근)
2019년 5월 25일 전국교사대회 당시 민주적인 학교운영을 촉구하는 전교조 만장 행렬. 〈학교운영의 투명성〉과 〈학교장의 독단적 운영을 견제〉하는 내용을 담고 있다. (출처: 하성환)

립을 하지 못한 채, 무대 뒤편으로 사라졌다. 한국 사회가 명실상부한 복지국가로 발돋움하기 위해선 정부는 사회국가로서 그 성격을 강화해 한반도에 평화를 뿌리내려야 할 소명을 다해야 한다.

나아가 정부는 청년들에게 희망을 주고 꽉 막힌 경제문제를 풀어나가는 정부가 되어야 한다. 이를 위해선 판문점 선언-평양선언-서울선언-종 전선언으로 이어지는 남북관계의 획기적 개선에 주목해야 한다. 한반도에 평화의 씨앗을 뿌리는 정치행위가 현재 당면한 한국 사회 경제문제를 풀어가는 전환의 단초가 되기 때문이다. 남북경제공동체 건설은 제2의 경제 도약을 가져올 것이기에 그렇다. 동서독 통일을 통해 유럽 최대의 단일시장을 구축한 독일의 교훈을 잊어서는 안 된다.

한반도에 평화가 찾아오고 뿌리를 내리면 외국인 직접 투자가 쓰나미처럼 닥칠 것이다. 그 결과 우리 한반도는 동아시아 허브 내지 중심국가로 급부상할 수 있다. 이는 국제 정치사회에 긍정적인 영향도 줄 것이다. 따라서 우리가 통일의 주도권을 쥐고 주변 강대국들을 설득해야 한다. 한반도 평화 정착이 미·중·러·일 강대국 국익에도 도움이 될 것임을 외

청와대는 답하라
2018년 7월 6일 청와대 사랑채 앞에서 법외노조 직권 취소를 촉구하며 벌인 전교조 연가투쟁 장면
(출처: 하성환)

교적으로 설득해야 한다.

정부는 역사의 흐름과 시대정신을 놓쳐서는 안 된다. 그에 기초해 혁명적인 교육개혁을 앞당겨 자라나는 청소년들에게 행복한 삶을 꿈꿀 수 있도록 해야 한다. 이는 정부에 주어진 역사적 소명이자 책무다. 청소년이 행복하지 않고서 대한민국의 미래는 없기 때문이다. 이를 위해선 교육개혁의 최대 동력이자 대안 세력인 전교조와 신뢰를 회복하고 교육개혁 거버넌스를 구축해야 한다. '민주시민교육'을 시급히 학교현장에 뿌리내리고 교육개혁을 힘차게 추진해야 한다. 4차 산업혁명 시대, 미래사회에 걸맞은 미래교육을 위해서도 교육개혁은 너무나 시급하고 절실하다.

전교조는 교육개혁의 최대 동력이자 학교현장에서 교육개혁을 추진할 최고의 자주적 교사단체다

2018년 전교조 선거가 의미하는 것은 정치 환경이 유리하게 조성된 현실에서 학교를 민주적으로 개혁하고 교육을 근본적으로 개혁하라는 명령이었다. 그 일에 전교조가 앞장서 주길 고대한 결과였다. 교육개혁에 미적거리며 눈치를 보는 교육 관료들을 채근해 교육계 적폐를 과감히 일소하고 정부와 협력하여 교육개혁의 첫 삽을 떠야 했다. 그 일을 시작으로 전교조와 힘을 합쳐 산적한 교육난제와 교육모순을 헤쳐 갔어야 했다. 당시나 지금이나 그러할 시기이다. 그것이 이 시대 교육노동운동이 나아갈 길이자 소명이다.

이를 위해 정부는 전교조에 다가가 믿음을 줘야 하고 전교조의 목소리에 귀를 기울여야 한다. 거듭 이야기하지만, 교육개혁의 성공 없이 어떤 정부도 성공하기 어렵다. 교육개혁의 방향을 바로 잡고 얽히고설킨 교육모순을 해결할 최적의 협력자이자 대안세력은 현재 가장 영향력이 큰 전교조 이외엔 없다. 교육개혁을 학교현장에서 추진할 5만 조합원 교사가 있고, 한국 교육이 나아갈 길을 이미 제시하고 있기 때문이다.

2019년 4차 산업혁명을 앞두고 미래교육포럼이 개최한 핀란드 교육세미나는 바로 그러한 방향을 제시한 것이라고 볼 수 있다. 전교조 서울지부가 후원단체로 참여했을 뿐만 아니라 교육부 장관의 축사가 있었던 것도 그런 의미에서 매우 고무적인 일이다. 학교는 '교사와 학생 모두가 인간적으로 성장하는 공간'으로 거듭나야 한다. 이를 위해 '민주시민교육'을 영국과 프랑스처럼 '공통필수'교육과정으로 확대하고 '독립교과'로 가르쳐야 한다.

영국은 노동당 집권 시기인 2000년부터 국가교육과정에 '민주시민교육'을 반영했다. 그리고 2002년부터 초중고 학교현장에 〈시민성citizenship〉 교과를 필수로 가르쳐 왔다. 다만 2015년부터 집권 보수당은 필수교과를 선택교과로 격하시켰다. 그럼에도 영국 학교교육에서 〈시민성〉 교과는 독립교과로서 '좋은 시민good citizen'을 넘어서서 '적극적 시민active citizen'을 학교교육의 목표로 추구해 왔다.[8]

프랑스 〈학교민주시민교육〉은 프랑스 혁명의 이념인 '자유, 평등, 박애와 라이시테'를 핵심 가치로 추구한다. 라이시테 정신은 차별 없는 세상과 타인에 대한 존중을 지향한다. 프랑스 초-중-고 모든 학교에서 라이시테 헌장을 교과서 내용으로 수록하고 라이시테 정신을 강조한다.

프랑스는 몇 차례 교육과정 개혁 이후, 2015년부터 초·중·고 모두 '민주시민교육'을 〈도덕 시민교육enseignement morale et civique, 약칭 EMC〉으로 교과 명칭을 통일시켰다. 프랑스 〈도덕 시민교육〉은 초등학교부터 중학교까지 교육부가 제공하는 공식적인 교육과정으로 공부한다. 고등학교는 〈도덕 시민교육〉이 교육부의 공식적인 교육과정으로 포함돼 있진 않지만 대학입학시험 논술문제로 출제되기에 학생들은 〈도덕 시민교육〉을 공부한다.[9]

교육선진국처럼 학교공동체를 통해 삶의 질을 높이고 삶의 기쁨을 만끽하는 '행복발전소'로 학교 사회를 변화시켜갈 때 학생도 교사도 보람을 느낀다. 이를 위해 교육부-교육청은 교사와 학생을 신뢰하고 그들의 자발성을 보장하며 행정적으로 아낌없이 지원해야 한다. 한마디로 학교라는 공간을 '민주주의를 체험하는 살아 있는 교육공동체'로 탈바꿈하는 것이다.

학교생활을 통해 아이들이 민주적인 삶을 체득하고 '민주주의자'로 성장하는 것이다. 그러할 때 아이들은 학교에서 배움과 성장을 통해 삶의 기쁨을 느끼고 교사는 소명의식과 보람을 느낄 것이다. 그런 방향으로 교육정책이 혁명적으로 전환되고 교육운동 또한 그러한 방향으로 매진해야 한다.

교육개혁은 교육의 본질을 회복하는 것으로 교육의 목적인 '민주시민'을 길러내는 데 있다

2020년 9월 3일 대법원 판결로 전교조는 법외노조 멍에를 벗었다. 그리고 바로 이튿날 문재인 정부 고용노동부는 전교조를 구속했던 법외노조 통보 처분을 취소하는 조치를 신속히 단행했다. 매우 늦은 감이 있지만 다행이다. 이젠 교육개혁의 동반자로서 정부 또한 전교조와 상호 신뢰와 소통을 바탕으로 협력 관계를 구축해야 한다. 그리고 그 힘으로 숙원인 교육개혁을 이 땅에서 현실화해야 한다. 그 길이 우리 국민이 사는 길이고 궁극적으로 이 땅의 교육을 회생시키는 길이다.

무엇보다 대한민국 교육을 살리기 위해선 교육의 본질을 회복하고 교육의 목적에 깊이 천착해야 한다. 교육의 목적은 '민주시민'을 길러내는 데 있기 때문이다. 이는 교육기본법 제2조(이념)에 명시된 내용이다. 87년 6월 항쟁의 영향으로 93년 교육부 민주시민교육 장학지도자료에도 이 점을 분명히 하고 있다. "모든 것에 성공하고 민주시민교육에 실패했다면 그것은 교육 전체가 실패한 것이나 다름없다."는 진단이다.[10]

이미 북서유럽 국가들은 '민주시민교육'을 실천한 지 오래되었다. 신자유주의가 급속히 확산된 1990~2000년대는 역설적이게도 서구사회에 '민주시민교육'이 풍미한 시대였다. 영국처럼 '민주시민교육'의 역사가 20년 정도로 짧은 국가가 있는가 하면 나치 체제의 어둠을 뚫고 일찌감치 '정치교육politische Bildung'을 실천한 독일은 '독일연방정치교육원'의 지원 아래 50년이 넘는 '민주시민교육'의 역사를 간직하고 있다.

그에 비하면 한국 사회는 너무 늦은 감이 있다. 그렇지만 프랑스처럼 대학 입시과목화한다면 교육적 효과는 단기간에 끌어낼 수도 있다. 만일 입시과목화에 실패한다면 〈민주시민〉 교과는 학교현장에서 예전 〈환경〉 교과나 〈시민윤리〉 교과처럼 철저히 외면당한 채 사라질 것이다.

따라서 〈민주시민〉 교과는 대학입시 과목으로 나아갈 수밖에 없는 운명이다. 이는 〈민주시민〉 과목을 '국어' 과목처럼 가르치기 위한 운동단체의 강력한 요구와 함께 교육운동 전반에 그런 지형이 형성될 가능성이 매우 높다. 그렇다면 〈민주시민〉 교과가 대학 입시과목으로 안착한다고 했을 때 평가방식은 과연 어떤 형태일까?

교육개혁의 성공은 한국형 바칼로레아KB를 대입시험으로 안착시키는 데 있다

오늘날 〈한국사〉와 〈영어〉 과목처럼 〈민주시민〉 과목을 절대평가로 하되 프랑스 바칼로레아 시험처럼 논술형 절대평가로 논의가 집약될 가능성이 높다. 그 길만이 〈민주시민〉 교과의 생명력을 영구히 확보하는 길이자 〈민주시민〉 교육에 대한 학생의 정체성을 확인하는 과정이 될 수 있다.

제주, 대구 등 일부 광역자치단체에서 시범 운영하고 있는 국제 바칼로레아IB를 연상시켜 전교조를 중심으로 사회적 논란이 일어날 수도 있다. 그렇지만 교육과정평가원 스스로 한국형 바칼로레아KB 평가문항을 개발한다면 쉽게 논란을 잠재울 수 있을 것이다.

요컨대 논술형 절대평가 방식을 취하되 일정 점수를 취득하면 통과하는 방식으로 교육과정을 운영하고 평가를 진행한다면 사회적 논란을 잠재우고 민주시민교육을 학교현장에 성공적으로 안착시킬 수 있다.

「한국형 보이텔스바흐 합의」를 이끌어 내는 것은
'이념투쟁'으로 치달을 가능성이 짙다

한국 사회는 역사정의가 무너진 사회다. 따라서 사회정의 세우기는 지난한 과제이며 오랜 시간이 소요될 것이다. 오늘날 일베 현상, 태극기 부대, 신천지, 그리고 사랑제일교회로 대표되는 기독교 행태는 그를 잘 보여준다. 이념적으로 극단의 경험을 체험한 세대와 그 정신적 후손들이 같은 공간에서 살아가는 현실에서 독일 바이텔스바흐 합의처럼 〈논쟁성 재현 수업〉을 실천하기에는 넘어야 할 난관이 수없이 많다.

국회에서 「학교민주시민교육법」이 상임위에 계류 중이지만 여전히 지지부진한 상태다. 특별한 계기가 없는 한, 통과될 가능성은 거의 없다. 이 법의 제정 추진에 반대하는 극우 내지 수구 세력들의 반격도 만만치 않다. 그들은 '민주'란 말 자체에 눈빛이 달라지고 비틀린 시선으로 쳐다보기 일쑤다.

결과적으로 국회의 직무유기다. 좋은 법을 만들어야 함에도 이를 외면하는 현실이 우리 교육계가 처한 냉엄한 현실이다.

'민주시민교육'을 학교현장에 강제할 법적 근거가 없다. 그렇지만 〈민주시민교육〉 과정을 개설하는 것은 교육부장관 권한이기에 장관의 의지만 있다면 당장 내년에라도 개설이 가능하다. 그러나 어떤 형태로 개설할 것인지에 대한 교과의 이해관계가 첨예한 만큼, 현재로선 이것도 기대하기 어려운 게 우리 교육이 처한 현실이다.

서울시 교육청을 비롯해 진보교육감들이 있는 일부 광역자치단체에서 시도 의회 조례로 〈민주시민교육 진흥조례〉를 제정했다. 〈논쟁성 재현 수업〉을 강조하고, 독일 보이텔스바흐 합의의 대원칙을 거의 원형 그대로 제시했다. 학계 일부에서는 독일 보이텔스바흐 합의의 원칙이 한국 사회에서도 어렵지 않게 합의될 수 있고 교실에 적용될 수 있다고 본다.[11]

그러나 2020년 4·15 총선을 앞두고 학교에서 선거교육을 하려고 했을 때 나타난 부작용을 떠올리면 녹록지 않은 과제임에 틀림없다. 결국 학교에서 선거교육조차 하지 못했고 학교사회는 파행을 맞았다. 중앙선관위의 제재에 서울시 교육감과 학교는 선거교육은커녕 아무것도 하지 못한 채 무기력했다.

요컨대 한국 사회에서 논쟁성 강한 독일식 수업을 재현하는 것은 상당한 진통이 따를 것이고, 사회적 합의 도출에 지난한 과정과 시간이 필요할 것이다. 「한국형 보이텔스바흐 합의」를 이끌어 내는 것 자체가 상당한 '이념투쟁'으로 진행될 것이기 때문이다.

혁신학교, 100년 넘게 지배해 온 교육계 낡은 패러다임을 뒤흔들 '개혁의 진앙지'로 작용하다

'민주시민교육'은 이미 시범적으로 혁신학교에서 어느 정도 성공을 거두고 있다. 2019년 교육부는 초등 중심으로 〈민주학교〉를 지정해 내공을 쌓았다.[12] 문제는 이를 전국으로 확산시키는 것이다. 서울을 비롯해 대도시의 입시 선호학교 부모들은 자신의 거주지에 혁신학교가 들어서는 것을 극렬히 반대한다. 혁신학교에 대한 왜곡된 이미지가 널리 유포된 탓이다. 여기에는 수구 언론들의 책임도 있다.

분명한 점은, 혁신학교 교육운동 10년 동안 혁신 교육으로 아이들 학력이 저하했다는 공식적인 연구결과는 전혀 없다는 사실이다. 그럼에도 혁신학교를 통해 확인된 혁신 교육의 긍정적인 결실을 다른 학교로 전파하고 널리 공유하려는 움직임에 대해 집단적인 반발과 사회적 논란이 적지 않을 것이다. 이 문제를 지혜롭게 극복하고 혁신학교 교육 운동의 소중한 결실을 일반 학교에 대중화·보편화하려면 사전 정지작업이 필요하다.

혁신학교는 교육과정 운영과 평가, 학급운영과 학생자치 측면에서 놀라운 교육적 성과를 일궈냈다. 특히 혁신학교 운동의 출발점이 된 경기도 광주 남한산초등학교 사례는 학교 단위로 교육혁신이 가능하다는 사실을 입증해 주었다.[13] 특히 '민주시민교육'의 관점에서 혁신학교 운동은 다양한 시사점을 주었다. 권위주의 학교문화를 약화시키고 평등한 인간관계와 교원학습공동체 등 열린 공간을 통한 교사들 간 소통은 교사들 스스로 자기 성장의 기쁨을 맛보게 하였다. 또한 학생들의 체험과 자발적인 활동을 존중하는 모든 교육활동은 '민주시민교육'의 가능성을 확인시켜준 소중한 실천사례로 확인된 바 크다.

100년 넘게 우리 교육을 지배해온 낡은 패러다임을 근본부터 뒤흔들 '교육개혁의 진앙지'로 〈혁신학교〉는 작용할 것이다. '교육이 가능한 학교'를 일궈내고 '학생들 삶을 위한 교육'을 펼칠 가능성을 혁신학교는 충분히 보여주었다.

민주시민교육학술대회
2018년 10월 〈민주시민교육〉 학술대회에서 축사를 하는 유은혜 교육부장관 (출처: 하성환)

'공교육 개혁'의 새로운 모델로서 혁신학교는 교육활동의 새로운 표준을 제시한 운동이며 허브스쿨hub school로서 주변 학교에 영향을 미치는 허브 역할을 다하고 있다. 따라서 혁신학교 유치 내지 전국적 확산에 따른 논란을 최소화하기 위한 적극적인 홍보활동과 왜곡된 이미지를 바로잡기 위한 정부 차원의 노력이 선행돼야 할 것이다.

한국 사회에서 학교 교육은 과대 학교, 과밀학급, 과다한 행정업무, 그리고 공고한 학벌에 기초한 치열한 입시 경쟁교육으로 유명하다. 어쩌면 보이지 않는 무형의 강고한 틀로 정형화되고 규격화된 '병영학교'다. 거기다 유교 사회의 봉건적 잔재가 아니더라도 관료제적 권위주의 문화가 팽배한 사회다. 한국 교육의 거대한 한 축을 맡고 있는 사립학교로 가면 그 현상은 더욱 심각한 형편이다.

앞으로 다가올 10년은 100년 넘게 위계 질서화된 권위주의 학교문화를 수평적인 평등 문화로 전환하는 과제에 직면할 것이다. 학생-교사-교직원-학부모 모두 학교 구성원으로서 자기 성장과 자아실현의 공간으로 탈바꿈하길 원한다. 이름하여 '행복한 학교 만들기'는 대한민국 향후 10년 교육의 핵심 정책으로 급부상할 가능성이 매우 높다.

오랜 시간 교육노동운동 단체에서 끊임없이 주장해 온 '작은 학교' 만들기, 학급당 학생 수 20명 이하로 줄이는 문제, 그리고 법정 수업시수를 190일→180일→170일로 축소하는 문제가 그러하다. 나아가 학교 업무를 정상화하여 '교육이 가능한 학교'로 만들고 아이들 '삶을 위한 교육'을 실천하려는 노력 또한 그러하다.

1인당 GDP가 3만 달러가 넘는 나라에서 아직도 필리핀보다 더 많은 학급당 학생 수를 유지하고 있다는 것은 부끄러운 현실이다. 프랑스는 1인당 GDP 6천 달러일 때 대학교까지 무상교육을 실현했다. 프레이리p. Freire의 표현대로 교육은 아이들 머릿속에 지식을 주입하는 것이었고 아이들에게 학습은 은행식 지식 저장고에 머물렀다.

그런 교실 분위기에서 독립된 주체로서 비판적으로 사고하고 창의적인 언어를 구상하는 것은 애당초 불가능하다. 4차 산업혁명 시대, 교육의 대전환은 시급하고 절실하다. 혁명적인 교육의 대전환! 그것은 우리 사회 미래 100년을 보장한다. 비전 없는 교육을 이젠 멈춰 세워야 한다.

한국 사회 민주주의를 이 정도로 유지해 온 주체는 학교 교육이 아니라
학교 밖 참여연대 등 NGO와 민주노총 등 노동운동단체의 수고의 결실이다

입시교육과 이념의 틀에 갇혀 교실 토론조차 자유롭지 못한 게 우리네 교육 현실이다. 2016년 「국제 시민 및 시민권 연구ICCS」 조사는 이를 여실히 보여주었다. 교실 토론 수업 시 학생들이 최근 발생한 정치적 사건을 예로 들 수 있는지, 학생들이 자기 의견을 피력하도록 교사가 용기를 주는지 등 '개방성' 정도를 묻는 조사에서 조사 대상국 24개국 가운데 24위였다.[14] 이토록 척박한 토양에서 한국 사회가 이 정도로 건강성을 유지하는 것은 외부 활동가들 및 NGO의 희생과 헌신의 대가이다.

다시 말해 한국 사회 공동체와 민주주의가 이 정도로 건강성을 유지하는 것은 학교 밖 시민사회단체인 참여연대, 인권연대, 나눔문화, 환경운동연합, 녹색연합, 미군범죄근절운동, 우리민족 서로돕기운동, 4·16연대, 여성의 전화, 전태일 재단, 김용균 재단, 월드비전, 굿네이버스, 세이브 더 칠드런, 앰네스티 등 수많은 정치사회 NGO, 구호 NGO, NPO와 민주노총, 전교조 등 노동운동단체가 수행한 학교 밖 '민주시민교육'의 결실 덕분이다. 그리고 그 계기를 만들어 준 희생된 분들이 있었기 때문에 가능했다. 적어도 나는 그렇게 생각한다.

오늘날도 여전히 아이들은 학교를 싫어한다. '배움으로부터 도주'[15]가 아니라 '자기 성장의 기쁨을 경험하는 공간'으로 학교가 거듭나려는 노력이 거의 없기에 학교는 예나 지금이나 우울하다. 잘못된 관행이나 무의미한 절차를 계속 되풀이하며 아이들은 지도의 '대상'일 뿐, 교육의 '주체'로 단 하루도 살아가지 못하는 게 우리 교육이 처한 아픈 현실이다.

학교를 '행복발전소'로 만들기 위해선 일차적으로 학교 생태계를 평등한 문화로 전환시켜야 한다. 그 첫 번째 할 일이 권위주의의 해체이자 계선조직의 꼭대기에 위치한 교육부-교육청-학교장을 교육활동의 지원 단위로 위치를 재설정해야 한다. 다시 말해 지금의 학교 권위주의를 일거에 무너뜨리는 것이다. 그것은 '학교민주시민교육법'을 통과시키면 가능한 일이다. 교육과정 구성권과 평가권을 온전히 교사에게 돌려주고 교육활동의 주체를 학생 중심으로, 아이들의 '삶을 위한 교육과정'으로 재구성하면 된다. 학생-교사들이 도움을 요청할 때만 교육청 관료와 학교장은 지원하는 역할을 하면 된다.

이를 위해선 현행 교육부가 추진하고 있는 교육자치, 학교 자치를 전면화하여 모든 권한을 교육활동의 주체인 학생-교사-학부모에게 이양해야 한다. 동시에 국회에 계류 중인 「학교민주시민교육법」을 최대한 압박해서 통과시키는 집단 간 연대활동이 절실하다.

19세기 근대 시민사회가 발달하면서 대중교육의 확산과 함께 거대한 중앙집권적 관료체제가 공교육, 바로 학교 교육을 지배하였다. 그런 점에서 공교육체제의 출발과 발달은 중앙집권적 국가주의 교육과 궤를 같이한다.[16] 그러나 20세기 민주주의가 각 분야로 확산하면서 공교육체제 역시 다양성과 창의성, 자율성, 효율성을 존중하고 지향하는 방향으로 변모해 왔다. 이는 세계교육개혁의 동향으로, 국제사회 각국의 교육의 역사 또한 '자율성'을 존중하는 방향으로 변모해 가는 것에서 확인할 수 있다.

중앙에 집중된 막강한 권한이 지방으로 분산되고 학교의 자율성을 높이는 방향으로 변화하는 추세에 있다. 1996년 학교 사회에 전격 도입된 학교운영위원회 역시 학교장 1인에 집중된 권한을 견제하고 분산시키려는 취지였다. 그러나 오늘날 공립학교 학교운영위원회는 심의기구로서 그 역할이 형식화된 지 오래고, 사립학교 학운위는 자문기구로서 이름만 남아 있는 상태다.

학교를 '민주주의를 체득하는 행복발전소'로 전환하기 위해선 학교 생태계를 평등한 문화로 바꾸는 게 선결 요건이다

민주주의를 생활 속에 체험할 수 있는 공간으로 학교 사회를 재구조화하기 위해서는 현행 학교운영위원회로는 불가능하다. 유명무실한 학교운영위원회를 대체할 '학교자치평의회'를 학교 현장에 도입하여 뿌리내리게 하는 게 필수적이다. 교육부-교육청-학교장으로 이어지는 중앙집권적인 권한을 학교 구성원인 교육활동 주체에게 이양하거나 분산하는 것은 시대의 대세이자 교육개혁의 핵심과제이기 때문이다. 오늘날 진보 교육감이 실천한 혁신학교가 평등한 학교 생태계를 연출하면서 주목받는 이유이다. 다만 기득권 세력인 교육 관료들과 일부 학교 관료들의 반발이 충분히 예상되는 게 현실이다.

그러나 시대정신인 '교육 자치', '학교 자치'는 향후 한국의 학교 사회가 〈학교=행복발전소〉로 변화할 수 있는지를 결정하는 분기점으로 작용할 가능성이 크다. 따라서 다가올 교육 자치, 학교 자치 시대를 대비해 '학교자치평의회'의 위상을 정립하고 구체화해 대안을 제시할 필요가 있다. 동시에 학교장 점수 자격제를 전격 폐기하거나 경과규정을 두고 점진적으로 폐기해야 한다. 그리고 그 대안으로 교장 공모제를 넘어서서 '교장선출 보직제'를 도입하기 위한 사전 홍보와 정책적 노력이 절실하다. 좁직한 눈으로 교육 세상을 보는 이들에게 〈학교=행복발전소〉는 하나의 문화충격으로 다가갈 것이다.

현행 교장 공모제로는 〈학교=행복발전소〉를 만들 수 없다. 혁신학교처럼 교장의 권한을 약화시키는 방식보다 교육활동 결정 권한을 교사-학생에게 이양하는 것이 지름길이자 확실한 교육개혁이기 때문이다. 교육 주체인 교사-학생들이 중심이 된 '학교자치평의회'를 상상만 해도 가슴이 벅차오른다. 자주성과 독립된 주체로서 사회적으로 인정받고 존중될 때 〈미래 학교〉의 모습은 감히 상상할 수 없을 정도로 활기차고 창의력과 지적 호기심으로 충만한 교육 공간으로 변화할 것이기에 그러하다. 미래 교육은 그러한 방향으로 거침없이 전진해야 한다.

우리가 핀란드 교육개혁에서 얻는 가장 중요한 키워드는 교사와 학생들의 '자율성'을 극대화한다는 데 있다. 장학감사제도와 교사의 강제 연수 및 의무연수 제도를 전격 폐지하고 교사의 자율성을 존중하는 방식이 제도화되면서 핀란드 교사들의 연구열은 세계적으로 매우 높다. 그만큼 전문성을 갖춰가는 것이자 교직에 대한 사회적 신뢰 역시 매우 높다.

'학교자치평의회'는 기존 학교운영위원회가 유명무실하고 형식화된 측면을 전면적으로 개혁하기 위한 노력이다. 나아가 학교 사회를 평등한 문화가 지배하는 교육 공간으로 재구성하기 위한 결단이다. 민주주의를 자연스럽게 체득하는 공간으로 거듭나게 하기 위해선 교육 주체인 교사와 학생들이 협력해서 학교 사회를 가꾸어 가는 것을 전제해야 한다. 이를 위해선 교사평의회와 학생평의회로 구성된 '학교자치평의회'가 학교 사회 최고 의결기구로서 자리매김해야 한다.

4차 산업혁명 시대, 미래 학교 사회는
자율성과 창의성이 넘치는 협력과 연대의 공동체여야 한다

마지막으로 우리 교육은 4차 산업혁명 시대를 대비해야 한다. 굳이 코로나 바이러스19가 아니더라도 급변하는 과학기술혁명 시대 학교 교육의 양상은 급변할 것이다. 중요한 것은 학교 교육이 자율성과 변화에 대한 다양성 그리고 개성과 창의성에 굳건히 기반해야 한다는 점이다. 이는 다가올 4차 산업혁명 시대를 맞이하는 학교의 모습이자 '미래 교육'의 비전을 담보하는 것이기도 하다. 빅데이터에 기반한 사물인터넷이 일상을 지배하고 인공지능이 인간의 노동과 학습을 대체하는 시대가 도래한다.

리프킨의 표현대로 '한계비용 제로' 혁명이 모든 산업 분야로 확산할 것이다. 이러한 변화는 사용자와 노동자, 판매자와 소비자로 구분되던 기존 패러다임을 붕괴시킬 것이다. 한계비용 제로 시대에 프로슈머들은 서로의 재화와 서비스를 공유하는 '협력적 공유사회'를 지향하며 '사회적 경제'로 이동할 것이다.[17] 학교 사회 역시 교실을 매개로 더 이상 교사와 학생이라는 고정 관념에 머물지 않을 것이다. 교사와 학생이 교육공급자와 교육수요자라는 구분에 머물지 않고 긴밀히 상호작용하면서 지식과 교육 서비스를 공유하는 '협력적·창의적 관계'를 탄생시킬 것이다.

따라서 치열한 경쟁 구도 속에서 각자도생의 방식으로 지식을 주입하

2018년 교육주간 상암고에 내걸린 전교조 플래카드
교육의 원리는 '차별과 경쟁'이 아니라 '협력과 협동'이다. 그런 측면에서 우리 교육은 깊은 성찰이 필요하다. (출처: 하성환)

고 암기된 지식을 측정하는 19세기 교육방식과 개별화되고 파편화된 기존 교육환경으로는 새로운 시대, 높은 변화의 파고를 넘어설 수 없다. 그 결과는 도태되는 길밖에 없다. 그것은 개인적으로나 국가·사회적으로 매우 끔찍한 결과를 자초할 것이기에 어떤 집단보다 학교 사회는 급변하는 사회 변화에 기민하게 대응해야 한다.

미래 교육이 펼쳐지는 학교 사회는 '자율과 존중, 협력과 연대'의 정신이 살아 움직이는 공간이어야 한다. 그리고 그를 바탕으로 학생 개개인의 개성을 존중하고 창의적 상상력과 다양성을 마음껏 펼칠 수 있는 온-오프라인 공간으로 교육활동을 전면화하고 그 방향으로 전진해 나가야 한다.

프레이리P. Freire의 비판처럼 마냥 지식을 쌓고 축적된 지식을 평가하는 기존 교육방식으로는 결코 '미래 교육'을 예측할 수도 없고 맞이할 수도 없다. 변화된 현실 앞에 우리 공교육의 자화상을 들여다보고 깊은 집단적 성찰을 바탕으로 학교의 위상을 재정립해 '미래 교육'을 전망해야 한다.

요컨대 21세기 4차 산업혁명 시대를 맞아 대한민국 교육을 살리고 우리 교육이 나아가야 할 방향은 「교육의 본질」을 회복하는 데 있다. 「교육의 본질」은 '자주성'을 되살리는 것이다. 교사의 '자주성'과 학생의 '자주성'을 극대화할 경우 학교 교육은 「민주시민을 양성」하는 교육의 목적에 부합할 것이다. 거꾸로 '자주성'을 억압하거나 왜곡하는 모든 것은 교육의 형식, 바로 가면을 쓴 「반反교육」일 뿐이다. 일제강점기부터 오늘날까지 100년 넘도록 '자주성'을 말살한 교육이 지속되고 있다. 그 억압의 사슬을 끊어 내고 아이들의 자율성과 자주성을 드높이는 것에서 변화를 시작해야 한다.

세월호 참사를 생각하면 더더욱 그렇다. 왜 3층 일반 승객의 생존율

교무실 출입문의 세월호 추모 포스터
세월호 참사를 생각할 때 '수동적이고 순응적인 학생상'을 벗어나 자신의 안목으로 현상을 비판적으로 해석할 수 있는 '자주적이고 주체적인 학생상'을 학교 교육은 추구해야 한다. 우리가 세월호 참사의 슬픔에서 얻는 매우 소중한 교훈이다. 2학년부 교무실 문에 부착된 세월호 포스터 〈진실은 침몰하지 않는다〉. (출처: 하성환)

은 71%인데 더 안전한 4층 단원고 학생들은 23%에 머물렀는지 자문해야 한다. 객실이 안전하다는 거짓 방송을 하고 자신들만 탈출한 선장과 선원들의 범죄행위만 탓할 일이 아니다. 그 거짓 방송은 3층 일반 승객들과 4층 단원고 학생들 모두에게 동시에 방송된 내용이기 때문이다. 참사 이후 어느 부모님의 가슴 절절한 탄식에 귀 기울여야 한다. "선생님 말씀 듣지 말고 그냥 밖으로 뛰쳐나오라고 했으면 살았을 텐데… (중략) 왜 선생님은 배가 뒤집어질 판인데 뛰쳐나가란 말을 안 했을까요? 내가 자식을 죽였어유"[18]라는 가슴 아픈 탄식에 교사들은, 교육계는 귀 기울여야 한다. 시대의 교사로서 성찰이 절실한 대목이다.

■ 주석

1. https://kess.kedi.re.kr/index, 「우리나라 OECD 교육지표」, 7쪽.
2. 참여연대 민생희망본부 논평(2013), 「박근혜 대통령은 반값등록금 공약을 공약(空約)으로 만들려 하나」, 2013. 9. 26.
3. 김상봉(2004). 『학벌사회』, 서울: 한길사, 49쪽.
4. 教師養成研究會(2008), 『近代教育史』, 東京: 學藝圖書株式會社, 101쪽. 마카렌코는 소비에트를 대표하는 교사이자 교육학자이다.
5. 김정환(1997), 『전인교육 어떻게 할 것인가』, 서울: 내일을 여는 책, 103쪽.
6. https://kess.kedi.re, 2019 교육통계연보에 따르면 사설학원이 80,937개이고 유초중고는 20,810개이다.
7. http://statistics.sen.go.kr
8. '적극적 시민(active citizen)'은 노동당 집권 하 교육개혁 보고서인 일명 크릭 보고서(Crick's Report)에서 추구하는 학생상이다. 1998년 토니 블레어 노동당 정부는 〈시민교육〉에 대한 보고서를 발간했다. 이 보고서의 본래 명칭은 「민주주의를 위한 교육과 학교에서 민주주의 가르치기」이다. 일명 크릭 보고서로 부른다. 여기서 지향하는 학생상이 능동적 시민성을 갖춘 '적극적 시민(active citizen)'이다.
9. 하성환(2021), 「프랑스 학교민주시민교육, 우리 교육이 배워야 할 점」, 『레디앙』, 2021. 2. 2.
10. 교육부(1993), 『민주시민교육 지도자료』, 교육부 장학자료 제96호, 16-17쪽.
11. 곽노현(2021), 「민주시민교육과 보이텔스바흐 원칙, 그리고 교사 정치기본권」, 『공무원, 교사 정치기본권 이대로 좋은가』, 국회 정책토론회, 2021년 3월 8일, 8-14쪽.
12. 교육부가 2019년 지정한 〈민주학교〉는 초등학교가 절반을 넘었다. 상대적으로 초등학교가 대학입시로부터 자유롭기 때문이다.
13. 송순재 외(2017), 『혁신학교』, 서울: 살림터, 54쪽.
14. 김원태(2020), 『학교 시민교육 과목이 입법화되어야 하는 이유』, 국회토론회 자료집, 19쪽.
15. 우리나라 혁신학교 교육운동의 이론적 기초가 된 사토 마나부 교수(도쿄대)의 표현이다.
16. 심성보(2018), 『한국교육의 현실과 전망-세계교육의 담론과 운동, 그리고 민주시민교육』, 서울: 살림터, 219쪽.
17. 정재걸(2019), 『우리 안의 미래교육』, 서울: 살림터, 53쪽.
18. 416 세월호 참사 작가기록단(2015), 『금요일엔 돌아오렴』, 서울: 창비, 104-105쪽.

4.

참교육을 향한
실천적 교육운동가

1) 겨레의 스승,
실천적 교육운동가 성래운 교수

1. '참교육' 운동의 선구자 성래운

글쓴이는 '참교육' 운동의 선구자이자 사람다운 삶을 몸소 실천함으로써 '시대의 사표師表'가 된 성래운 교수를 '참교육자'이자 '겨레의 스승'으로 복기하고자 한다. 특히 1970~80년대 '참교육' 운동과 1989년 교원노조 건설과정에서 전교조 교사들에게 한없는 애정을 보내주신 성래운 교수의 교육운동의 발자취를 더듬어보는 것으로 글을 시작하고자 한다. 식민지 교육과 군사문화, 그리고 국가주의 교육의 낡은 질서를 전면 거부한 채, 이를 해체하고 '인간성 회복의 교육'을 부르짖은 성래운 교수의 '참교육' 운동을 살펴보는 것에 이 글의 목적이 있기 때문이다.

'참교육'이라는 용어를 처음 쓴 사람은 이오덕 선생[1]이다. 이오덕 선생이 출간한 책『시정신과 유희정신』과『이 아이들을 어찌할 것인가』를 받아든 성래운 교수는 이오덕 선생의 문제의식에 절절히 공감했다. 1970년대 당대 교육자들이 삶의 방편으로 학생을 가르치는 것에 반대했으며, 교육자에게 학생은 도구가 아니라 목적적 존재여야 한다고 역설했다. 그리하여 학생의 인격을 함양하기 위해 선생 노릇에 충실하려는 이오덕 선생의 교육적 번민과 실천적 활동에 마음 깊이 경의를 드러냈다. 시대의 귀감이 될 스승의 이론에 대한 글은 동서고금을 통해 많이 읽어

남영동 대공분실(민주인권기념관) 정문

〈남영동 대공분실〉은 박종철 군 고문치사 사건 이후 〈경찰청 인권센터〉로, 〈민주인권기념관〉으로 거듭났다. 본래 정문은 안을 들여다볼 수 없도록 검정색 육중한 두꺼운 철문이었으나 안을 들여다볼 수 있을 정도로 바뀌었다. (출처: 하성환)

봤지만 시대의 스승으로 몸소 실천적 삶을 살아가는 이오덕 선생에 감탄했다.[2]

그리하여 성래운 교수는 죽어가는 인간을 살리고 자연과 더불어 살아갈 줄 아는 겸허하고 조화로운 인간성을 교육의 목표로 추구했다. 교육을 통해 인간을 구원할 수 있다는 신념 또한 똑같았다. 그리고 무엇보다 '죽음의 교육', '병든 교육'을 물리치고 '참교육'을 되살리기 위해선 정치 사회민주화가 선행되어야 한다고 믿었다.

성래운 교수와 이오덕 선생, 모두 하나같이 1980년대 반독재 민주화 운동에 뛰어든 이유다. 특히 성래운 교수는 반독재 민주화 투쟁에 더욱 적극적이었다. 투옥되는 걸 두려워하지 않았다. 이오덕 선생이 글쓰기 교육운동을 통해 참교육운동을 실천했다면 성래운 교수는 반인간적인 교육구조와 그것을 뒷받침한 독재체제에 정면으로 맞서며 참교육운동을 추구했다. '사람다움의 교육'을 전면 부정하는 교육체제와 정치권력에 적극적으로 저항한 것이다.

실제로 성래운 교수는 이오덕 선생보다 앞서 70년대부터 반독재 민주화운동에 참여했다. 1978년 '교육지표 사건'은 대표적인 사례다. 성래운 교수는 박정희 유신체제에 저항하다 감옥에 간 제자들과 해직된 동료 교수들을 늘 가슴 아파했다. 그런 일이 터지면 미안한 마음에 잠을 이루지 못할 정도로 힘들어했다.

"잎새에 이는 바람에도 괴로워했던" 윤동주의 「서시」처럼 성래운 교수는 그런 소식을 접한 날이면 잠을 이루지 못했다. 자신이 연세대 교정에 세운 윤동주 시비의 「서시」처럼 "하늘을 우러러 한 점 부끄러움이 없기를" 희구하는 삶에서 비롯된 것이리라. 그래서 시작한 것이 1974년 감옥에 간 제자들과 해직된 동료교수들을 위한 교수기도회 활동이다.

윤동주 시비
성래운 교수가 1968년 연세대 교정에 세운 윤동주 시비. 뒤에 보이는 핀슨홀은 일제강점기에 윤동주, 송몽규, 강처중 3총사가 묵었던 공간이다. (출처: 하성환)

성래운 교수, 학생처장으로서
학생운동 하던 제자들을 퇴학시키라는 독재권력의 강요를 거부하다

실제로 성래운 교수는 연세대학교 학생처장으로 재직 당시, 학생운동 이나 시위를 하다가 징계를 받는 제자들을 안타까워했다. 제적시키라는 학교 당국의 압력에 굴하지 않았다. 회의에서 10시간 넘도록 격론이 벌어졌을 때도 학생을 퇴학시키는 것은 교육자로서 부당하다며 단연코 거부했다.[3] 공안기관으로부터 수없이 협박 전화를 받기도 했지만 성래운 교수는 뜻을 굽히지 않았다. 민주화운동에 앞장선 학생들에게 상을 주지는 못할망정 학생처장으로서 학생을 퇴학시키는 일은 결코 할 수 없었다. 끝끝내 학생처장으로서 성래운 교수는 학생들을 지키고자 애썼다. 1973년 발생한 서울대 법대 최종길 교수의 의문의 죽음을 알고 있었지만 성래운 교수는 굴복하지 않았다.

1975년 박정희는 긴급조치 9호를 선포했다. 모든 고등학교와 대학에 자율적 학생회를 폐지시켰다. 그리고 학도호국단을 전국적으로 부활시켜 학교를 병영화하고 군사훈련을 강제했다. 어린 학생들에게 총검술 훈련을 시키고 학교마다 분열과 사열을 강행했다. 단시간 내에 총기분해와 조립을 경쟁시키고 시상까지 했다. 교육 관계법을 비롯해 4대 전시 입법을 만들어 교수재임용 제도를 신설했다. 성래운 교수는 이듬해 1976년 교수재임용 심사에서 탈락했다. 합법을 가장해 미운털 박힌 양심적 교수들을 학내에서 강제로 쫓아낸 것이다. 이후 성래운 교수는 연세대 해직교수협의회 회장을, 그리고 1977년엔 전국해직교수협의회 회장을 맡았다.

성래운 교수, 송기숙 교수와 함께 국민교육헌장에 맞서는
'교육지표 선언' 사건을 주도하다

그러던 중 1978년 초 해직교수협의회 회장이던 성래운은 자연스럽게 송기숙 교수와 인연을 맺었다. 그는 1968년 서울대 철학과 교수 박종홍이 만든 '국민교육헌장'이 국가주의 교육을 전면에 내세운 반反교육적인 것에 주목했다. 당초 '교육지표 선언'은 서울과 부산을 비롯해 전국적으로 각 대학별로 동참할 인사들을 모아 70명 정도 되었을 때 감행하기로 계획했다.[4] 그러나 선언에 참여할 인원도 적은 데다 대학별로 별도로 선언문을 내겠다는 학교들이 많아 '교육지표 선언'이 흐지부지되었다. 할 수 없이 송기숙 교수는 6월 26일 광주로 내려왔다. 그런데 뜻밖에도 '교육지표 선언' 사건은 다음날 터졌다. 성래운 교수가 전남대 교수 11명 명의로 '교육지표 선언'을 감행한 것이다. 성래운 교수가 광주로 내려오기 직전 교육지표 선언문을 AP통신과 《아사히신문》을 비롯해 외신에 알린 것이다.

성래운 교수의 판단은 이러했다. 박정희 군사정권의 행태로 보건대 '우리의 교육지표' 선언을 차일피일 미루다가는 5년 전 서울대 법대 최종길 교수 사건처럼 쥐도 새도 모르게 관련 교수들이 중앙정보부로 끌려가 죽을 수도 있겠다고 생각했다. 그리하여 '교육지표 선언문'을 서울대를 비롯해 일부 대학들에 우편 발송하고 곧장 광주로 내려온 것이다. 광주에서 송기숙 교수에게 사건 전말을 소상하게 전했다. 송기숙 교수는 아차 했지만 이미 화살은 시위를 떠나 과녁을 향해 날아가고 있었다. 결국 송기숙 교수는 성래운 교수와 입을 맞췄다.

자신들이 희생함으로써 관련된 교수들을 철저히 보호한 것이다. 선언문에 서명한 전남대 교수 11명은 해직됐고 송기숙 교수 자신은 징역형을 살았다. 선언문을 불시에 터트린 성래운 교수는 지하로 잠적했지만 6개월이 지난 이듬해 1월, 검찰에 출두했고 관련된 교수들을 언급하지 않은 채 모든 것을 자신이 뒤집어썼다. 그리고 구속 기소돼 징역 2년형을 언도받고 광주교도소에 수감되었다.

서슬 퍼런 유신체제 폭압 속에서 '우리의 교육지표' 사건은 한국 현대

교육사에 크나큰 전기를 마련한 사건이다. 박정희 유신독재와 국가주의 교육에 정면으로 반기를 들고 도전함으로써 한국 교육사에 큰 획을 그었기 때문이다. 교육의 암흑기가 지속되는 가운데 '우리의 교육지표' 사건은 한국 교육에 한 줄기 빛을 비춰준 상징적인 사건이다.

당시 박정희 군사독재정권은 국민을 일제강점기 '황국신민' 정도로 여기며 훈육 대상이자 국가주의 이데올로기를 심어주어야 할, 정신적으로 병들고 못난 사람들로 취급했다. 1961년 쿠데타로 정권을 잡은 박정희는 학교 교육을 통해 어린 학생들에게 '5·16 혁명 공약'을 외우게 했고, 393자에 달하는 '국민교육헌장'도 강제로 외우게 했다.

"우리는 민족중흥의 역사적 사명을 띠고 이 땅에 태어났다"로 시작하는 '국민교육헌장'은 전체주의 교육지표를 선언한 내용이다. 일제강점기 황국신민 양성에 동원된 교육칙어教育勅語를 빼닮은 것으로, 민주주의 교육을 거스른 반反교육적 선언이다. "나라의 융성이 나의 발전의 근본임을 깨달아" 국가=독재자에 충성하도록 전 국민의 몸과 정신을 지배하려는 불순한 의도였다. 철저한 반공 이념을 국민 머릿속에 주입하고 고취시킴으로써 '파시즘의 노예'를 기르는 데 충실했다.

이를 박살낸 것이 성래운 교수와 송기숙 교수가 주도한 '우리의 교육지표' 사건이다. 모두 송기숙 교수를 비롯해 전남대 교수들과 성래운 교수의 희생과 헌신이 만들어 낸 역사적 사건이다. 성래운 교수가 박정희가 선포한 국민교육헌장을 반反교육의 상징으로 규정한 데는 그만한 이유가 있다. 교육계를 장악한 친일인맥들이 학교교육을 정치의 도구로 전락시킨 것을 넘어서서 입시경쟁교육으로 아이들의 인간성을 황폐화했기 때문이다. 사람답게 살아가려고 노력하는 게 인간의 모습이고 교육은 인간다움을 길러주는 활동인데[5] 교육을 받으면 받을수록 사람다움이 사라지는 것에 주목했다.

학교교육을 받으면 받을수록 짐승의 세계를 연출하는 한국 사회의 모습에 절망했기 때문이다. 그 이유를 성래운 교수는 획일적인 가치를 국민정신으로 포장해 전 국민에게 강제한 '국민교육헌장'에서 비롯되었다고 판단했다. 그 이전까지는 그래도 학교 안팎에 인간미가 조금은 남아있었다고 생각했다. 그러나 1960년대 말 '국민교육헌장'과 1970년대 초 유신체제를 거치면서 한국 사회는 완전히 '힘이 지배하는 짐승의 세계!', 바로 '개판의 세계'가 돼버렸다고 본 것이다.[6]

일본 제국주의 '교육칙어'처럼 '충효'의 가치가 '국민교육헌장'에 들어 있지는 않았지만, 박정희 제3공화국은 1970년대 초 '충효'를 주요 교육지표로 설정했다. 1972년 10월 유신이 선포된 직후 '충효'는 1970년대 내내 유신체제가 종말을 고할 때까지 최고의 교육지표로 강조되었다.[7] 초중고 학교건물마다 '충효' 문구를 버젓이 드리웠던 시절이다.

파시즘의 노예도덕을 강조한 '국민교육헌장'을 만든 인물은
한국 철학계의 거두 박종홍

박정희가 선포한 '국민교육헌장' 또한 당대 지배 권력을 절대화하고 복종할 것을 강제하는 '한국판 교육칙어'와 같다. "나라의 융성이 나의 발전의 근본임을 깨달아 자유와 권리에 따르는 책임과 의무를 다하며 스스로 국가건설에 참여하고 봉사하는 국민정신을" 강요하는 게 그러하다. 나아가 "반공 민주 정신에 투철한 애국 애족이 우리의 삶의 길"이라고 천명한 부분에 가서는 집단주의 내지 전체주의 냄새가 가득하다.

이러한 '국민교육헌장' 초안을 작성한 인물들은 당대 학계 저명인사들이다. 박정희 정권은 한국 철학계 거두인 박종홍 교수(서울대 철학과), 하버드대 교육학 박사 류형진 교수(건국대), 도쿄대 교육학과 출신 이인기 교수(서울대 대학원장)를 헌장 3인 기초위원으로 선정했다. 그리고 박정희 독재정권은 한국 사회 내로라하는 교수들 20명을 동원해 전 국민에게 획일적 가치를 강요하는 헌장을 기획했다.

박종홍은 서울대, 이화여대, 한양대, 성균관대 등에서 강단 아카데미를 통해 제자들을 길러낸다. 정치와 무관한 것 같지만 박종홍은 1968년 12월 '국민교육헌장' 초안을 만들고 1970년 박정희 대통령 교육문화담당 특별보좌관을 맡는 등, 정치권력과 밀착된 삶을 살았다.[8] 박정희 유신체제의 전주곡인 '국민교육헌장'을 실질적으로 작성한 철학자이자 1972년 박정희 10월 유신이 등장할 당시 '유신維新'이란 글자를 명명해 준 당사자다.[9] 다시 말해 국민정신을 강조하며 박정희 유신체제에 철학적 기초를 다져준 인물이다.

철학자 박종홍은 한국 사회 실존주의 철학의 효시로서 당대 많은 제자를 길러내며 학계의 존경을 한 몸에 받았다. 거기엔 그만한 이유가 있었다. 박종홍은 당시 사상가로 인정받지도 못했던 원효, 의천, 지눌, 최한기 등 역사적 인물들을 새롭게 소개할 정도로 방대한 자료를 인용하였다. 실제로 그 분야에 선구적으로 학문적 업적을 쌓은 뛰어난 철학자였다. 관련 학계 연구자들 사이에선 철학자 박종홍이 연구 과정에서 인용

박정희 대통령 기념관 전경(서울시 마포구 상암동 소재)
2012년 2월 박정희 기념재단에서 설립한 박정희 대통령 기념관으로, 근대화 경제 성장 과정 관련 자료를 전시하고 있다. (출처: 하성환)

한 방대한 자료와 성실성 앞에 저절로 존경을 갖지 않을 수 없었다.[10] 나아가 철학자 박종홍은 동서고금의 철학을 망라해 한국적 특수성을 세계 보편적 가치 속에 담아낸 철학자로 높게 평가받았다. 1960~70년대 민족이 당면한 근대화라는 현실 문제를 창조적으로, 그리고 자주적으로 타개해 나가기 위해 자신의 국가주의 철학 사상을 현실에 적용시킨 실천적인 철학자로까지 존경받았다.

일제국주의 파시즘에 침묵하던 철학계의 거두 박종홍, 박정희 유신 독재권력에 밀착하다

그러나 박종홍은 일제강점기나 이승만 독재정권 시절, 실천철학자로서 파시즘에 일말의 비판조차 없었다. 그러다 5·16 군사쿠데타 직후 실질적인 최고권력기구였던 국가재건최고회의 사회분과위원으로 참여하고 5·16 민족상 심사위원으로 참여하는 등, 박정희 정권 내내 현실 권력에 밀착된 삶을 살았다. 실천철학자로서 현실의 불의와 부조리, 그리고 지배 권력의 횡포와 부당한 통치에 대한 일말의 저항이나 비판적 거부가 없었다.[11] 한마디로 철학자 박종홍은 부조리하고 불의한 현실에 맞서 철학적 비판이나 투쟁을 한 적이 결코 없었다. 그것이 박종홍 신화를 걷어낸 뒤 드러난 역사의 진실이었다.

'국민교육헌장'은 박종홍, 유형진, 이인기가 초안을 작성한 뒤 6차례 수정을 거쳤다.[12] 그리고 초중고교는 말할 것도 없고 전국 관공서에 박정희 사진과 같이 내걸렸다. 교육의 본질인 자율성과 민주성 그리고 다양성을 억압한 채, 국가를 전면에 내세운 파시즘적 노예도덕을 강요했다. 당시 교과서는 국정교과서였는데 교과서마다 '국민교육헌장'이 교과서 첫 면에 실렸다. 전 국민을 상대로 세뇌 교육을 통해 국가주의 가치를 내면화함으로써 박정희 1인 독재체제를 공고히 하려던 정권의 불순한 음모였다. '국민교육헌장'과 함께 1972년부턴 아침 조회 시간에 '국기에 대한 맹세'를 학생들에게 강제로 암송하게 했다.

그리고 1977년부터 시작된 국기강하식 땐 전 국민이 가던 길을 멈추고 서 있어야 했다. 80년대까지 계속된 이 행사는 도서관에서 책을 보던 일반 시민들마저 국기강하식 행사 음악이 흘러나오면 보던 책을 덮고 자리에서 벌떡벌떡 일어서야 했다. 2014년에 개봉된 영화 『국제시장』에서 부부싸움을 하던 주인공 부부가 국기강하식 행사 음악이 나오자 다투다 말고 가슴에 손을 얹는 장면은 국가주의 이데올로기가 어떻게 일상생활 구석구석 모세혈관을 타고 스며들었는지를 여실히 보여주고도 남는 명장면이다. 애국심이면 맹목적인 것이라도 '절대선'으로 포장돼 한껏 위세를 부리던 시절이었으니까.

'국민교육헌장'이 교과서에서 사라진 것은 1987년 6월 민주항쟁이 일어나고도 한참을 지난 1994년부터다. 이 해부터 국민교육헌장 선포 기념일 행사를 열지 않았다. 그리고 2003년 노무현 참여 정부 시절 '국민교육헌장' 선포 기념일을 국가기념일에서 공식적으로 삭제했다. 잘못된 제도는 쉽게 만들어지지만 그 제도를 없애는 것은 상당한 시간이 필요했다.

요컨대 철학자 박종홍이 기초하고 독재자 박정희가 선포한 '국민교육헌장'은 독재자 '박정희의 신민臣民'[13]을 양성하기 위해 전 국민을 대상으로 국민정신을 개조하려는 의식화였다. 이는 원효, 지눌과 이퇴계, 최한기를 이용해 4년 뒤 유신체제를 건설하기 위한 밑돌을 놓은 작업이었다.

성래운 교수, 한국 교육이 실패한 이유를
민주주의 교육을 뿌리내리지 못한 데서 찾다

대통령 긴급조치 9호 위반으로 구속돼 형사처벌을 받은 성래운 교수와 송기숙 교수를 비롯한 8명 모두, 2013년 4월 29일 재심에서 무죄를 선고받았다. 박정희 대통령의 긴급조치 9호 자체가 위헌이라는 대법원판

결도 이미 나왔던 터라 예상된 판결이었다. 재심사건 당시 재판장은 "바쁘신데 출석해 주셔서 감사하다."는 인사말과 함께 "유죄 판결을 했다는 게 부끄러울 정도"라며 "별도의 선고 기일을 거치지 않고 오늘 선고하겠다."고 밝힌 뒤 10여 분 만에 바로 무죄를 선고했다.[14]

성래운 교수와 송기숙 교수가 주도한 '우리의 교육지표' 선언은 오늘날 한국 교육이 실패한 이유를 민주주의 교육이 뿌리내리지 못한 데서 찾았다. 그러한 실패의 집약한 본보기가 바로 '국민교육헌장'임을 지목했다. 박정희가 강요한 '국민교육헌장'이 일제강점기 '교육칙어'를 연상케 한다고 성토했다. 그리하여 '국민교육헌장'을 통해 낡은 국가주의 사상을 주입하고 권력에 순응하는 '신민臣民'을 양성할 게 아니라 정의로운 인간과 사회를 위한 용기를 강조하는 교육을 천명할 것을 선언했다. 이 점은 '우리의 교육지표' 선언에서 네 가지 실천사항으로 다음과 같이 제시했다.

첫째, 물질보다 사람을 존중하는 교육, 진실을 배우고 가르치는 교육이 제대로 이루어지기 위하여 교육의 참 현장인 우리의 일상생활과 학원이 아울러 인간화되고 민주화되어야 한다.

둘째, 학원의 인간화와 민주화의 첫걸음으로 교육자 자신이 인간적 양심과 민주주의에 대한 현실적 정열로써 학생들을 가르치고 그들과 함께 배워야 한다.

셋째, 진실을 배우고 가르치는 일에 대한 외부의 간섭을 배제하며, 그러한 간섭에 따른 대학인의 희생에 항의한다.

넷째, 3·1 정신과 4·19 정신을 충실히 계승 전파하며 겨레의 숙원인 자주평화통일을 위한 민족 역량을 함양하는 교육을 한다.[15]

'우리의 교육지표'는 한국 교육이 나아가야 할 방향을 제시한 정신적

지표이기도 했지만 참교육운동이 지향해야 할 가치를 담아낸 교육 선언이기도 했다. '민족교육, 민주교육, 인간화 교육'을 오롯이 표방할 뿐 아니라 학교의 인간화, 자주화, 민주화를 바탕으로 진리 탐구와 민주주의에 대한 가치, 그리고 자주평화통일을 지향하고 있기 때문이다. 1989년 전교조가 표방한 참교육 이념인 '민족교육, 민주교육, 인간화 교육'은 1978년 '우리의 교육지표'에 뿌리를 두고 있음을 발견한다.

나아가 '우리의 교육지표'는 일상적인 학교민주화운동과 2010년대 전후 혁신교육운동으로 그 정신이 면면히 계승돼 왔음[16]을 또한 발견한다. 요컨대 '우리의 교육지표'는 학교가 학교답게 정치권력의 간섭을 배제하고 '사람됨'의 교육을 가능하게 하기 위한 교육 주체 선언이었다. 그런 점에서 1970년대 말 유신독재의 감시와 통제를 한순간에 거부하고 억압 기제를 일거에 해체시키는 핵으로 작용한 '우리의 교육지표' 선언은 한국 현대교육운동사에서 금자탑이 아닐 수 없다.

성래운 교수는 국민교육헌장을 비롯해 한국 교육이 일그러진 원인을 민족을 배반한 친일교육자들을 청산하지 못한 데서 찾았다. 해방 직후 교육계에도 친일교육자들을 청산해야 한다는 요구가 맨 먼저 강력하게 대두되었다. 실제로 일제강점기 관·공립학교 교장은 친일분자로 공인되지 않고서는 승진할 수 없는 자리였다.[17] 그러나 미군정은 친일파 청산에 관심이 없었을 뿐 아니라 오히려 역사 청산을 방해했다.

청산되지 못한 친일교육자들은 오히려 다시 교육계에 군림했다. 총독부 시학視學을 하며 학교를 감시하고 독립운동의 낌새를 찾아 일제 식민 당국에 투옥하게 만든 자가 다시 미군정 당국 교육계 사령탑에 앉은 것이다. 그런가 하면 식민지 시절 황국신민교육을 강조하던 교장, 교육자들이 다시 교장이 되고 교육감이 되었다. 대학의 총장, 학장에 이르기까지 친일 일색이었다.[18] 한국 교육은 친일파 일색이 되면서 민족교육과 인간화교육이 무참히 훼손되었다고 진단했다.

성래운 교수는 조선왕조 말 지배세력들이 일본 제국주의자들에게 투항하고 식민통치에 순응했으며, 나아가 식민제국주의 통치세력의 앞잡이가 되었다고 비판했다.[19] 실제로 그들은 '미영귀축美英鬼逐'을 외치고 태평양전쟁을 '성전聖戰'으로 떠벌리며 동포들을 선동하는 데 주저하지 않았다. 그러던 그들이 일제가 패망하고 미군정이라는 새로운 점령군이 통치자가 되자 지배세력으로 등용돼 다시 고개를 쳐들고 동족 간 대결로 치달았다고 진단했다.

성래운 교수는 교육을 '인간다움'을 길러내는 것! 바로 '사람됨'의 교육, '인간성 회복' 운동으로 보았다. 성래운 교수가 지향한 '사람됨'의 교육은 아이들의 개성을 존중하는 교육에서 출발한다. 성래운 교수는 '사람됨'의 교육에서 아이들 개성을 강조하는 교육을 참교육의 첫째 조건으로 생각했다.

성래운 교수,
교육은 '사람 되게 하는 활동'이자 '사람다움을 길러주는 활동'이다

그는 '사람됨을 키우는 교육'이 아니라 어린 학생들을 약육강식의 짐승 세계로 내모는 황폐화된 교육으로 진단했다. '참교육'을 꿈꾸며 당시 학교 교육을 '거짓 교육', '죽음의 교육', '병든 교육', '살인 교육', '식인 교육'[20]으로 통렬하게 비판한 이오덕 선생과 같은 진단이다. 성래운 교수역시 '한국의 학교 교육보다 더 나쁜 교육은 없다'고 생각했다. 아이들의 착한 심성을 피폐하게 만들면서 끝없이 경쟁으로 내몰며 아이들을 병들게 하는 주입교육이자 경쟁 세계의 훈련으로 보았다.

결국 성래운 교수는 교육의 본질을 '사람됨', '사람다움'에서 찾았다. 교육의 목표 내지 지향하는 바는 '사람답게 살아가도록 만드는 일'이며 교육은 사람 되게 하는 활동이자 사람다움을 길러주는 일이라고 생각했다. 그러나 70년대 후반 성래운 교수는 이렇게 고백하며 탄식했다. 오늘날 교육은 사람 되게 하는 교육이 아니라 '돈 놓고 점수 따기' 교육으로, 그 현장은 살벌한 도박판으로 변질되었다고 비판했다. 더 이상 학교에선 사람 되게 하는 교육이 불가능하다고 탄식한 것이다.[21]

그렇다면 학교 교육을 그토록 타락시킨 주범은 누구일까? 오늘날 학교 교육이 사람 되게 하는 교육을 할 수 없게 만든 원흉으로 성래운 교수는 두 가지를 지목했다. 첫째는 교육을 독재정치의 수단으로 삼은 것이다. 사람을 독재정치의 제물로 쓰려고 거짓을 가르치고 머릿속에 주입해 왔으며, 가르쳐야 할 참된 지식을 애초부터 가르치지 않은 것은 말할 것도 없었다. "국민을 종 삼아 부려먹기 쉽게 '읽기, 셈하기, 생산기술'은 가르치되 '인간 존엄'이나 '인권', '국민주권의식'은 처음부터 싹도 트지 못하게" 학교 교육을 국가가 통제해 왔다고 비판했다.[22] 둘째로 부모를 비롯해 가문이나 사회 연장자들이 자신의 욕망 충족을 위한 수단으로 아이들을 채근하며 입신출세의 도구로 교육을 퇴락시켜 왔다[23]는 점에 주목했다.

성래운 교수는 학교 교육을 통해 교사로부터 인간적인 대접을 받고 존중받은 아이들이 나중에 커서 타인을 인간적으로 대접하며 존중할 줄 아는 사람으로 살아간다고 보았다.[24] 따라서 삶을 사랑하고 사람을 존중하고 섬기는 것에서 교육이 시작된다고 역설했다. 루소의 『에밀』을 한국 사회에 견주어 편지 형식으로 새롭게 풀어쓴 『인간 회복의 교육』은 그 점을 명징하게 보여준다. 학교 교육은 입시 경쟁교육으로 치닫고 아이들은 학교에서 삶을 배우지 못한다고 탄식했다. 아이들이 자연 속에서 자연과 더불어 신나게 놀고 기쁘게 노래하며 아름답게 웃을 수 있는 아이로 성장해야 한다고 믿었다.

그렇게 잘 놀고 기쁘게, 사랑스레 놀면서 자란 아이들이 건강하고 의젓한 어른으로 성장할 수 있다고 보았다. "지금 세계의 어린이들이 어른들과 달리 전쟁을 모르고 평화 속에서 창조를 즐기며 살아가게 하는 길은 아이들로 하여금 평화를 살게 하는 것뿐"[25]이라는 성래운 교수의 말씀은 그래서 호소력이 컸다. 아이들이 평화를 살아야 어른이 되어서 평화를 만들 수 있고 평화를 누릴 수 있기 때문이다.

2. 전교조의 든든한 정신적 버팀목 성래운 교수

1960년 4월 혁명 직후 허정 과도정부에서 등장한 '4·19교원노조'는 해방 직후 이만규가 중심이 돼 이끈 '조선교육자협회'의 후신이다. 다시 말해 '4·19교원노조'는 자주적인 교사단체로서 '조선교육자협회'의 정신을 계승했다. 그러나 185명 학생들의 피 값으로, 시민의 저항으로 등장한 허정 과도정부는 '4·19교원노조'에 호의적이지 않았다.

당시 문교부 수석장학관으로 재직했던 성래운 교수는 '4·19교원노조'를 인정하고 양성화할 것을 주장했다. 그러나 8개월이라는 짧은 기간 집권한 민주당 장면 내각 역시 교원노동조합을 달가워하지 않았다. 곧이어 박정희 군사쿠데타가 자행되고 바로 이튿날 '4·19교원노조'는 대대적인 탄압을 받고 해체되었다. '4·19교원노조'를 건설해 내는 데 중심적으로 활동한 교사들이 검거되고 투옥된 것이다.

그리고 28년이 흘렀다. 교육이 정치권력의 도구로 전락한 지, 또 한 세대가 흘러간 것이다. 교사가 교사가 아니며 교육이 교육이 아닌 암울한 시대! 바로 또 다른 교육의 암흑기가 시작된 것이다. 특히 70~80년대 학교 교육은 병영화돼 군사교육이 학교문화를 지배하고 압도했던 시절이다. 어린 학생들에게 교련복을 입혔고 총검술 훈련을 시켰다. 군대에서 갓 제대한 초급장교들이 교련교사가 되어 등교하는 학생들 머리 길이와 복장 단속부터 시작하여 학교사회를 주물렀다. 청소년의 심신 수련을 위한 학생수련활동이 해병대 캠프니 어쩌니 하면서 극기 훈련으로 변질되고 학생들을 군대식으로 다루었다.

그 숨 막히던 시절! 군부독재정권의 탄압을 뚫고 교원노조를 부활시킨 것이 '전교조'다. 무려 1,500명이 넘는 교사가 강제 해직당하고 100명에 이르는 교사들이 투옥되는 등 형사처벌을 받았다. 우리가 잘 아는 「접시꽃 당신」의 시인 도종환도, "연탄재 함부로 발로 차지 마라! 너는 누구에게 한 번이라도 뜨거운 사람이었느냐"고 외쳤던 시인 안도현도 이때 학교에서 쫓겨났다.

군부독재정권의 가혹한 탄압을 뚫고 28년 만에 다시 교원노조를 건설해 낸 것은 똑같은 모양으로 붕어빵 찍어내듯 하는 공장식 사육에 대한 저항이자 이념에 순치된 제도권 신민臣民교육에 정면으로 반기를 든 사건이다. 모두 아이들의 인권과 개성을 존중하고 교육의 자주성과 본질을 회복하려는 전국 수많은 교사들이 70~80년대 성래운 교수, 이오덕 선생의 참교육 운동에 호응한 교육계의 일대 장쾌한 사건이다.

성래운 교수, 전교조 참교육운동의 전신!
'민주교육 실천 교사협의회' 공동대표를 맡다

'민족교육, 민주교육, 인간화교육'을 부르짖고 학생의 인권과 다양성을 소중하게 생각했던 전교조는 1989년 창립 초기 '촌지거부운동'을 '참교육' 운동의 하나로 펼쳤다. 당시 촌지는 교사의 교육적 판단을 흐리게 하고 교육활동을 왜곡시킨 주범이자 교육계 비리의 온상이었다. 이 촌지거부운동을 주도한 인물이 1986년 '민주교육 실천 교사협의회'를 만들어 공동대표를 맡은 성래운 교수와 이오덕 선생이다.

성래운 교수는 교사 강연이나 1980년대 초반 60여 차례에 걸친 재미동포 강연 때도 강연료를 받지 않았다. 숙식과 교통편이 제공되는 것에 한없이 고마워했다. 스스로 촌지거부운동의 사표師表가 되었다. 바로 그 '민주교육 실천 교사협의회'를 모태로 '한국 YMCA 중등교육자협의회'

참교육 전교조
전국교직원 노동조합, 전교조는 권력에 휘둘리지 않고 참교육, 즉 학생들의 건강한 성장과 맑고 밝은 영혼의 성숙을 위해 출발한 교사대중조직이다. 89년 교육운동, 교육민주화운동 당시 전교조는 극심한 탄압에도 불구하고 한국교육의 미래를 위한 아이들의 희망으로서 양식 있는 시민들의 절대적 지지를 받았다. (출처: 한겨레 자료사진)

등이 결합하여 일 년 뒤 '민주교육 실천 전국교사협의회'(약칭 전교협)가 탄생하고, 전교협을 토대로 2년 뒤 전교조가 탄생했다.

사실 전교조는 전교협의 인적·물적 기반을 고스란히 옮겨온 것이다. 성래운 교수가 평생 몸소 실천했던 '사람됨의 교육', 바로 '인간화 교육'은 전교조가 교육운동의 이념으로 표방한 '참교육' 운동의 핵심으로 자리 잡았다. 성래운의 '인간화 교육'이 실천적으로 표현된 것은 연세대학교 세브란스병원 소아재활원 부설 초등학교장을 맡았을 1964년부터였다.

1963년 성래운 교수는 연세대 교육학과 교수로 부임한다. 여기에는 1960년까지 연세대 교수와 부총장을 지낸 외솔 최현배 선생의 도움이 컸다.[26] 연세대 교육학과 교수로 부임한 성래운 교수는 이듬해 1964년부터 1966년까지 지체장애 초등학교 교장을 겸임했다. 지체장애 초등학교는 연세대학교 부속학교로 아이들이 생활하는 기숙형 초등학교였다.

당시 목격하고 실천한 교육 경험을 글로 엮은 것이 1983년 출간된 『세학교 이야기』다. 한국 사회와 교육에서 소외된 장애어린이, 농촌 아이들의 농촌 야학, 그리고 도시 근로 청소년들이 삶과 앎을 배워가는 노동야학을 다룬 책이다.

성래운 교수는 이 책에서 몸이 부자유스러운 장애 아이들이 헬렌 켈러 공부를 통해 어떻게 '사람다움'을 체득해 가는지 세밀하게 그 모습을 포착한다. 헬렌 켈러와 설리번 선생님이 한 달 넘게 불화를 겪다가 서로를 받아들이는 과정을 공부하면서 아이들은 '참을성'을 학습하고 체득한다. 그리고 어린이 회의를 통해 '일곱 살 난 헬렌 켈러'라는 각본을 직접 쓴다.

급기야 아이들은 진흙을 짓이겨서 협력하여 '헬렌 켈러 흉상'을 만든다. 마지막엔 헬렌 켈러에게 감사와 존경을 담은 편지를 쓰는데,[27] 그 교육의 전 과정에서 장애 아이들이 겪는 내면의 변화를 기록하고 있다. 모두 성래운 교수가 추구했던 '사람됨'을 기르는 교육이자 '인간화 교육'의 전형이다.

이 사례는 협력과 자율성에 기초한 교육과정이 아이들 내면의 도덕성 발달에 직접 영향을 미친다는 것을 입증하는 매우 소중한 자료다. 페스탈로치가 교육방식으로 직관의 원리를 강조한 것을 학교 현장에서 그대로 실천한 사례이기 때문이다. 실제로 참된 교육은 직관에서 시작되고 논리적 체계보다 직관을 통한 인식에서 비롯된다.

아이들에게 이웃을 사랑하라고 도덕적 지식을 강조하거나 주입하는 것은 참된 교육이라고 볼 수 없다. 페스탈로치는 "학교에서 배운 도덕교육의 부스러기 지식들은 도랑을 넘는 순간 사라져 버린다."고 했다. 오히려 "이웃 아이들과 따뜻한 빵 한 조각을 나누어 먹었을 때 느낀 훈훈한 감정은 평생 잊히지 않는"[28] 도덕적 감수성을 체득시킨다. 그런 점에서 성래운 교수의 '일곱 살 헬렌 켈러' 수업은 자율성과 협력 수업이 빚어낸 훌륭한 도덕성 발달 수업의 소중한 사례다.

성래운 교수,
서양의 도구적 자연관을 비판하며 '인간 존엄성 회복 교육'을 부르짖다

또한 성래운 교수는 서양 전래의 도구주의적 자연관을 통렬히 비판하면서 인류의 존속과 평화를 위해 교육을 통한 인간혁명을 부르짖었다. 서양의 기술주의적 자연관은 동물과 식물을 비롯해 자연은 인간의 편익을 위해서만 존재한다고 보았다. 오늘날 학교 교육 역시 서양의 그릇된 자연관에 함몰돼왔음을 고백하며, 이를 극복하고 인간의 존엄을 회복하는 교육을 역설했다. 특히 "착취당하는 칠레의 한 노동자가 미국의 어떤 기업체의 이윤보다 더 존중받는, 그러한 세계를" 만들길 원했던 미국 백인 교육자 로버트 맥가피 브라운의 다음 말을 인용하며 교육을 통한 인간 혁명을 강조했다.

> 예수는 우리를 모든 그릇된 충성으로부터 해방시켜 우리로 하여금 우리 자신이 아닌 사람들의 세계를 보게 될 수 있게 할 뿐만 아니라 또한 우리를 해방하여 타인들, 즉 가난한 자, 없는 자들을 위하여 그들과 더불어 투쟁하도록 만든다. ···(중략)··· 나는 내 나라 미국이 더 이상 세계 제일이 될 수 없는 그러한 세계 ···(중략)··· 외교적인 압력의 수단으로 네이팜탄이 사용되는 일이 더 이상 일어나지 않는 그러한 세계를 만들기 위해 투쟁할 수 있도록 나를 자유케 한다.[29]

그리하여 성래운 교수는 미국의 로버트 맥가피 브라운 같은 교육자를 한국에서도 교육을 통해 길러낼 수 있기를 소망했다. 이를 위해 주한 미국 교육사절단장을 역임한 해럴드 벤자민 교수가 쓴 논문 「전쟁과 평화를 위한 민중교육의 본질에 관한 고찰」을 언급했다. 인류의 평화와 존속을 위해 억압받는 세계의 민중들이 더 이상 지배자의 교육에 이용당하지 않고 그들 스스로 인간의 존엄을 지켜가도록 자신의 민중교육에 대해 스스로 지휘권을 장악해야 한다[30]고 역설했다. 자연을 파괴하면서 억압받는 전 세계 민중의 삶을 절망에 빠트리고 인간성을 퇴락시키는 교육을 더 이상 지속해선 안 된다고 강조했다.

성래운 교수, 문교부 정책실장 당시
한글전용정책을 절규한 최현배 선생을 만나다

성래운 교수는 '인간화 교육' 못지않게 '민족교육'을 힘주어 강조했다. 그의 근현대시 낭송이 식민지 일제강점기 민족의 고난으로부터 해방 후 분단된 민족의 염원을 담아 통일을 노래하는 시 낭송으로 가득한 이유다. 4·19 교원노조를 인정할 것을 역설한 성래운 교수는 1960년 문교부 정책실장을 할 때 한글학자이자 한글운동가인 외솔 최현배 선생의 방문을 받았다.

최현배 선생은 밤 한 말을 사 들고 성래운 교수 집을 방문했다. 밤 한 말을 집 안에 내려놓고 최현배 선생은 한글사랑을 강조하며 성래운 교수로 하여금 한글전용정책을 펼칠 것을 당부했다고 한다.[31] 실제로 성래운 교수는 외국말 쓰는 것을 싫어했고 한글로 쓰기를 고집했다. 한글로 이름자를 써서 신문이나 잡지사에 기고하면 한자로 고쳐서 활자화돼 당시 안타까웠다고 술회했을 정도였다. 그만큼 성래운 교수는 민족의식이 투철했던 분이다.

성래운 교수는 분단 시대 교육모순은 사회 전반에 걸친 구조적인 모순이라고 일갈했다. 따라서 사회구조적인 모순을 해결하지 않고서 교육환경이나 교육 분야를 개선하는 것으로 교육모순을 해결할 수 없다고 단언했다.[32] 더구나 분단 현실에 순응하게 하는 교육은 '거짓 교육'이며, 민족을 배반하는 반민족적인 교육이라고 일갈했다.[33] 분단 현실에 순치시키는 교육이 아니라 민족통일을 지향하게 하는 교육이야말로 '참교육'

이라고 생각했다.

성래운 교수,

"통일교육은 우리교육이 나아갈 방향이자 겨레의 양심에 따른 민족교육이다."

1985년에 펴낸 『분단시대의 민족교육』 역시 그러한 정신과 의식의 결실이다. 성래운 교수는 이 책에 실린 좌담회에서 분단 시대 교육은 분단 순응 교육으로 '공포와 증오의 교육'임을 진단한다. 그리고 우리 교육이 나아갈 방향은 통일을 이루는 데 이바지하는 교육으로, 그것이야말로 진정 우리 민족이 살아갈 길이자 겨레의 양심에 따른 민족교육이라고 일갈한다.

성래운 교수가 펴낸 『분단시대의 민족교육』은 분단 시대 한국 교육 현실을 냉철하게 분석한 책이자 한국 교육이 나아갈 방향을 제시한 것으로, 진정으로 참된 교육, 참된 교육학자가 탄생되는 순간이었다. 그러자 이오덕 선생 또한 이제껏 분단 순응 교육이 분단을 더욱더 조장해 온 교육이었다고 진단하며 앞으론 통일을 위한 교육이 되어야 한다고 강조한다. 그러면서 구체적으로 통일을 위한 교육은 평화를 사랑하고 생명을 아끼는 교육이어야 한다고 역설한다. 즉, 남의 고통을 자신의 고통으로 느끼는 인간적인 사람을 길러내는 교육이 되어야 한다는 것이다.[34]

이렇듯 전교조의 '참교육' 운동 이념인 '민족교육, 민주교육, 인간화 교육'은 모두 성래운, 이오덕 두 분 선생이 추구한 교육이념을 받아들인 것이다. 따라서 참교육 이념을 학교 교육에 구현하고자 애쓰는 전교조는 그 정신이 성래운, 이오덕 두 분 선생의 가르침에 맞닿아 있다. 우리가 오늘날 성래운, 이오덕 두 분을 '시대의 스승'이자 모든 '교사의 사표師表'로 기리는 이유다. 실제로 성래운 교수는 1982년 『인간 회복의 교육』을 펴낸 이후 1985년 『민중교육』 필화사건 당시 교육운동을 하던 젊은 교사들을 위해 법정 증인으로 나섰다. 법정 증인으로 출두해 『민중교육』에 실린 교육 관련 글들을 옹호하는 증언을 격정적으로 토로하였다.

성래운 교수는 평소 학교 현장에서 묵묵히 참교육을 실천하는 무명 교사들을 예찬했다. 그 무명 교사들이 학교 현장에서 교육모순을 느끼고 번민하는 교육적 고민에서 성래운 교수는 교육의 희망을 보았기 때문이다. 따라서 '거짓 교육'을 부정하고 교육모순에 저항하는 일선 교사들에 대해 성래운 교수는 한없는 애정을 표현하였다.

전교조 교사들,
성래운 교수야말로 '참교육운동의 선구자'이자 '겨레의 스승'으로 추앙하다

더욱이 서슬 퍼런 군부독재정권 시절 투옥된 교사들을 위해 행동으로 보여준 성래운 교수의 법정 증언은 실천하는 교사들의 사표師表가 되고도 남았다. 성래운 교수 스스로는 70년대 박정희 유신체제에 저항하다 투옥된 지학순 주교에게 '겨레의 스승'이란 칭호를 드렸지만[35] 학교 현장에서 참교육 운동을 하던 교사들은 성래운 교수야말로 '참교육 운동의 선구자'이자 진정한 '겨레의 스승'이라 생각했다.

성래운 교수는 1986년 이오덕 선생과 함께 한국 교육운동사에 길이 남을 '민주교육실천협의회'를 창립해 공동대표를 맡았다. 1986년 회갑을 맞아 기념논문집 『민족교육의 반성』을 발간했다. 1989년 초 교원노조 건설을 추진하던 전교조 교사들을 보호하기 위해 방송토론에 나가 교원노동조합을 인정하는 법을 하루빨리 제정할 것을 촉구했다. 그리고 5월 28일 군부독재정권의 탄압을 뚫고 전교조가 출범한 뒤 정권의 잔혹한 탄압이 집중되자 6월 '전교조 탄압저지 범국민대책위원회' 공동의장을 맡아 든든한 버팀목이 되어주었다.

성래운 교수는 전교조 교사들이 강연이나 행사에 도움을 요청하면 기꺼이 지방으로 달려와 도움을 주었다. 전교조 교사들이 겪는 고통에 조금이라도 동참하려는 교육자적 양심의 발로였다. 성래운 교수가 공식

성래운 선생 30주기 추모제 포스터
2019년 12월 21일 연세대학교에서 열린 〈고 성래운 선생 30주기 추모제〉
행사 포스터.

행사로 참석한 마지막 여정도 '전교조 해직교사 후원을 위한 민족문학
의 밤' 행사였다.[36] 1989년 11월 17일 성신여대에서 민족문학작가회의가
주최한 이 행사에 교육청 장학사들이 대거 동원돼 해직교사 후원의 밤
행사장 주변을 감시했지만, 참교육에 대한 신념과 양심에 따른 해직교
사들의 고통에 성래운 교수는 흔쾌히 참석했다. 그런 측면에서 전교조
는 '참교육' 운동의 정신적 지주였던 성래운 교수에게 진 빚이 크고 또
한 많다.

■ 주석

1. 교사 이무완은 2018년 펴낸 저서 『교사, 이오덕에게 길을 묻다』, 62-63쪽에서 이오덕이 1978년 펴낸 『삶과 믿음의 교실』, 164쪽에서 참교육이란 용어가 처음 등장한다고 주장한다.
2. 성래운(1977), 「시정신과 유희정신」, '이 아이들을 어찌할 것인가'를 지은 이오덕 선생님께, 『창작과 비평』 12권 제3호, 1977년 9월, 54쪽.
3. 민주화운동기념사업회 http://www.kdemo.or.kr 성래운 편 참조.
4. 김정섭 외, 「스승들의 양심 '학원 병영화' 거부하다」, 『경향신문』, 2003. 11. 23.
5. 성래운 교수는 교육을 인간다움을 길러주는 '사람됨'의 교육으로 규정했다. 따라서 70-80년대 교육을 '거짓교육'으로 명명하며 단호히 배격했다.
6. 성래운(1985), 『분단시대의 민족교육』, 서울: 학민사, 210쪽.
7. 성래운(1982), 「참다운 교사는 역사 속의 참다운 사람들-70년대 교육현장」, 『실천문학』 1982년 11월, 299쪽.
8. 이순웅(2016), 「박치우의 삶과 죽음을 통해 본 해방 정국의 인텔리겐치아 문제」, 『진보평론』 통권 69권, 2016년 가을호, 64-78쪽.
9. 홍윤기(2001), 「박종홍 철학연구-철학과 권력의 퇴행적 결합」, 『역사비평』, 162쪽.
10. 박노자(2018), 「박종홍 철학: 민족과 근대, 종속과 주체성 사이에서」, 『동서인문』 제10호, 108쪽.
11. 선우현(2020), 「현실 지배권력의 본질에 관한 맥락 단절적 인식과 자발적 복종: 박종홍 철학체계의 '내재적' 전개 논리」, 『철학 연구』, 2020년 2월, 176쪽.
12. 홍윤기(2001), 앞의 글, 191쪽.
13. 박노자(2018), 앞의 글, 123쪽.
14. 『연합뉴스』, 2013. 4. 29.
15. 「우리의 교육지표」, 1978. 6. 27.; 성래운(1985), 『분단시대의 민족교육』, 서울: 학민사, 51쪽에서 재인용.
16. 이주영(2019), 「성래운의 삶과 교육사상」, 앞의 추모집, 21쪽.
17. 이만규(2010), 『다시 읽는 조선교육사』, 서울: 살림터, 663쪽.
18. 성래운(1985), 『분단 시대의 민족교육』, 서울: 학민사, 54쪽.
19. 성래운 외(1978), 「분단 현실과 민족교육」, 『창작과 비평』 제13권 제2호, 10쪽.
20. 이오덕(2015), 『나는 땅이 될 것이다』, 서울: 양철북, 204쪽.
21. 성래운(1985), 『분단 시대의 민족교육』, 서울: 학민사, 192-193쪽.
22. 성래운(1985), 위의 책. 36쪽.
23. 성래운(1982), 「바른 교육」, 『기독교사상』 제26권 제3호. 38쪽; 성래운(1985), 『분단시대의 민족교육』, 서울: 학민사, 36쪽.
24. 성래운 외(1978), 위의 글, 33쪽.
25. 성래운(2015), 『인간 회복의 교육』, 서울: 살림터, 174쪽.
26. 오동춘(2019), 「짚신 겨레의 스승, 외솔 최현배 박사님 일화」, 『나라사랑』 제128집, 220쪽.

27. 성래운 외(1983), 『세 학교 이야기』, 서울: 학민사, 42-72쪽.
28. 김정환(1995), 『인간화 교육 어떻게 할 것인가』, 서울: 내일을 여는 책, 275쪽.
29. 성래운(1983), 「교육을 통한 인간혁명」, 『새가정』 1983년 2월호, 54-55쪽.
30. 성래운(1983), 앞의 글, 56쪽.
31. 오동춘(2019), 앞의 글, 220쪽.
32. 성래운 외(1978), 「분단 현실과 민족교육」, 『창작과 비평』 제13권 제2호, 37쪽.
33. 성래운 외(1978), 위의 글, 47쪽.
34. 성래운(1985), 앞의 책, 288-289쪽.
35. 성래운(1983), 「人中人이로다」, 『기독교사상』 제27권 제8호, 120쪽.
36. 엄기형(2019), 「성래운의 교육론: 교육사상의 특징」, 『오늘 다시 묻는다 "스승은 없는 가"』, 성래운 선생님 30주기 추모집, 2019. 12. 21., 32쪽.

2) 참교육을 실천한 교육 운동가 이오덕 선생

1. 왜 다시 이오덕인가

오늘날 이오덕 선생을 다시 불러보는 것은 다양한 삶의 영역 가운데 참교육 운동을 주도한 교육 운동가로서 그의 고뇌와 번민 그리고 실천적 노력을 되살려 보고 싶기 때문이다. 글쓰기 교육이든, 어린이 문학가든, 비평가든, 나아가 우리말 연구와 국어 운동가든 그 모든 밑바탕엔 낡은 질서를 깨트리고자 노력한 이오덕의 치열한 운동성이 스며들어 있기 때문이다. 다시 말해 건강한 질서를 새롭게 세워보고자 노력했던 이오덕의 참교육 운동이 42년 동안 교직에 있을 때나 1986년 퇴직 이후나 그 정신이 밑바닥에 면면히 흐르고 있기 때문이다.

이오덕 선생이 세상을 떠난 지 올해로 19년이 되었다. 그동안 '이오덕 학교'(2003)를 세우고 관 주도가 아니라 청송군 현서면 주민 중심의 '이오덕 문학 축제'(2016)도 6년째를 맞았다. 이오덕 문학관(2018)이 건립되고 이오덕 문학 테마길 조성도 논의되는 등, '이오덕 정신'을 기리기 위한 실천적 노력과 이오덕에 대한 연구가 꾸준히 진행돼 왔다. 그럼에도 참교육 운동의 실천적 면모를 여실히 드러낸 교육운동가로서 이오덕에 대한 연구물은 단편적으로만 존재해 왔다.

따라서 이 글은 이오덕 선생이 한국 사회 교육 모순과 민족·사회 모

이오덕

한국의 페스탈로치 이오덕. 이오덕은 절망의 시대, 〈죽음의 교육〉이 지배하던 시대, 아이들의 눈으로 〈병든 교육〉, 〈거짓교육〉을 증언했다. 실천적 교육운동가로서 이오덕은 〈오늘의 시대, 교사란 무엇인가〉를 온몸으로 보여준 시대의 스승이었다. (출처: 한겨레 자료사진)

순을 깨트리려는 실천적 교육 운동가였음을 드러내고자 한다. 나아가 한국 사회의 낡은 교육질서와 맞서 싸운 '한국의 페스탈로치'였음을 밝히고자 한다. 그럼으로써 오늘을 살아가는 젊은 교사들에게 '교사의 길'이 무엇인지 어둠 속 작은 등불이 되고자 한다.

2. 실천적 교육운동가, 한국의 페스탈로치 이오덕

이오덕에게 교육은 교육자로서 바른 정치 현실과 사회 정의를 위한 '운동'이자 '삶' 자체였다

이오덕의 삶은 글쓰기 교육운동에서 시작하여 어린이 문학운동, 그리고 우리말 연구와 학술운동, 겨레말 살리기 국어 운동으로 일관했다. 42년 동안 초등학교 교사로서 아이들을 섬기고 아이들 삶을 가꾸는 교육을 했다. 그래야 아이들이 간직한 착한 심성과 고운 마음이 커서 어른이 되어서도 자기 삶의 주체가 되어 건강한 시민으로 살아갈 수 있다고 믿었다. 이오덕에게 교육은 곧 운동이고 삶 자체였다. 어린 시절 자신의 삶을 정직하게 표현할 줄 모르고 억압당한 채 어른들 시키는 대로 어른 흉내만 내면서 자신을 겉으로 꾸미는 아이들이 있다. 그런 아이들은 남을 제쳐 상을 타고 우뚝 서지만 우쭐거릴 뿐, 커서도 남을 속이고 자신의 이익만을 좇는 '괴물 엘리트'로 살아간다고 역설했다.

이오덕은 아이들의 삶을 찾아 주고자 애쓴 인물이다. 비록 소박하고 평범하게 살아가지만 이웃의 아픔에 함께하고 공동체의 선을 이루려고 애쓰는 시민교육에 혼신을 다했다. 교육자로서 정치 현실에 관심을 드러냈고, 사회정의를 바로 세우고자 늙은 나이에도 사회 참여를 소홀히 하지 않았다. 박정희 정권 중앙정보부에도 끌려가 이틀 동안 고초를 겪었고, 군사정권 시절 자신이 쓴 책이 의식화 교재로 분류돼 불온서적으로 낙인찍히기도 했다. 독재 권력은 끊임없이 그를 감시대상 인물로 규정했고 교육청은 이오덕의 동향을 때맞춰 상부에 보고했다. 실제로 경북교육청은 매년 연말 교육부에 원고지 80매가 넘는 '이오덕 동향보고서'를 기록해 선생의 1년 동안 행적을 올렸다.[1] 80년대 5공 시절에는 '장자 모임' 지인들끼리 만나는 것조차도 정보경찰의 감시 대상이었다. 권력의 훼방으로 이오덕은 자신의 회갑을 축하해 주는 모임조차 열 수 없었다.[2]

더구나 같은 교육자들 가운데 권력에 밀착된 교육행정가나 교사들조차 이오덕을 불온한 인물로 대했다. 이오덕이 작사한 교가를 '전교조 우두머리'가 쓴 가사라며 부르지 못하게 한 지역교육장도 있었다.[3] 문단 내 기득권 세력들은 이오덕을 비평하는 수준을 넘어서서 인격을 비하하는 경우도 많았다. 문단 지면을 통해 비평 아닌 비난을 퍼붓기도 했다.

실제로 이오덕은 정년까지 채우지 못한다. 아이들과 함께 있고 싶었지만 5공 군사정권은 이오덕을 달달 들볶았다. 꼬투리를 잡고자 자주 학교 감사를 나와 이런저런 이유로 교육행정가로서 이오덕 교장을 압박했다. 이오덕 스스로 고백했듯이 하도 닦달하고 난리를 쳐서 정년을 4년 남겨두고 1986년 2월 교직을 떠난다. 군사독재정권이 경찰과 교육청을 총동원해 감시행정을 하며[4] 교육자로서 숨통을 조여 왔기 때문이다. 사실상 5공 군부정권이 이오덕을 학교에서 쫓아낸 것이다.

이오덕, 아이들을 인격적 주체로 바라보며
교육을 통해 세상을 바꾸려고 애썼던 참교육자였다

사람들은 이오덕을 글쓰기 교육을 강조한 국어 운동가, 동화작가 권정생을 발굴한 인물로 대부분 기억한다. 맞는 이야기지만 이오덕의 삶을 평가할 때 그의 삶 전체를 관통하는 이오덕의 정신을 놓치는 것 같다. 이오덕은 분명 글쓰기 교육 운동가이자 국어 운동가, 우리말 연구자, 동시, 동화작가, 어린이문학 평론가다.

그러나 거기에 머물면 이오덕의 실체, 바로 이오덕의 삶에서 차지하는 가장 중요한 것을 놓치게 된다. 이오덕이 평생 실천해온 운동들이 모두 '참교육운동'으로 자리매김되기 때문이다. 한 마디로 이오덕은 '한국의 페스탈로치'다. 시대의 낡은 교육질서에 저항했고, 아이들을 섬기며 인격적 주체로 바라보았다. 그리고 페스탈로치처럼 '교육을 통해 세상을 구원할 수 있다'[5]고 믿은 교육사상가다. 무엇보다 학교현장에서 꾸준히 교육운동을 실천한 인물이다. 단 한 번도 교육모순을 외면하지 않았고, 더욱 깊이 교육모순을 해결하고자 고뇌한 실천적 교육운동가다. 아이들을 온갖 낡은 질서로부터 해방시키는 가장 훌륭한 교육 방식이 '글쓰기 교육'임을 처음 발견한 것도 그러한 교육적 고민의 산물이다.

이오덕은 쉽고 아름다운 우리말을 즐겨 쓰고 가르치며 이를 널리 퍼뜨려야 한다고 믿은 교육자다. 아름답고 쉬운 우리말을 즐겨 씀으로써 글쓰기 혁명을 일으키자고 열변을 토한 분이 이오덕이다. 평생 이오덕은 그렇게 살았다. 이오덕은 어렵게 글을 쓰거나 유식한 문장을 구사하는 문인이나 학자들을 백성들의 피를 빨아들이는 '기생충', '고급사기꾼'이라 며 맹비난을 퍼부었다.[6] 쉬운 말, 강아지도 알아들을 수 있는 쉬운 말로 글을 쓰는 글쓰기 혁명을 일으키지 않고선 한국 사회가 사람다운 사회, 정의로운 사회가 될 수 없다고 확신했다.

이오덕은 『우리글 바로 쓰기』(1989) 머리말에서 이렇게 말했다.

> 우리말로 창조하고 우리말로 살아가자. 이 땅의 민주주의는 남의 말, 남의 글로써 창조할 수 있는 것이 아니라 우리말로써 창조하고 우 리말로써 살아가는 것이다. 우리말과 글에서도 봉건과 일제와 분단 의 세 겹이나 되는 무거운 짐을 모두가 운명처럼 지고 있는 것이다.[7]

그리하여 이오덕은 『우리글 바로 쓰기 2』(1992) 머리말에서 이렇게 말 했다. "지금 우리가 쓰고 있는 모든 글에서 우리말이라고 알고 있는 일 본말이나 일본말법, 그지없이 귀한 우리말은 버리고 유식해 보이는 중 국글자말(한자어)을 즐겨 쓰고 있는 글 버릇이 죄다 일제시대에 비롯된 것"이라 했다. 게다가 "모든 글 가운데서도 더구나 소설이 그릇된 말을 퍼뜨리고 병든 글의 형태를 만드는 데 앞장서는 노릇을 하였다."고 탄식 했다.

그는 "일제시대 소설 문장을 살펴보면 오늘날의 소설은 말할 것도 없 고 그밖에 모든 글에 나타난 외국말병 증세를 거울을 들여다보듯이 환 히 진단할 수 있다."고 일갈했다. 결국 "잘못된 글버릇이 잘못된 말버릇 으로 되어가는 이 거꾸로 돌아가는 역사의 수레바퀴 앞에서 글 쓰는 사 람의 책임을 생각해본다. 그리고 무엇을 해야 할 것인가 나 자신에게 물 어본다. 내 주장에 편드는 사람, 나와 같은 생각을 가진 사람이 1만 명 만 된다면 거꾸로 굴러가는 수레바퀴를 되돌려서 제 길로 가도록 할 수 있을 것"이라 절규했다. 그런 꿈이 결코 헛된 꿈만은 아닐 것이라며 "글을 읽지 않고 살아가는 모든 백성이 우리 편일 거"라고 희망을 노래했다.[8]

페스탈로치가 궁극적으로 교육을 통해 세상을 구원하고자 했듯이 이오덕도 아이들 삶을 가꾸는 교육을 통해 일그러지고 비틀린 세상을 바로잡고자 평생 고투했다. 페스탈로치는 노작교육을 통해 노동의 소중함을 일깨우고 노동을 통해 세계인식의 기초를 세우려고 했다. "인간은 자기가 종사하는 노동 속에서 세계인식의 기초를 찾아야 한다. 머릿속 공허한 이론을 앞세울 것이 아니라 바로 자신의 손노동 그 자체로부터 자신의 견해를 이끌어내야 한다."[9]고 페스탈로치는 강조하며 생활 속 교육은 노동을 중심으로 집약되어야 함을 역설하였다.

페스탈로치가 '스위스 교원노조의 아버지'이듯이
이오덕은 '전국교직원노동조합(전교조)의 아버지'다

이오덕도 노작교육을 통해 아이들을 스스로 세상을 이해하고 해석하는 건강한 인격적 주체로 가꾸고 싶었다. 1978년에 펴낸 아이들 시 모음 『일하는 아이들』은 바로 그것을 대표하는 작품이다. 페스탈로치가 스위스 교원노동조합에 해당하는 '스위스교육협회'(1808)를 조직해 '스위스 교원노조의 아버지'[10]로 추앙받듯이 이오덕은 '민족·민주·인간 교육'을 부르짖으며 참교육운동을 이끌었던 전국교사협의회(약칭 전교협 1987)와 전국교직원노동조합(약칭 전교조 1989)의 탄생에 크게 기여한 인물이다. 80년대 초반 이오덕이 만든 '한국 글쓰기 교육연구회'는 'YMCA 중등 교육자 협의회'와 함께 한국 교육운동의 거대한 저수지였음은 널리 알려진 사실이다. 80년대 '한국 글쓰기 교육연구회' 회원으로 참여한 교사만 전국에 걸쳐 1000명을 넘어섰다.

그런 면에서 이오덕은 '한국 교원노조의 아버지'다. 20세기 한국 사회의 봉건성과 전근대성, 식민지 잔재, 군사문화의 낡은 질서를 깨트리고자 활동한 인물이다. 낡은 교육질서와 학교모순을 해체시킴으로써 고통받던 아이들을 해방시켜 행복한 인간을 만드는 데 교육의 목적을 두었다.[11]

5공 군사정권 시절 교육민주화를 위해 '민주교육실천협의회'(1986)를 만들어 공동대표를 맡았다. 이듬해엔 '전국초등민주교육협의회(약칭 전초협)'(1987)를 만드는 데 결정적으로 기여했고 자문위원을 맡았다. '전초협'은 전교협(87년) 초등위원회를 거쳐 전교조(89년) 초등위원회가 된다. 교육민주화는 정치 사회민주화와 동시에 진행해야 한다는 믿음에서 87년 6월 항쟁 당시 거리 시위에 적극 참여했다. 그리고 시위 대중 속으로 들어가 매운 최루탄 가스에 눈물 흘리는 것을 피하지 않았다. 87년 6월 항쟁의 결실인 『민주언론』, 『한겨레신문』 창간 발기인회 공동 부위원장과 '한겨레신문 창간위원'으로 참여했다. 민주주의를 열망하는 시대정신! 민중의 외침을 외면하지 않았다.

더욱이 87년 6월 항쟁 이후 우후죽순처럼 성장한 시민운동에도 관심을 보였다. '공해반대시민운동협의회' 이사와 '공해추방운동연합' 지도위원, '탁아소연합회' 이사장, '전태일문학상' 심사위원, '사월혁명기념사업회' 지도위원, 『노동문학』 자문위원, 『농민』 지도위원, '민족문학작가회의' 고문, '과천시민의 모임' 공동대표, 월간 교육지 『우리교육』 편집자문위원을 맡아 정신없이 바쁜 나날을 보냈다. 그러나 독재정권에 맞서 '망할 놈의 나라'라며 치열하게 살아온 이오덕의 삶과 달리 이오덕은 투사 기질이 없었다. 『이오덕 일기』에는 용감하게 나서지 못하는 자신을 자책하는 내용도 많다.[12] 다음 집회 때 자신이 반드시 경찰에 연행될 거라며 두려워하기도 한다.

무엇보다 이 시기 이오덕은 '전교조 탄압 저지와 참교육 실현을 위한 범국민 공동대책위원회' 고문을 맡았다. 이오덕의 삶은 평생 '아이들을 살리는 교육', 바로 '참교육' 실현을 위한 삶이기에 당연하고 자연스러운 모습이었다. '참교육'이라는 말도 이오덕이 처음 쓴 표현이다. '민주교육실천협의회'(1986)를 이오덕과 함께 만든 성내운이 80년대 초반 '참교육'이라는 용어를 처음 썼다고 기술한 내용도 있다.[13] 이무완은『교사, 이오덕에게 길을 묻다』(2018)에서 이오덕이 70년대 말『이 아이들을 어찌할 것인가』(1977)에서 '참된 교육'이라는 용어를 썼고『삶과 믿음의 교실』(1978)에서 '참교육'이라는 말을 가장 먼저 썼다고 기술한다.[14]

오직 물질적인 풍요만을 목표로 하는 개인주의, 편리주의가 자연과 인간 정신을 황폐하게 만들고 있다. 이런 상황을 더욱 촉진하고 있는 학교 교육은 시험 점수 따기와 상호 경쟁을 수단으로 하는 입신출세주의로 타락하여 아이들에게 정직과 진실 대신에 잔꾀와 거짓을 강요하고 서로 해치는 것이 영리한 삶의 길임을 결과적으로 가르치고 있는 것이다. 이런 세상에서 제 정신을 잃고 살아가는 농촌 아이들에게 스스로의 느낌과 생각의 소중함, 생활의 귀중함을 깨우치는 글짓기 교육이야말로 이 나라 아이들을 살리고 지켜가는 참교육이라고 믿는다.[15]

반면 이상석은 이오덕이 참교육이란 용어를 1963년 2월 6일 자 일기에 처음 썼다고 주장한다. 이오덕에게 참교육이란 '민주교육, 민족교육, 인간교육, 자연사랑 교육'을 모두 담고 있는 교육을 가리킨다.

지극히 당연한 교육적인 견해가 여지없이 짓밟혀버리는 곳에 아이들의 인권을 지키는 참교육이 이뤄질 수 없는 것은 너무나 환

하다.[16]

전교조가 민족교육과 민주교육을 표방할 때 인간교육을 함께 추구해야 한다고 강조한 인물이 이오덕이다. 전교조의 이념, '민족·민주·인간화 교육'은 그렇게 해서 탄생한다. 이오덕이 추구한 참교육 사상은 아이들 삶을 위한 교육 사상이자 전교조가 지향하는 참교육의 뿌리이자 핵심 교육 사상이 된다.[17] 그리하여 전교조는 합법화되던 1999년 참교육상 수상자로 이오덕을 선정한다.[18] 이오덕의 참교육은 이후 90년대 대안학교와 2010년 전후 혁신학교를 싹틔운 교육사상의 뿌리로 작용한다.

이오덕, 참교육은 아이들의 '삶을 위한 교육'으로
이전 교육을 '거짓 교육'으로 규정하다

이오덕은 참교육 이전 교육을 '거짓 교육'으로 규정했다. 아이들의 '삶을 위한 교육'이 아니라 끊임없이 아이들을 낡은 질곡 속으로 밀어 넣는 '반민주·반민족·반인간 교육'을 '거짓 교육'으로 보았다.[19] '국민학교', '교감', '유치원' 명칭에서 보듯 이오덕은 일제 망령에서 벗어나지 못한 교육 현실을 개탄했다. 1993년 '국민학교 이름 고치는 모임'에서 운영위원을 맡은 것도 그런 연유에서다. 국민학교가 초등학교로 명칭이 바뀐 것은 해방된 지 50년이 지난 1996년이다. 잘못된 명칭과 낡은 교육질서를 해체시키려 분투했던 이오덕의 결실이자 한국 교육의 소중한 일보 전진이 아닐 수 없다.

이오덕이 글쓰기 교육을 찬미하면서 쓴 시를 보면 그의 민족의식과 우리말을 참으로 사랑했던 교육자의 모습을 만나게 된다. 국어운동가를 넘어서서 실천적 교육자의 표상이라 할 수 있다.

남에게 홀리지 말고(일본)/ 남에게 끌리지 말고(중국)/ 남에게 기

대지 말고(미국)/ 홀로 서서 가는 사람 훌륭하여라/ 어려운 말 하는
사람 믿지 말고/ 유식한 글 쓰는 사람 따르지 말자/ 우리말은 깨끗
해요 우리말은 쉬워요/ 우리말은 바르고 아름다워요/ 어린이들도
잘 아는 우리 배달말/ 할머니도 잘 아는 시골 고향 말/ 진달래 피
고 지는 삼천리 강산/ 배달말로 이어질 한 핏줄 겨레[20]

- 이오덕, 〈쉬운 말 우리말로〉

이오덕은 낡은 교육질서가 지배하던 시절 모범교사상을 이렇게 표현
한 적이 있다. 모순과 비리로 얼룩진 당시 교육계의 씁쓸한 풍경이기도
하다.

모범교사가 되는 조건이 세 가지가 있다고 했다. 첫째는 '돈' 잘
걷어 내는 일이고, 둘째는 '청소' 깨끗이 하는 것, 셋째는 '환경 정
리' 잘하는 것이다. 이런 역사에서 무사히 월급쟁이 노릇을 하여 왔
다는 것은 아이들에게 죄를 짓지 않고는 불가능한 일이었다.[21]

이오덕, 교육자는 교육모순에 끊임없이 맞서며
사회적 존재로서 실천하는 사람이다

이오덕의 유고시집에는 젊은 교사에게 실천적 노력을 주문하는 내용
도 있다. 읽을수록 교육자로서 담대해지는 느낌을 받는다. 교사는 교육
모순에 끊임없이 맞서야 하는 존재이기 때문이다. 그리하여 아이들 삶
을 위한 교육! 바로 아이들을 살리는 교육을 해야 하는 최전선에 서 있
는 존재이기 때문이리라. 교육은 피를 흘리지 않고 세상을 바꾸는 정교
한 예술이자 사회적 무기다. 교육이 왜 교사에게 운동이며 실천하는 삶
인지 깨닫게 해주는 아름다운 시이자 교사로서 살아갈 때 힘이 되는 멋
진 시가 아닐 수 없다.

출석부를 들고/ 어둠침침한 골마루를 걸어가다/ 잠시 창문을 열어 제끼고/ 바깥 푸른 하늘을 쳐다보고/ 그 깊은 하늘에 무엇이 있는가/ 심호흡深呼吸을 할 줄 아는/ 당신은 젊은 교사/ 그 넓은 가슴의/ 용적容積만큼 가득한 하늘로/ 방금 사무실에서 마신 잔/ 뼛속까지 스며들어간 그것을 해독解毒하고/ 온갖 지시指示와 명령命令과 전달傳達을/ 깨끗이 잊을 수 있는 당신은/ 이윽고 시작종이 울릴/ 그 촉박한 시간에서/ 다시 살아나는 초인超人의 기술을 익힌/ 멋을 지닌 젊은 교사/ 그리하여 어린이의 나라로 통하는/ 좁은 문을 두드리는/ 위대한 젊은 교사[22]

- 이오덕, 〈출석부를 들고〉(당신은 젊은 교사)

이오덕은 이제껏 한국 교육은 진실을 비틀어 가르쳤고 아이들을 병들게 했다고 진단했다. 그 책임의 한 부분을 교사가 져야 한다고 생각했다. 교사는 아이들을 지키는 마지막 보루인데 아이들 삶을 지키고 가꾸어 나가기보다 아이들을 입신출세주의교육으로, 그리고 점수 따기 경쟁교육으로 내몰아 왔다는 것이다. 물론 병든 교육의 주범은 행정 하는 사람이지만 교육자도 공범이라는 생각이다. 제2 공범은 부모들이라고 주장했다. 참교육, 바로 아이들을 살리는 교육은 이 뼈아픈 사실을 깊이 반성하는 데서 출발해야 한다고 믿었다.

이오덕, "이 나라 교육보다 더 나쁜 교육은 없다."며
'살인교육'이라 준열히 비판하다

그리하여 교육운동의 본질은 아이들을 참된 인간으로 키워가는 데 방해가 되는 학교 안팎의 모순을 개혁하는 것이라고 믿었다. 아이들과 함께 사람답게 살아가는 길을 찾고 그 길을 가로막는 모든 장애물에 저항하고 없애는 데 힘을 모으는 운동이라고 보았다.[23] 이오덕은 일기에

'이 나라 학교교육보다 더 나쁜 교육은 없다'고 일갈한다. 도대체 교육이 아니라 아이들을 병들게 하는 비참한 훈련이자 '살인교육', '식인교육'[24]이라며 통렬히 비판했다.

이오덕에게 민족·민주·인간화 교육은 아이들을 살리는 교육이다. 점수를 잘 따서 출세하려는 허위의식을 주입하는 거짓 교육을 철저히 거부하고 부숴버려야 한다고 생각했다. 오로지 교육운동은 아이들을 살리는 교육내용으로 전진해야 하고 교사가 교육의 주체로 우뚝 서야 한다고 믿었다. 과거의 오랜 관행처럼 지시와 명령을 따르는 존재에서 벗어나 교사 스스로 자기무장을 해야 한다는 생각이다. 그리하여 전교조 운동은 사회민주화 운동에 동참하는 것이어야 하고 교육민주화 없이 사회민주화는 있을 수 없다는 점을 분명히 강조했다.[25]

이오덕은 특별히 교육운동에서 촌지거부를 집중적으로 거론했다. 당시 활동가들 사이에 촌지 문제에 대해 '인간적인 것이자 한국 사회의 아름다운 관행'으로 보는 이들도 있었다. 그에 대해 이오덕은 '교육운동의 출발은 촌지거부 선언에서 출발해야 한다'고 단언했다.[26] 그렇지 않으면 교육운동을 할 이유가 없다고 보았다. 그런 모임에 나가지 않겠다고 일기에 다짐하는 내용이 있다. 전교조 창립 당시 내건 촌지거부운동은 전국의 부모들에게 큰 호응과 지지를 받았다. 교육운동가로서 원칙에 충실했던 이오덕의 엄격함과 한국 교육의 모순을 꿰뚫어 보는 면모에 놀라지 않을 수 없는 장면이다.

이오덕의 대쪽 같은 단호한 기질과 엄격한 문학은 이육사의 문학 정신과 상통한다. 육사의 문학 정신은 '독립! 민족 해방'이라는 겨레의 자존을 지키며 글쓰기를 행동의 방편으로 삼았다. 이오덕 역시 선비의 꼿꼿함과 살아있는 자주적인 민족교육의 자존심, 그리고 이를 위해 실천하고 행동하는 문학 정신[27]을 보여주었다.

이오덕은 이제까지 학교교육은 아이들을 위한 교육이 아니라 어른들을 위한 교육이었다고 성찰한다. 아이들의 자발성과 자율성을 억압한 채, 두발단속, 복장검사 따위로 교육을 통제해 왔다. 아이들을 동등한 인격체로 보지 않고 어른들의 고정관념에 따라 지도하는 것을 교육활동인 양 해왔다. 그런 점에서 이오덕은 아이들을 삶의 주체로 내세운 최초의 교육자다.

'그는 글쓰기, 말하기, 그리기' 표현교육을 중시하여 아이들이 자신의 삶의 주인 되게 가르쳤다. 이오덕에게 표현교육은 생명해방교육이다.[28] 이오덕 스스로 그렇게 불렀다. 결국 아이들 생명을 거짓교육의 굴레에서 해방시키는 교육은 아이들 '삶을 위한 교육'이자 '민주주의로 가는 교육'이라고 보았다. 아이들 삶을 중심에 두지 않고 아이들을 이용해 실적을 쌓고 겉치레에 치중하는 교육은 '병든 교육', '죽은 교육'이라며 반대했다. 아이들 삶이 살아있는 교육, 바로 민주주의가 살아있는 교육을 참교육이라 단언했다. 이러한 이오덕의 교육사상은 참교육 이념으로 정립되고 전교협(1987)-전교조(1989)의 기본 정신으로 작용했다.

이오덕은 2003년 8월 25일 새벽에 세상과 작별했다. 그는 죽기 직전까지 글 쓰는 것을 놓지 않았다. 그가 세상을 떠난 날, 30년 지음知音 권정생은 영전에 이오덕이 좋아하던 진달래꽃 한 다발을 바치면서 이렇게 다짐했다. "아직 이승에 남아 있는 우리는 선생님이 남기신 골치 아픈 책들을 알뜰히 살피며 눈물 나는 세상 힘겹게 견디며 견디며 살 것입니다. …(중략)… 이담에 우리도 때가 되면 차례차례 선생님이 걸어가신 그 산길 모퉁이로 돌아가서 거기서 다시 만나 뵙겠습니다. 부디 큰 눈을 더 부릅뜨셔서 이승에 남아 있는 우리를 지켜봐 주시기 바랍니다. 살아생전처럼 호되게 꾸지람하시고요."[29]

이오덕은 교사가 건강한 교육철학을 갖지 못하면 아이들을 반교육적인 상황, 바로 비인간으로 몰아가는 일을 교육의 이름으로 저지르게 된다고 강조했다. 교사는 아이들과 관계 맺기를 소홀히 해서도 안 되지만 아이들을 둘러싼 교육모순, 사회모순에도 깊이 천착하여 교육의 주요모순과 근본 모순을 해체시키기 위해 노력해야 한다고 보았다. 병든 교실에서 아이들을 구하고 민족분단의 질곡 속에서 민족을 구할 때[30] 교사의 아름다움을 간직할 수 있다는 것이다.

이오덕은 교사의 길을 신사숙녀로 점잖음을 뽐내며 태평스럽게 걸어가는 길이 아니라고 했다.

이오덕, "불행한 아이들을 찾아 그들의 손을 잡고 함께 살아가는 것이 교육자의 참모습"이다

이오덕은 스스로 감옥생활이라 표현했던 42년 교직생활 동안 평생 아이들을 걱정했다. 아이들 글을 소중히 생각했고 두고두고 귀하게 여겨 책으로 엮어 펴내기도 하였다. 80년대 '글쓰기교육연구회'를 근간으로 교육민주화 운동을 이끌었다. 그럼에도 아이들 자율성과 자주성을 억압하는 병신 만드는 교육현실에 분노하고 절망했다.[31] 80년 5월 광주학살이 자행되는 참혹한 현실 앞에 '짐승보다 못한 비겁한' 사람이라고 자책했다.[32]

또한 "자신은 평생 아무것도 한 게 없고 교육을 한 것 같지가 않다."고 자책했다. 그러면서 "다만 아이들에게 죄를 지었을 뿐"이라고 회고했다.[33] 퇴임할 때 권력의 미움을 사서 그 흔한 석류장, 목련장 훈장조차 받지 못했다. 다른 교장들이 퇴임할 때 평생 교육계에 헌신했다고 자화자찬할 때 이오덕은 권력에 밀리고 쫓겨나다시피 반강제로 학교를 떠났다. 그럼에도 이오덕을 따르는 수천수만의 교사들을 만들어 냈다. 모두 아이들의 순수한 영혼과 삶이 상처받지 않고 "그 순수함이 훼손되는 사태를 막으려는 교육자적 책임감의 실천"[34]이었다.

이 시대 누가 진정한 교육자인지, 누가 페스탈로치의 삶을 따라갔는지, 우리는 이오덕의 삶을 공부하면서 알 수 있다.

3. 참교육을 실천한 시대의 스승! 이오덕 선생

이오덕, 우리 교육을 '야만의 발작'이라며
어린 영혼의 죽음을 '사회적 타살'이라고 비판하다

초등학교 1학년에 입학하는 순간 이 땅의 부모들은 자기 아이가 몇 점을 받아오는지, 반에서 몇 등인지에 온 신경이 곤두선다. 그때부터 아이들 불행은 시작된다고 이오덕은 말한다. 이오덕은 교육이 아니라 '야만의 발작'[35]이라고 했다. 80년대 매년 아이들이 100명씩 스스로 목숨을 끊는 현상은 자살이 아니라 사회적 타살이라고 이오덕은 힘주어 강조한다. 어린 영혼들을 성숙한 한 인간으로 자라나게 하기보다 공부 잘하는 기계나 이기적인 바보로 만드는 '병든 교육' 현실을 질타한다. 이젠 '미친 교육', '거짓 교육'을 멈추고 '아이들 살리는 교육'을 하자고 간절히 호소한다.

이오덕이 공동대표를 했던 '민주교육실천협의회'(1986)는 그해 겨울 「한 어린 영혼의 슬픈 죽음을 애도하는 기도문」을 써서 참회하고 다짐했다. 기도문에 나오는 구절 일부를 소개한다.

저희 교사들이 학생들로 하여금 왜곡된 일류의식과 허위의식을 심어주어 그들의 의식 속에 현실을 있는 그대로 보지 못하게 하고 자기학대와 자기비하와 자기부정에 빠지게 한 죄를 고백합니다. …(중략)… 어린 학생의 슬픈 죽음을 통하여 저희 교사들이 참된 '교육의 길'과 '교사상'을 재정립하게 하시고 슬픈 유가족과 죽은 영혼의 넋을 위로하게 하소서. 이번 일을 계기로 저희 모든 교사들이 사도의 길을 걸어가는 데 조금이라도 바른 길을 가는 밑거름과 길 잡이가 되게 하소서… (이하 생략)[36]

우리나라 청소년 행복지수는
OECD 국가 가운데 꼴찌이자 초등학생 우울감 지수 또한 높다

청소년 행복지수 꼴찌

물질적 행복 순위(경제협력개발기구 20개국 기준)

순위	국가	점수
1	핀란드	120
2	덴마크	114
3	대한민국	112
4	독일	110
5	스웨덴	108

주관적 행복 순위(경제협력개발기구 22개국 기준)

순위	국가	점수
1	에스파냐	118
2	스위스	113
3	오스트리아	113
4	덴마크	109
⋮		
22	대한민국	82

한국방정환재단·연세대학교 사회발전연구소 2016)

고등학교 〈통합사회〉 교과서에는 2016년도 우리나라 청소년 〈주관적 행복지수 순위〉가 조사 대상 22개국 가운데 꼴찌로 나온다. (출처: 한국 방정환 재단, 연세대 사회발전연구소)

그럼에도 이후 어린 학생들의 죽음의 행렬은 끊이질 않았다. 30년도 더 지난 오늘날 OECD 국가 가운데 청소년 행복지수는 부끄럽게도 꼴찌다.

이오덕의 유고시 가운데 야만의 시대, 절망의 시대를 살아갔던 아픈 마음을 드러낸 작품이 있어 소개한다. 교육자로서 이오덕의 아픔을 느낄 수 있는 시이지만 제목이 없다.

시를 가르치면서/ 시를 믿고/ 시에 기대어 살아가도록/ 나는 가르쳤다/ 그러나 내 가르침을 받은 아이들은/ 모두가 한 포기 풀같이 한 그루 나무같이/ 꽃같이/ 순하고 순한 짐승같이/ 자라나기를 빌었다/

그들과 헤어진 30년 뒤, 40년 뒤,/ 들려온 슬픈 소식들.../ 지금 내가 들어야 하는 소식은 무엇인가/ 내가 알게 된 글들은 어디서 무엇을 하나/

이른 봄, 담 밑에 돋아나는 새파란 풀싹 같고/가을날 눈부시게 고운/ 하늘빛으로 하늘 해 쳐다보던 달개비 꽃 같던/ 그 고운 마음들 다 짓밟혀 흔적도 없이 사라지고/ 시도 말도 죽어버린 이 쓸쓸한 땅에/

오늘도 얼어붙은 이 겨울/ 하늘 아래 모든 것이 잿빛으로 덮인 빙판길을/ 쫓기는 짐승처럼 엄금엄금 기어가듯 한다./

이제는 우리말 우리 목숨 살펴야 하는/ 이 기막힌 일을 하자고 가는/ 나는 멀미가 나는구나./아, 땅이 흔들려 멀미가 난다.[37]

이오덕이 시작한 '아이들 삶을 위한 교육', 바로 참교육은 그렇게 절망 속에서 절망을 딛고 싹을 틔웠다. 이오덕이 전 생애에 걸쳐 온몸으로 보여준 치열함은 이 땅의 숱한 교사들의 마음을 움직였고 크나큰 울림을 주었다. 그리고 오늘날 수많은 교사들이 이오덕을 교사의 길을 가르쳐준 '시대의 스승'이라 일컫는다.

시대의 낡은 질서에 저항하고 끊임없이 아이들 삶을 보듬으며 사람다운 어른으로 성장하게 하는 데 생애를 바친 이오덕을 우리가 '한국의 페스탈로치'라고 자랑스럽게 이름 부르는 이유다.

▪주석

1. 이주영, 조영일(2016), 「이름 없고 가난한 이들의 자유와 평화를 노래하다: 장자 모임에서 만난 이오덕」, 『개똥이네』 제128권, 33쪽.
2. 이주영(2004), 『이오덕의 교육사상 연구』, 천안대 석사, 23쪽.
3. 이주영-박효일(2016), 「우리 학교 교가는 이오덕 선생님 시로 만들었지요」, 『개똥이네』 제140권, 32쪽.
4. 이인사(2016), 『이오덕의 초등교육사상 연구』, 교원대 석사, 9쪽.
5. 김정환(1974), 『교육의 철학과 과제』, 서울: 박영사, 51쪽.
6. 이오덕(1995), 「우리들의 감격시대」, 월간 『말』 1995년 8월호, 129쪽.
7. 이상석(2016), 「이오덕 선생님 생각의 알맹이」, 『우리말과 삶을 가꾸는 《글쓰기》』 제246호, 36쪽.
8. 이오덕(1992), 『우리글 바로 쓰기 2』, 머리말.
90. 柳久雄, 임상희 옮김(1985), 『교육사상사』, 서울: 백산서당, 103쪽.
10. 김정환(1997), 『전인 교육 어떻게 할 것인가』, 서울: 내일을 여는 책, 136-137쪽.
11. 김정환(1974), 앞의 책, 51쪽.
12. 권일한(2013), 「이오덕 일기 우리말과 글, 아이들 삶을 무척 사랑하셨구나」, 『우리교육』 2019년 9월호, 209쪽.
13. 전교조(2011), 『참교육 한 길로: 전국교직원 노동조합운동사 1』, 서울: 참교육, 801쪽, 전교조에서 펴낸 전교조운동사에는 '참교육'이라는 용어를 80년대 초반부터 쓰기 시작했다고 서술한다. "성래운 교수가 『실천문학』 제3권(1982)에 발표한 「참다운 교사는 역사 속의 참다운 사람들-70년대의 교육현장」 평론 말미에 처음 등장한다."
14. 이무완(2018), 「참교육으로 가는 길」, 『교사, 이오덕에게 길을 묻다』, 서울: 살림터, 62~63쪽.
15. 이오덕(1978), 『삶과 믿음의 교실』, 서울: 한길사, 164쪽; 이무완(2018), 앞의 책에서 재인용.
16. 이상석(2016), 앞의 글, 25쪽.
17. 이인사(2016), 앞의 논문, 9쪽
18. 이주영(2004), 앞의 논문, 24쪽.
19. 이무완(2018), 앞의 책, 64~65쪽.
20. 이오덕(2011), 『이오덕 유고시집』, 서울: 고인돌, 631쪽.
21. 이오덕(1983), 앞의 책, 327쪽.
22. 이오덕(2011), 『이오덕 유고시집』, 서울: 고인돌, 209쪽.
23. 이오덕(2010), 「교육운동의 기본 방향」, 『민주교육으로 가는 길』, 서울: 고인돌, 97-101쪽.
24. 이오덕(2015), 『나는 땅이 될 것이다』, 서울: 양철북, 204쪽.
25. 이오덕(1989), 「현단계 교육운동의 이념과 전망」, 『사회와 사상』 1989년 7월호, 42-43쪽.
26. 이오덕(2015), 『나는 땅이 될 것이다』, 서울: 양철북. 221~223쪽.

27. 이주영, 조영일(2016), 「이름 없고 가난한 이들의 자유와 평화를 노래하다 2: 장자 모임에서 만난 이오덕」, 『개똥이네』 제129권, 33쪽.

28. 이부영(2013), 「프레네와 이오덕 그리고 비고츠키와 혁신학교」, 『민들레』 제85권, 144 -145쪽.

29. 권정생이 「생전의 이오덕 선생님을 생각하면서」, 2003년 8월 25일 영전에 바친 글.

30. 호남민주교육실천협의회(1987), 『일등도 꼴찌도 없는 교실』, 64쪽.

31. 이오덕(1990), 「꼭두각시 아이들의 비극」, 『중등 우리교육』 1990년 6월호, 88쪽.

32. 이종선(2015), 「공개된 일기 그 너머의 책임」, 『기독교사상』 2015년 7월호, 208쪽.

33. 이주영 엮음(2015), 『내 삶에 들어온 이오덕』, 서울: 단비, 44쪽.

34. 차형석(2013), 「이오덕과 함께 흘러온 현대사」, 『시사IN』, 제303호, 2013. 7. 11.

35. 이오덕(2010), 『어머니들에게 드리는 글』, 서울: 고인돌, 13쪽.

36. 성내운 외(1986), 「한 영혼의 슬픈 죽음을 애도하는 교사들의 공동기도문」, 『교육과 실천』 제2호, 민주교육실천협의회, 38쪽.

37. 이오덕(2011), 『이오덕 유고시집』, 서울: 고인돌, 634-635쪽.

참고문헌

● 단행본
강상구(2000). 『신자유주의의 역사와 진실』. 서울: 문화과학사.
강순원(1984). 「민립대학 설립운동과 국대안 반대운동의 민족운동사적 의미」, 『자본주의 사회의 교육』 서울: 창작과 비평사.
고종석(1999). 『감염된 언어』. 서울: 개마고원.
교육출판기획실(1986). 『교육노동운동』 서울: 석탑.
국어교육을 위한 초등교사 모임(2000). 『시 수업』. 서울: 우리교육.
그란트 미드(1993). 안종철 옮김. 『주한 미군정 연구』. 공동체.
김기석(2008). 『한국 고등교육연구』. 교육과학사.
김동훈(2001). 『한국의 학벌, 또 하나의 카스트인가』. 서울: 책세상.
김상봉(2004). 『학벌사회』. 서울: 한길사.
김영모(1982). 『한국지배층 연구』. 서울: 일조각.
김운태(1992). 『미군정의 한국통치』. 서울: 박영사.
김인회(1988). 「미소군정하의 교육정책과 학생운동」. 『현대사를 어떻게 볼 것인가 2』.
김정의(1992). 『한국소년운동사』. 서울: 민족문화사.
김정환(1974). 『교육의 철학과 과제』. 서울: 박영사.
김정환(1995). 『인간화 교육 어떻게 할 것인가』. 서울: 내일을 여는 책.
김정환(1997). 『전인교육 어떻게 할 것인가』. 서울: 내일을 여는 책.
김천영 엮음(1984). 『연표 한국현대사』. 서울: 한울림.
닉 데이비스. 이병곤 역. 2007. 『위기의 학교』. 서울: 우리교육.
대한 어머니회 중앙연합회(1977). 『한국교육 30년사』.
라우터 백(1984). 『한국 미군정사』. 서울: 돌베개.
류상영 외(1989). 『해방전후사의 인식 4』. 서울: 한길사.
柳久雄, 임상희 옮김(1985). 『교육사상사』. 서울: 백산서당.
미할리스 멘티니스. 서창현 옮김(2009). 『사빠띠스따의 진화』. 서울: 갈무리.
민주주의 민족전선(1946). 『해방조선Ⅱ』. 서울: 과학과 사상.
박복선 외(2012). 『가장 인권적인 가장 교육적인』. 서울: 교육공동체 벗.
박준형(2008). 『교육 정책 형성 과정에서의 국가주도성에 대한 비판적 고찰』. 학술정보(주).
브루스 커밍스(1982). 「미군정하의 지방정치연구」. 『한국현대사의 재조명』. 서울: 돌베개.
사계절 편집부(1989). 『교육현장 2』. 서울: 사계절.
사무엘 보울스, 강순원 역(1983). 「불평등한 교육과 사회적 분업의 재생산」. 『교육과 사회구조』. 서울: 한울.
서관모 외(1986). 『한국사회의 계급연구1』. 서울: 한울.
서울대학교 20년사 편찬위원회(1966). 『서울대학교 20년사』.

서울대학교 60년사 편찬위원회(2006). 『서울대학교 60년사』.

서중석(2005). 『한국현대사』. 서울: 웅진.

성래운(1979). 『제자여, 나의 사랑하는 제자여』.

성래운 외(1983). 『세 학교 이야기』. 서울: 학민사.

성래운(2015). 『분단시대의 통일교육』. 서울: 살림터.

성래운(2015). 『인간 회복의 교육』. 서울: 살림터.

손인수(1992). 『미군정과 교육정책』. 서울: 민영사.

송남헌(1985). 『解放三年史 2 1945-1948』. 서울: 까치.

송순재 외(2017). 『혁신학교, 한국교육의 미래를 열다』. 서울: 살림터.

송순재 외(2017). 『혁신학교』. 서울: 살림터.

심성보(2018). 『한국교육의 현실과 전망-세계교육의 담론과 운동, 그리고 민주시민교육』. 서울: 살림터.

심지연(1982). 『한국민주당 연구 1』. 서울: 풀빛.

심지연(1984). 『한국 현대정당론』. 서울: 창작과 비평사.

알랭 투렌. 고원 옮김(2000). 『어떻게 자유주의에서 벗어날 것인가』. 서울: 당대.

역사문제연구소(1989). 『해방 3년사 연구 입문』. 서울: 까치.

오욱환, 최정실(1993). 『미군 점령시대의 한국교육-사실과 해석』. 지식산업사.

오천석(1964). 『한국 신교육사』. 현대교육총서.

오천석(1972). 「군정문교의 증언」. 『새교육』 1972년 7월호. 통권 24호.

오천석(1974). 『老兵의 오솔길』. 대한교육연합회.

오천석(1975). 「외로운 城主」. 『오천석 교육사상문집 10』.

윤재설 외(2009). 『세계의 사회주의자들』. 도서출판 펜타그램.

윤정란(2015). 『한국전쟁과 기독교』. 서울: 한울.

이건만(1994). 『마르크스주의 교육사회학』. 서울: 교육과학사.

이규환(1986). 「한국의 교육문제」. 『제3세계와 한국의 사회학』. 돌베개.

이길상(1992). 『해방 전후사 자료집 I-미군정 교육정책』. 원주문화사.

이길상 외(2002). 『『주한민군사』와 미군정기 연구』. 서울: 백산서당.

이길상(2007). 『20세기 한국교육사-민족, 외세, 그리고 교육』. 서울: 집문당.

이덕호(2001). 『친미 사대주의 교육의 전개과정』. 서울: 다움.

이만규(1949). 『조선교육사』(하). 서울: 을유문화사.

이만규(2010). 『다시 읽는 조선교육사』. 서울: 살림터

이명화 외(1994). 『일제 잔재 19가지』. 서울: 가람기획.

이무완(2018). 「참교육으로 가는 길」. 『교사, 이오덕에게 길을 묻다』. 서울: 살림터.

이오덕(1977). 『시정신과 유희정신』. 서울: 창작과 비평사.

이오덕(1978). 『일하는 아이들』.

이오덕(1978). 『삶과 믿음의 교실』. 서울: 한길사.

이오덕(1983). 『거꾸로 사는 재미』. 서울: 범우사.

이오덕 외(1989). 『교육자의 길』. 서울: 중원문화사.

이오덕(1989). 『이오덕 교육일기 1』. 서울: 한길사.

이오덕(1990). 「사람이 되게 하는 교육」. 『참교육으로 가는 길』. 서울: 한길사.

이오덕(1992). 『우리 문장 쓰기』. 서울: 한길사.

이오덕(1992). 『우리글 바로 쓰기 2』. 서울: 한길사.

이오덕(1993). 『글쓰기 어떻게 가르칠까』. 서울: 보리.

이오덕(2010). 『어머니들에게 드리는 글』. 서울: 고인돌.

이오덕(2010). 「교육운동의 기본 방향」. 『민주교육으로 가는 길』. 서울: 고인돌.

이오덕(2011). 『동화를 어떻게 쓸 것인가』. 서울: 삼인.

이오덕(2011). 『이오덕 유고시집』. 서울: 고인돌.

이오덕(2012). 『우리말로 살려 놓은 민주주의 헌법』. 서울: 고인돌.

이오덕(2012). 『글쓰기 교육, 이론과 방법』. 서울: 고인돌.

이오덕(2013). 「모국어, 어디로 가는가: 아이들 글을 통해서 본 우리말의 위기」. 『이오덕 글 모음: 삶·문학·교육』. 서울: 고인돌.

이오덕(2013). 『이오덕 일기 2』. 서울: 양철북.

이오덕(2014). 『백의민족이 왜 붉은 악마가 되었는가』. 서울: 고인돌.

이오덕(2015). 『나는 땅이 될 것이다』. 서울: 양철북.

이오덕, 권정생(2015). 『선생님, 요즘은 어떠하십니까: 이오덕과 권정생의 아름다운 편지』. 서울: 양철북.

이오덕(2017). 『이오덕의 글쓰기 교육 2: 글쓰기, 이 좋은 공부』. 서울: 양철북.

이오덕(2017). 『이오덕의 글쓰기 교육 3』. 서울: 양철북.

이오덕(2018). 『나무처럼 산처럼 2』. 서울: 산처럼.

이종각 외(1990). 『분단시대의 학교교육 2』 서울: 푸른나무.

이주영 엮음(2015). 『내 삶에 들어온 이오덕』. 서울: 단비.

이철국(1985). 「한국교육운동의 실천적 고찰」. 『민중교육』 1. 실천문학사.

이희수 외(1989). 「국가체제 형성기의 국대안 반대에 관한 분석」. 『분단시대의 학교교육』.

임상택(1984). 『오늘의 한국경제』. 서울: 사계절.

장리욱(1975). 「국립 서울대학안 분규」. 『나의 회고록』. 샘터.

전국교직원노동조합(1990). 『학생자치활동 1』. 서울: 푸른나무.

전국교직원노동조합(2011). 『참교육 한길로: 전국교직원노동조합운동사1.』 참교육사.

전우용(2011). 「군정, 의대를 수술하다」. 『현대인의 탄생』.

정재걸(2019). 『우리 안의 미래교육』. 살림터.

정진상(2004). 『국립대 통합네트워크: 입시지옥과 학벌사회를 넘어』. 서울: 책세상.

정태수 편저(1992). 『미군정기 한국교육사자료집 下』. 서울: 弘芝苑.

조영래(2005). 『전태일 평전』. 서울: 돌베개.

조이스 콜코, 가브리엘 콜코(1982). 「미국과 한국의 해방」. 『한국현대사의 재조명』. 돌베개.

중앙대 부설 한국교육문제연구소(1974), 『文教史』(1945-1973). 중앙대 출판국.

최상룡(1988). 『미군정과 한국 민족주의』. 서울: 나남.

한국기독교교회협의회(1984). 『1970년대 노동현장과 증언』. 서울: 풀빛.

한국기독교사회문제연구원(1987). 『한국사회 노동통제』. 서울: 민중사.

한국교육십년사 간행회(1960). 『한국교육10년사』. 서울: 풍문사.

한준상(1987). 「미국의 문화침투와 한국교육」. 『해방전후사의 인식 3』. 서울: 한길사.

한준상, 김성학(1990). 『현대 한국교육의 인식』. 서울: 청아.

허대영(2009). 『오천석과 미군정기 교육정책』. 한국학술정보(주).

홍태숙 외(2020). 『혁신교육지구 현장을 가다』. 서울: 살림터.

● 학위논문

김경숙(1989). 「미군정기 교육운동: 1945-1948」. 서울대 석사.

김경희(2019). 「권정생 옛이야기 연구」. 대구교대 석사.

김보영(2011). 「미우라 아야코 '빙점'론: '원죄'의식의 재구축과 전후문학의 가능성」. 숙명여대 석사.

김성길(2005). 「이오덕 동시의 현실주의적 변모과정 연구」. 청주교대 석사.

김상태(2002). 「근현대 평안도 출신 사회지도층 연구」. 서울대 박사.

김수자(1994). 「미군정기 통치기구와 관료임용정책」. 이대 석사.

김용일(1994). 「미군정청하의 교육정책 연구 : 교육정치학적 접근」. 고려대 박사.

김태미(1987). 「미군정기 한국 고등교육개혁에 관한 고찰」. 이대 석사.

김희영(2003). 「이오덕 아동문학 비평의 문학교육적 의의 연구」. 대구교대 석사.

노여심(2003). 「박목월과 이오덕의 동시관 비교연구」. 진주교대 석사.

박종무(2011). 「미군정기 조선교육자협회의 교육이념과 활동」. 교원대 석사.

서규원(1983). 「미군징하의 한국고등교육정책」. 한양대 석사.

유희원(1987). 「미군정기 교육주도세력의 정치·사회적 성격과 교육개혁 시도의 한계」. 연세대 석사.

이광호(1991). 「한국교육체제 재편의 구조적 특성에 관한 연구」. 연세대 박사.

이도경(2017). 「이오덕 동시론 연구」. 춘천교대 석사.

이숙경(1983). 「미군정기 민주화의 성격과 민주주의 교육이념의 한계」. 이대 석사.

이옥근(2008). 「이원수·이오덕 동시의 현실 수용 양상 연구」. 전남대 석사.

이인사(2016). 「이오덕의 초등교육사상 연구」. 교원대 석사.

이주영(2004). 「이오덕의 교육사상 연구」. 천안대 석사.

이주영(2010). 「이오덕의 어린이문학론 연구」. 백석대 박사.

이희수(1986). 「미군정기 국립서울대학교 설립과정에 관한 교육사회학적 분석」. 중앙대 석사.

최혜월(1986). 「국대안 반대운동의 이념적 성격에 관한 교육사회학적 접근」. 연세대 석사.

한성진(1986). 「미군정기 한국 교육엘리트에 관한 연구」. 연세대 석사.

● 학술논문

강명숙(2002). 「미군정기 대학 단일화 정책 수립에 관한 연구」. 『한국교육』 29권 제2호.

강민정(2013). 「혁신학교 발전을 위한 제언」. 『교육비평』 제32권.

강민정(2014). 「교육정상화를 위한 학교업무조직 개편론」. 『교육비평』 제34권.

권순미(2004). 「일본 사회당의 실패가 한국 진보정치에 주는 함의」. 『노동사회』 통권 제88호.

김기석(1996). 「해방후 분단국가 교육체제형성 1945-1948: 국립서울대학교와 김일성 종합대학의 등장을 중심으로」. 『師大論叢』 53호. 서울대학교 사범대학.

김나현(2013). 「《창작과 비평》의 담론 통합 전략」. 『현대문학의 연구』 제50집.

김동구(1992). 「미군정기간 중 미국의 한국에 대한 교육정책」. 『교육학연구』 30권 제4호.

김민조(2014). 「혁신학교 교육거버넌스의 특징과 과제」. 『교육비평』 제33권.

김선양(1996). 「천원 오천석의 교육사상」, 『한국교육사학』 제18집. 한국교육학회 교육사연구회.

김성연(2020). 「윤동주 평전의 질료와 빈 곳-윤동주와 박치우의 서신, 그 새로운 사실과 전망」. 『한국사학연구』 제61호.

김용기(2017). 「전남 혁신학교의 효과성 분석」. 『한국 콘텐츠학회 논문집』 제17권 4호.

김은수 외(2019). 「일반학교와 혁신학교 학생들의 학교생활만족도에 관한 연구」. 『수산해양교육연구』. 제31권 제1호.

김정인(2009). 「미군정기 대학 정책과 사립대학의 설립과정」. 『교육연구』 제27권 제2호.

김희규(2018). 「혁신학교의 운영 성과 및 과제」. 『홀리스틱 융합교육연구』 제22권 4호.

박경용(1977). 「모릴, 아쉬운 동업의식」. 『아동문학평론』 봄호.

박노자(2018). 「박종홍 철학: 민족과 근대, 종속과 주체성 사이에서」. 『동서인문』 제10호.

박성기(1988). 「미군정하의 한국민주당에 관한 연구」. 『학생논문집』.

사토 마나부(2000), 양달섭 옮김. 「아이들은 왜 배움에서 도주하는가: 학력저하, 일본사회의 문화적 위기」. 『교육비평』 제4권.

사토 마나부(2000), 손우정 옮김. 「일본의 교육개혁과 신자유주의 레토릭」. 『교육비평』 제2권.

서우철(2014). 「혁신학교와 전문적 학습공동체」. 『교육비평』 제34권.

선우현(2020). 「현실 지배권력의 본질에 관한 맥락 단절적 인식과 자발적 복종: 박종홍 철학체계의 '내재적' 전개 논리」. 『철학 연구』. 2020. 2.

성기선(2014). 「혁신학교에 대한 비판적 성찰과 과제」. 『교육비평』 제33권.

손정수(2005). 「신남철 박치우의 사상과 그 해석에 적용하는 경성제국대학이라는 장」. 『한국학 연구』 제14권. 2005년 12월.

송경원(2005). 「교육에 불어 닥친 마녀사냥의 광기」. 『교육비평』 제18권.

송순재(2006). 「한국에서 '대안교육'의 전개과정, 성격과 주요 문제」. 『신학과 세계』. 2006년 6월.

송희복(2011). 「아동문학평론가 이오덕의 우리말 의식에 관한 연구」. 『어문학교육』 제42집.

안혜정(2019). 「혁신학교와 학력: '학교교육 제4의 길'과 '사토 마나부, 학교개혁을 말하다'의 교육개혁과 학력논의를 중심으로」. 『교육비평』 제44권.

오천석(1981). 「민주주의의 현대적 이해와 교육에의 도전」. 『학술원 논문집』 제20집.

우용제(2001). 「천원의 민주교육사상의 외연과 그 성격」. 『한국교육사학』 제23권 제2호.

유주영 외(2016). 「국내 혁신학교 연구에 관한 동향 분석」. 『평생학습사회』 제12권 제3호.

원종찬(2009). 「이원수와 70년대 아동문학의 전환」. 『문화교육학』 제28호.

원종찬(2011). 「윤석중과 이원수: 아동문학의 모더니즘과 리얼리즘」. 『아동청소년 문학연구』 제9호.

이길상(1996). 「미군정하에서 진보적 민주주의 교육운동」. 『한·일의 근대교육 도입과 개혁』

이순웅(2016). 「박치우의 삶과 죽음을 통해 본 해방 정국의 인텔리겐치아 문제」. 『진보평론』 통권 69권. 2016년 가을호.

이오덕(1976). 「手工文學의 末路: 朴敬用의 '非理·否定·語 其他'에 대하여」. 『아동문학평론』. 겨울호.

이오덕(1989). 「현단계 교육운동의 이념과 전망」. 『사회와 사상』 1989년 7월호.

이오덕(1990). 「우리소설에 나타난 남의 나라 말과 말법: 이인직에서 김동인까지」. 『국어생활』 제23호. 1990년 겨울호.

이오덕(1991). 「우리 소설은 어떤 '말'로 써왔는가: 소설에 나타난 불순한 남의 말」. 『한길문학』 제8호. 1991년 봄호.

이오덕(1997). 「신문은 말을 살리고 있는가: 신문문장론」. 『신문연구』 제64호.

이윤미(2014). 「혁신학교의 성과와 과제」. 『교육비평』 제33권.

이종호(1988). 「변혁기의 한국사회 80년대 한국노동운동의 이념」. 『사회비평』 창간호.

임영희 외(2017). 「발도르프 교육에서 바라본 혁신학교, 과연 가치로운 교육인가」. 『움직임의 철학』 제25권 제2호. 한국체육철학회지.

장규식(2011). 「미군정하 흥사단계열 지식인의 냉전인식과 국가건설 구상」. 『한국사상사학』 제38집.

최광만(1990). 「국대안 관철에 관한 재고」. 『교육사학연구』 제2·3집. 서울대 교육사학회.

하성환(2014). 「교육노동운동, 성찰과 전망」. 『진보평론』 제62호.

현은주(1996). 「미군정기의 한국교육에 대하여」. 『白山學報』 46.

홍웅선(1991). 「미군정기 교육에 관한 연구」. 『교육개발』 제1호(통권 70호).

홍웅선(1991). 「미군정기 교육에 관한 연구 2」. 『교육개발』 제3호(통권 72호).

홍윤기(2001). 「박종홍 철학연구-철학과 권력의 퇴행적 결합」. 『역사비평』.

황현정(2014). 「혁신학교 이야기」. 『역사와 교육』. 역사교육연구소.

● 일반 잡지 및 토론회 자료

강승숙 외(2013). 「이오덕과 시 교육」. 『창비 어린이』 11(3).

곽노현(2021). 「민주시민교육과 보이텔스바흐 원칙, 그리고 교사 정치기본권」. 『공무원, 교사 정치기본권 이대로 좋은가』. 국회 정책토론회. 2021년 3월 8일.

권일한(2013). 「이오덕 일기 우리말과 글, 아이들 삶을 무척 사랑하셨구나」. 『우리교육』 2019년 9월호.

김용일(2008). 「미군정의 교육정책과 서울교육」. 『鄕土 서울』 제71호.

김윤현(2006). 「우리시대 한글지킴이 한글학회 선도… 90년대 후 시민이 주도: 이수열, 이오덕 헌신, 으뜸지킴이는 백성」. 『주간한국』 제2143호. 2006. 10. 17.

김원태(2020). 「학교 시민교육 과목이 입법화되어야 하는 이유」. 2020 국회토론회 자료집.

김종철(1998). 「우리나라 교육에 미친 천원의 영향」. 『민주교육』 제8호. 천원기념회.

김학민(2019). 「성래운-스승은 있다」. 『오늘 다시 묻는다 "스승은 없는가"』. 성래운 선생님 30주기 추모집. 2019. 12. 21.

김현주(2020). 「코로나19, 더욱 성숙해지는 학교민주주의와 협력적 교사문화」. 『혁신학교와 참교육운동 제5차 토론회 자료집』. 전교조 서울지부. 2020. 7. 23.

김형민(2014). 『미래에서 온 편지』 제11호. 노동당.

백헌석(2012). 「학생부를 바꿔봐, 행복지수가 높아져: 혁신학교 장곡중 학생자치부 들여다보기」. 『우리교육』 2012년 3월호.

사토 마나부(2006) 최종순 옮김. 「열악한 학교교육을 어떻게 개혁할 것인가-경쟁시키면 학력은 신장되나」. 『우리교육』 2006년 7월호.

성래운(1977). 「'시정신과 유희정신', '이 아이들을 어찌할 것인가'를 지은 이오덕 선생님께」. 『창작과 비평』 12권 제3호. 1977년 9월.

성래운 외(1978). 「분단현실과 민족교육」. 『창작과 비평』 제13권 제2호.

성래운(1978). 「민주교육과 인권」. 『기독교사상』 제22권 제5호.

성래운(1982). 「바른 교육」. 『기독교사상』 제26권 제3호.

성래운(1982). 「참다운 교사는 역사 속의 참다운 사람들-70년대의 교육현장」. 『실천문학』 제3권.

성래운(1983). 「교육을 통한 인간혁명」. 『새가정』 1983년 2월호.

성래운(1983). 「人中人이로다」. 『기독교사상』 제27권 제8호.

성래운(1983). 「현대시와 독자」. 『실천문학』 1983년 12월호.

성래운 외(1986). 「한 영혼의 슬픈 죽음을 애도하는 교사들의 공동기도문」. 『교육과 실천』 제2호. 민주교육실천협의회.

송순재(1999). 「러시아 교육기행-'아름다운 학교'를 찾아서」. 『초등우리교육』 1999년 8월호.

송순재(2016). 「덴마크 교육의 개방성, 유연성, 다양성에 대하여」. 『우리교육』 2016년 12월호.

안혜정(2020). 「코로나19, 더욱 성숙해지는 학교민주주의와 협력적 교사문화」. 『혁신학교와 참교육운동 제5차 토론회 자료집』. 전교조 서울지부. 2020. 7. 23.

엄기형(2019). 「성래운의 교육론: 교육사상의 특징」. 『오늘 다시 묻는다 "스승은 없는가"』. 성래운 선생님 30주기 추모집. 2019. 12. 21.

오동춘(2019). 「짚신 겨레의 스승, 외솔 최현배 박사님 일화」. 『나라사랑』 제128집.

오천석(1958). 「진보주의적 교육운동」. 『思潮 1』. 서울: 思潮社.

유상덕(1991). 「우리시대의 영원한 스승, 대밭 성내운」. 『우리교육』 1991. 2월호.

유환성(2019). 「나에게 묻는다. 스승은 없는가」. 『오늘 다시 묻는다 "스승은 없는가"』. 성래운 선생님 30주기 추모집. 2019. 12. 21.

이경란(2019). 「스승의 날 들려줬던 나의 스승 이야기」. 『오늘 다시 묻는다 "스승은 없는가"』. 성래운 선생님 30주기 추모집. 2019. 12. 21.

이근엽(1992). 「존 듀이의 교육철학과 오천석의 교육사상」. 『민주교육』 제2호. 천원기념회.

이만주(2012). 「조마조마 두근두근 우리를 설레게 하는 아이들: 혁신학교 흥덕고 2년의 빛과 그림자」. 『우리교육』 2012년 3월호.

이민영(2018). 「우리는 계속 따뜻한 학교를 만들 수 있을까-소명여중 혁신학교 이야기: 아이들의 온기로 살아남기」. 『우리교육』 2018년 6월호.

이부영(2013). 「프레네와 이오덕 그리고 비고츠키와 혁신학교」. 『민들레』 제85권.

이부영(2011). 「혁신학교, 무엇을 혁신하고 경계해야 하나?」. 『우리교육』 2011년 3월호.

이상석(2016). 「이오덕 선생님 생각의 알맹이」. 『우리말과 삶을 가꾸는 《글쓰기》』 제246호.

이영(2018). 「보평 초등 혁신학교 이야기: 보평, 행복한 학교로 가는 다리」. 『우리교육』 2018년 9월호.

이오덕(1970). 「글짓기 교육론(1)」. 『문교경북』 제25호.

이오덕(1974). 「시 정신과 유희 정신」. 『창작과 비평』 1974년 가을호.

이오덕(1974). 「동시란 무엇인가」. 『창작과 비평』 제34호.

이오덕(1984). 「근로체험의 교육」. 『문교행정』 제28호.

이오덕(1984). 「삶을 탐구하는 글짓기 지도」. 『문교경북』 제81호.

이오덕(1984). 「삶의 진실을 체험시키는 문학교육」. 『문교행정』 제30호.

이오덕(1986). 「어머니 수난, 어린이 수난」. 『새가정』 1986년 10월호.

이오덕(1988). 「글쓰기·그리기·말하기 교육 병들어 있다」. 『신동아』 제349호.

이오덕(1990). 「살아 있는 말의 재미」. 『새가정』 1990년 2월호.

이오덕(1990). 「병든 어른은 아이들의 말을 모른다」. 『새가정』 1990년 4월호.

이오덕(1990). 「꼭두각시 아이들의 비극」. 『중등 우리교육』 1990년 6월호.

이오덕(1989). 「자기 삶을 빼앗긴 아이들의 글쓰기」. 『새가정』 1989년 7월호.

이오덕(1990). 「아이들 글에 대한 이해와 오해」. 『새가정』 1990년 2월호.

이오덕(1993). 「아이들이 읽는 글에 쓰는 말」. 『초등 우리교육』 1993년 2월호.

이오덕(1993). 「우리말을 잡아먹는 일본말」. 『순국』 1993년 3월호.

이오덕(1995). 「우리들의 감격시대」. 월간 『말』 1995년 8월호.

이오덕(1998). 「지식인들이 우리말 망치고 있어요」. 『말』 1998년 10월호.

이오덕(2010). 「글쓰기 교육, 그 희망과 절망」. 『중등 우리교육』 2010년 3월호.

이종선(2015). 「공개된 일기 그 너머의 책임」. 『기독교사상』 2015년 7월호.

이주영, 조영일(2016). 「이름 없고 가난한 이들의 자유와 평화를 노래하다: 장자 모임에서 만난 이오덕」. 『개똥이네』 제128권.

이주영, 조영일(2016). 「이름 없고 가난한 이들의 자유와 평화를 노래하다 2: 장자 모임에서 만난 이오덕」. 『개똥이네』 제129권.

이주영-박효일(2016). 「우리학교 교가는 이오덕 선생님 시로 만들었지요」. 『개똥이네』 제140권.

이주영(2019). 「성래운의 삶과 교육사상」. 성래운 선생님 30주기 추모집. 2019. 12. 21.

이창국(2019). 「성래운 선생님을 주례로 모신 인연으로 바치는 글」. 『오늘 다시 묻는다 "스승은 없는가"』. 성래운 선생님 30주기 추모행사에서 발표한 글. 2019. 12. 21.

이창열 외(2016). 「이른 봄 피어 날아가는 민들레 홀씨들: 서울 신은초등학교 이나리 교사 대담」. 『우리교육』 2016년 3월호.

장리욱(1969), 「소위 '국대안 사건'의 전말」 『월간중앙』 17호. 1969년 8월호, 중앙일보사.

조원배(2019). 「시낭송을 통해서 본 선생님의 철학」. 『오늘 다시 묻는다 "스승은 없는가"』. 성래운 선생님 30주기 추모집. 2019. 12. 21.

조월례-박종서 대담(2016). 「어린이 책에 혁명적인 생각을 준 이오덕2」. 『개똥이네』 127권.

차형석(2013). 「이오덕과 함께 흘러온 현대사」. 『시사IN』 제303호. 2013. 7. 11.

최해수(1991). 「한국교육 어디로 가야 하는가」. 『우리교육』 창간 1주년 기념 특별좌담.

정재걸(1999). 「미군정기의 교육주도세력」. 『새교육』 제536호.

한국기독학생회총연맹(1981). 『야학활동 안내서』. KSCF 학사단 연구자료.

한인석(1947). 「國大案과 朝鮮敎育」. 『우리공론』.

호남민주교육실천협의회(1987). 『일등도 꼴찌도 없는 교실』.

● 외국 자료

1. Samuel Bowles and Herbert Gintis. 1976. Schooling in Capitalist America. New York: Basic Books. p102.

2. Christopher J. Hurn. 1985. The Limits and Possibilities of Schooling. Massachusetts: Allyn and Bacon. pp 64-65.

3. 教師養成研究會. 1962. 『近代教育史』 東京: 學藝圖書. 101.

4. 長田 新. 1954. 『페스탈로치 傳』 東京: 岩波書店. 5.

5. SCAP, Summation no. 1(September 1945, General headquarters Supreme Commander for the Allied Powers).

● 언론 자료

곽우신. 「나치·일제·유신의 공통점, 대통령은 그렇게 부러운가」. 『오마이뉴스』 2015. 9. 15.

구정은. 『경향신문』. 2014. 4. 30.

권근영(2015). 「이오덕·권정생, 30년간 오간 뭉클한 그 편지들」. 『중앙일보』 2015. 5. 2.

김광철(2020). 「혁신학교, 굳어있는 학교들 뒤흔들 진앙지 역할 기대」. 『한겨레 온』 2020. 6. 16.

김광철(2020). 「9단계 교육과정에 의해 운영되는 양평 조현초」. 『한겨레 온』 2020. 6. 22.

김광철(2020). 「수업(授業)인가 학습(學習)인가? 혁신학교와 '배움의 공동체'」. 『한겨레 온』 2020. 7. 1.

김기성. 김일우. 「일본어 교사를 꿈꾸던 김현정 양」. 『한겨레』. 2014. 6. 24.

김기성. 김일우. 『한겨레』. 2014/12/17; 11/25; 11/17; 11/10; 11/06; 8/26; 7/17; 7/16; 6/17; 6/15; 4/30.

김기성, 김일우. 「소설가를 꿈꾸던 최성호 군」. 『한겨레』 2014. 11. 6.

김기성, 김일우. 「방송작가를 꿈꾸던 유혜원」. 『한겨레』 2014. 12. 17.

김미향(2018). 「교육부, 초등교과서 한자 병기 정책 폐기」. 『한겨레』 2018. 1. 10.

김상정, 강성란. 「강성호 교사 북침설 교육 조작 사건 재심 시작」. 『교육희망』 2020. 1. 31.

김우종(2013). 「국대안 파동의 시발」. 『한국대학신문』.

김정섭 외. 「스승들의 양심 '학원 병영화' 거부하다」. 『경향신문』 2003. 11. 23.

김태문. 「그리운 나의 스승을 회상합니다: 참된 삶의 길을 밝혀주신 고 성내운 선생님 〈1〉」. 『오마이뉴스』 2002. 11. 6.

김태문. 「그분의 시 낭송을 듣고 싶다: 참된 삶의 길을 밝혀주신 고 성내운 선생님」. 『오마이뉴스』 2002. 11. 15.

김토일. 「세월호 희생자 누가 많았나」. 『연합뉴스』 2014. 5. 6.

남기창. 『서울신문』 2003. 3. 7.

『뉴시스』 2015. 1. 7.

『동아일보』 1946. 7. 14.

『동아일보』 1947. 11. 25.

『동아일보』 1947. 11. 26.

『동아일보』 1961. 2. 14.

『동아일보』 1989. 7. 3. 14면.

『문화일보』 2000. 11. 14.

「噴水臺」. 『중앙일보』 1989. 6. 28.

『세계일보』 1989. 6. 4.

송우일. 「광복 70년 생활 속 식민교육현장, 곳곳 일제 잔재」. 『경기일보』 2015. 8. 7.

신동재. 『중앙일보』 1989. 6. 28. 14면.

「건국 후 최대'라는 교육비리 망신」. 『연합뉴스』. 2010. 3. 30.

『연합뉴스』 2013. 4. 29.

『연합뉴스』 2015. 10. 6.

「우리 선생님들을 때리지 말라」. 『언론노보』 1989. 5. 31.

염지은. 「여교사 절반 넘는데… 여성교육감 한 명도 없어」. 『NEWS 1』 2014. 6. 5.

우종훈(2019). 「택시 타고 학교 가요… 전남 작은 학교 살리기 운동」. MBC 뉴스투데이. 2019. 11. 25.

윤근혁. 「'천황 위해 죽자'는 이가 민족의 스승? 교육부, 최규동 초대 교총회장 선정 논란」. 『오마이뉴스』 2015. 3. 7.

윤근혁. 「10분마다 공문 1건… 교장은 '공문 공장' 공장장?」. 『오마이뉴스』 2014. 12. 05.

윤근혁. 「'명문고의 추억', 그대 아직 꿈꾸고 있는가」. 『오마이뉴스』 2003. 11. 06.

이광호. 「'뿌리박힌' 일제 잔재: ②일본보다 더한 한국문화」. 『일요시사』 2015. 8. 13.

이길상. 「나를 뜯어 고침이 없이 너를 뜯어 고쳐 보려는 꿈 : 제1차 교육과정의 탄생 (2)」. 『한국교육신문』 2016. 3. 1.

이상현. 「교육지표 사건, 긴급조치위반 '무죄' 선고」. 『광주 in』 2013. 2. 5.

이세영. 「강남자퇴생은 '조기유학', 강북 자퇴생은 '희망 없이 알바'」. 『한겨레』 2014. 10. 15.

이오덕(2009). 「철이에게」. 『부산일보』 2009. 3. 27.

이인철. 「발등 찍힌 '이해찬 1세대'」. 『동아일보』 2001. 11. 09.

이태영. 『세계일보』. 2014. 4. 22.

임희순. 「'비웃 두름'마냥… 짓밟히는 교권」. 『한겨레신문』 1989. 5. 30.

『전교조신문』 호외. 1989. 7. 22. 1면.

『전교조신문』 제48호. 3면. 1990. 5. 21.~6. 4.

정명진. 「도쿄대생은 바보가 되었는가」. 『파이낸셜 뉴스』 2002. 11. 14.

정해숙. 「구속을 무릅쓰고 '국가주의 교육'에 맞선 성내운 선생」. 『한겨레』 2011. 7. 14.

조경건(2020). 「의협 의료정책연구소, "전교 1등 vs 공공의대" 홍보자료 수정해 재공개」. 『부산일보』 2020. 9. 2.

조근호. 「이해찬, 공교육 붕괴 단초 제공 장본인」. 『CBS 노컷 뉴스』 2004. 6. 9.

『朝鮮人民報』 1946. 7. 17.

조호연. 「고교교육 혁명적 변화, 서울대 무시험전형 확대의미」. 『경향신문』 1998. 7. 25.

『중앙일보』 1989. 6. 5.

『중앙일보』 1989. 6. 28.

『중앙일보』 1989. 6. 29.

『중앙일보』 1989. 7. 15.

『중앙일보』 2002. 11. 11.

최종규. 「성내운, 윤구병, 이오덕 세 선생님께: 사람을 사람답게 키우는 스승님에게」. 『오마이뉴스』 2004. 5. 17.

하성환. 「'세월호' 이후의 교육은 달라야 한다」. 『오마이뉴스』 2014. 6. 16.

하성환. 「진보교육감 시대, 비정규직 교사부터 존중하라」. 『오마이뉴스』 2014. 10. 15.

하성환. 「진보교육감 시대, 학교사회 낡은 관행과 질서부터 개선하자」. 『오마이뉴스』 2015. 01/25.

하성환. 「프랑스 학교민주시민교육, 우리교육이 배워야 할 점」. 『레디앙』 2021. 2. 2.

『한겨레』 2014. 6. 24.

『한국일보』 1986. 1. 22.

『한국일보』 1989. 6. 4.

허미경.「반전운동가 아인슈타인의 복원」.『한겨레』2003. 3. 22.

현석훈.『민중의 소리』. 2014. 4/22; 4/26.

홍성철.「교총, 이(李) 교육장관 퇴진 운동」.『동아일보』1999. 4. 19.

황봉현.「학교붕괴 이대론 안돼」.『매일경제』2001. 4. 12.

● 기타 자료

경기도 교육청(2012).「혁신학교 기본문서」.

교육부(1993).『민주시민교육 지도자료』. 교육부 장학자료 제96호.

곽경태 군이 이인곤 선생님에게 쓴 편지글 전문.

구로경찰서에서 남부지검에 보낸「구속영장 신청서」. 1989. 11. 13.

구로고등학교장.「구로고 학생 여러분에게!」. 1989. 6. 20.

민주화운동기념사업회 http://www.kdemo.or.kr 성내운 편

서울시 교육청. 2002.「기간제 교원 등 계약제교원 운영지침」정책81801-602. 2002.03.06.

서울시 교육청. 2011.「노동조합 단체협약」제8조(교원의 업무 부담 경감)

서울시 교육청. 2013.「공립학교 계약제 교원 운영지침」. 교원정책과 36016. 2013.12.09.

송기숙.「광주지방법원 1심 공판 최후진술」.

「양달섭 선생님 직위해제 무효화를 위한 서명운동」-양달섭 선생님에 대한 직위해제 무
　효화를 촉구하면서.

이기현(1990).「학생회는 우리의 자치조직」.『구로학생회보』창간호 2면.

이재선, 하성환.「단식 농성에 들어가며」. 1989. 6. 27. 성명서.

자유언론실천재단(www.kopf.kr). 2020. 3. 4.

「전교조 구로고 분회 창립대회 결성선언문」. 1989. 6. 3.

전교조 구로고 분회 회보. '전국교직원 노동조합 결성대회에 참가하여'.「교육과 노동」1
　호. 1989. 6. 5.

전교조 구로고 분회 회보.「교육과 노동」제2호.

전교조 구로고 분회 회보.「교육과 노동」제4호. 1989. 6. 23.

「전교조 구로고 분회 탄압 규탄 및 양달섭 선생님 직위해제 무효화 투쟁」철야 농성
　소식 1호 속보. 1989. 6. 10.

전국교직원노동조합 구로고 분회.「성명서-농성 4일째를 맞으며」. 1989. 6. 12.

전국교직원노동조합(1989).『학생권리 침해 사례집』.

전국교직원노동조합 구로고 분회.「이번 사태에 대한 우리의 입장-무조건 농성을 해제
　하며」. 1989. 6. 14.

전국교직원노동조합 구로고 분회. 회보「교육과 노동」제2호. 1989. 6. 19.

전국교직원노동조합 구로고 분회. 회보「교육과 노동」제4호. 1989. 6. 23.

전국교직원 노동조합 구로고 분회.「학부모님께 드리는 글」. 1989. 6. 26.

전교조 구로고 분회 해직교사 일동,「구로고 학교장에게 보내는 공개질의서 2-교장의 망
　언·폭력교사의 공개사죄와 부패교사의 자진사퇴를 촉구하면서」. 1990. 6. 2. 성명서.

朝鮮通信社(1948),『朝鮮年鑑』.

진보연구소 정세분석팀. 2010.「전교조 운동, 위기인가」.

진영효(2020).「2015 개정 교육과정의 비판적 이해와 새로운 교육과정의 모색」.『민주시
　민교육 월례포럼』. 성공회대 민주주의 연구소. 2020. 5. 30.

참여연대 민생희망본부 논평(2013). 「박근혜 대통령은 반값등록금 공약을 공약(空約) 으로 만들려 하나」. 2013. 9. 26.

홍인기(2008). 「겨레의 큰 스승 이오덕」. 민주화운동기념사업회(https://www.kdemo.or. kr).

친일인명사전편찬위원회(2009). 『친일인명사전』. 서울: 민족문제연구소.

https://kess.kedi.re. 2019 교육통계연보.

http://statistics.sen.go.kr.

https://www.gov.kr 정부24시. 「포용적 민주주의를 실현할 성숙한 민주시민 양성」. 2018. 12. 13.

https://kess.kedi.re.kr/index. 「우리나라 OECD 교육지표」

http://db.history.go.kr 성내운 편.

http://encykorea.aks.ac.kr.

삶의 행복을 꿈꾸는 교육은 어디에서 오는가?

● **교육혁명을 앞당기는 배움책 이야기** 혁신교육의 철학과 잉걸진 미래를 만나다!

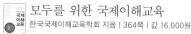

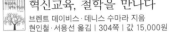
혁신교육, 철학을 만나다
브렌트 데이비스·데니스 수마라 지음
현인철·서용선 옮김 | 304쪽 | 값 15,000원

혁신교육 존 듀이에게 묻다
서용선 지음 | 292쪽 | 값 16,000원

다시 읽는 조선 교육사
이만규 지음 | 750쪽 | 값 33,000원

대한민국 교육혁명
교육혁명공동행동 연구위원회 지음
224쪽 | 값 12,000원

경쟁을 넘어 발달 교육으로
현광일 지음 | 288쪽 | 값 14,000원

핀란드 교육의 기적
한넬레 니에미 외 엮음 | 장수명 외 옮김
456쪽 | 값 23,000원

한국 교육의 현실과 전망
심성보 지음 | 724쪽 | 값 35,000원

독일의 학교교육
정기섭 지음 | 536쪽 | 값 29,000원

● 경쟁과 차별을 넘어 평등과 협력으로 미래를 열어가는 교육 대전환! 혁신교육 현장 필독서

교실 속으로 간 이해중심 교육과정
온정덕 외 지음 | 224쪽 | 값 13,000원

포스트 코로나 시대의 교육
성열관 외 지음 | 224쪽 | 값 15,000원

내일 수업 어떻게 하지?
아이함께 지음 | 300쪽 | 값 15,000원

학교의 미래,
전문적 학습공동체로 열다
새로운학교네트워크·오윤주 외 지음 | 276쪽 | 값 16,000원

마을교육공동체
생태적 의미와 실천
김용련 지음 | 256쪽 | 값 15,000원

학교폭력, 멈춰!
문재현 외 지음 | 348쪽 | 값 15,000원

학교를 살리는 회복적 생활교육
김민자·이순영·정선영 지음 | 256쪽 | 값 15,000원

삶의 시간을 잇는 문화예술교육
고영직 지음 | 292쪽 | 값 16,000원

미래교육을 디자인하는
학교교육과정
박승열 외 지음 | 348쪽 | 값 18,000원

아이들을 어떻게 가르칠 것인가
사토 마나부 지음 | 박찬영 옮김 | 232쪽 | 값 13,000원

교실 속으로 간 이해중심 통합교육과정
온정덕 외 지음 | 224쪽 | 값 15,000원

초등 백워드 교육과정
설계와 실천 이야기
김병일 외 지음 | 352쪽 | 값 19,000원

학습격차 해소를 위한 새로운 도전
보편적 학습설계 수업
조윤정 외 지음 | 240쪽 | 값 15,000원

마을교육공동체란 무엇인가?
서용선 외 지음 | 360쪽 | 값 17,000원

강화도의 기억을 걷다
최보길 지음 | 276쪽 | 값 14,000원

체육 교사, 수업을 말하다
전용진 지음 | 304쪽 | 값 15,000원

평화의 교육과정 섬김의 리더십
이준원·이형빈 지음 | 292쪽 | 값 16,000원

마을교육과정을 그리다
백윤애 외 지음 | 336쪽 | 값 16,000원

혁신교육지구와 마을교육공동체는
어떻게 만들어지는가?
김태정 지음 | 376쪽 | 값 18,000원

서울대 10개 만들기
김종영 지음 | 348쪽 | 값 18,000원

코로나 시대,
마을교육공동체운동과 생태적 교육학
심성보 지음 | 280쪽 | 값 17,000원

 혐오, 교실에 들어오다
이혜정 외 지음 | 232쪽 | 값 15,000원

 수업, 슬로리딩과 함께
박경숙 외 지음 | 268쪽 | 값 15,000원

 물질과의 새로운 만남
베로니카 파치니-케처바우 외 지음 | 240쪽 | 값 15,000원

 그림책으로 만나는 인권교육
강진미 외 지음 | 272쪽 | 값 18,000원

 수업 고수들
수업·교육과정·평가를 말하다
박현숙 외 지음 | 368쪽 | 값 17,000원

 아이들의 배움은 어떻게 깊어지는가
이시이 준지 지음 | 방지현·이창희 옮김
200쪽 | 값 11,000원

 미래, 공생교육
김환희 지음 | 244쪽 | 값 15,000원

 들뢰즈와 가타리를 통해 유아교육 읽기
리세롯 마리엣 올슨 지음 | 이연선 외 옮김
328쪽 | 값 17,000원

 혁신고등학교, 무엇이 다른가?
김현자 외 지음 | 344쪽 | 값 18,000원

 시민이 만드는 교육 대전환
심성보·김태정 지음 | 248쪽 | 값 15,000원

 평화교육
과거, 현재 그리고 미래를 그리다
모니샤 바자즈 외 지음 | 권순정 외 옮김
268쪽 | 값 18,000원

 대전환 시대 변혁의 교육학
진보교육연구소 교육과정연구모임 지음
400쪽 | 값 23,000원

 교육의 미래와 학교혁신
마크 터커 지음 | 전국교원양성대학교 총장협의회 옮김
332쪽 | 값 19,000원

 남도 임진의병의 기억을 걷다
김남철 지음 | 288쪽 | 값 18,000원

 프레이리에게 변혁의 길을 묻다
심성보 지음 | 672쪽 | 값 33,000원

 선생님, 통일이 뭐예요?
정경호 지음 | 252쪽 | 값 13,000원

 함께 배움
학생 주도 배움 중심 수업 이렇게 한다
니시카와 준 지음 | 백경석 옮김 | 280쪽 | 값 15,000원

 다정한 교실에서 20,000시간
강정희 지음 | 296쪽 | 값 16,000원

 즐거운 세계사 수업
김은석 지음 | 328쪽 | 값 13,000원

 밥상혁명
강양구·강이현 지음 | 298쪽 | 값 13,800원

 학교를 개선하는 교장
지속가능한 학교 혁신을 위한 실천 전략
마이클 풀란 지음 | 서동연·정효준 옮김 | 216쪽 | 값 13,000원

 선생님, 민주시민교육이 뭐예요?
염경미 지음 | 244쪽 | 값 15,000원

 교육혁신의 시대
배움의 공간을 상상하다
함영기 외 지음 | 264쪽 | 값 17,000원

 도덕 수업, 책으로 묻고 윤리로 답하다
울산도덕교사모임 지음 | 320쪽 | 값 15,000원

 교육과 민주주의
필라르 오카디즈 외 지음 | 유성상 옮김
420쪽 | 값 25,000원

 교육회복과 적극적 시민교육
강순원 지음 | 228쪽 | 값 15,000원

 비판적 미디어 리터러시 가이드
더글러스 켈너·제프 셰어 지음 | 여은호·원숙경 옮김
252쪽 | 값 18,000원

 지속가능한
마을, 교육, 공동체를 위하여
강영택 지음 | 328쪽 | 값 18,000원

 백워드로 설계하고 피드백으로 완성하는
성장중심평가
이형빈·김성수 지음 | 356쪽 | 값 19,000원

 우리 교육, 거장에게 묻다
표혜빈 외 지음 | 272쪽 | 값 17,000원

 교사에게 강요된 침묵
설진성 지음 | 296쪽 | 값 18,000원

참된 삶과 교육에 관한
생각 줍기